संक्रामक बीमारियाँ

कुलजीत सहाय

विश्वभारती पब्लिकेशन्स
नई दिल्ली- 110 002

संक्रामक बीमारियाँ

•

कुलजीत सहाय

प्रथम संस्करण : 2014

ISBN : 978-93-81906-47-7

मूल्य : ₹ 550/-

Published by **Vishvabharti Publication,** 4378/4B, Ansari Road, Daryaganj, New Delhi- 110 002, Ph: 011-43526979, 30126500

Type-Setting at Aryan Laser Printer, Delhi

Printed at Tarun Offset Press, Delhi

प्रस्तावना

जब कोई व्यक्ति किसी संक्रामक रोग की चपेट में आ जाता है तो उसमें कुछ संकेत या लक्षण उत्पन्न होने लगते हैं जो इस बात के सूचक होते हैं कि वह व्यक्ति संक्रामक रोग का शिकार हो चुका है। उस व्यक्ति में यह संकेत या लक्षण जीवाणुओं के शरीर में तेजी से फैलने के कारण तथा वृद्धि करने की वजह से उत्पन्न हो जाते हैं और उसके स्वास्थ्य को निरन्तर प्रभावित कर घटाने लगते हैं। इस तरह से फैलने वाले रोगों को ही संक्रामक रोग कहा जाता है।

संक्रामक रोग किसी न किसी तरह के रोगजनित कारकों के द्वारा फैलते हैं। ये समाज को तीव्रता से अपने चपेट में लेकर हाहाकार मचा देते हैं जिन पर नियंत्रण पाना काफी मुश्किल होता है। बदलते मौसम के साथ ये रोग अपना प्रभाव छोड़ते दिखाई देते हैं। इन रोगों में चेचक, टाइफाइड एन्फ्लुएन्जा, मलेरिया, हैजा, प्लेग आदि बीमारीयां अत्यंत विनाशकारी हैं।

प्रायः किसी न किसी जीवाणु की संक्रमण में विशेष भूमिका रहती है। ये जीवाणु वायु, जल, भूमि तथा प्राणियों के शरीर में कहीं कम, कहीं अधिक तथा समय विशेष एवं विशेष जलवायु क्षेत्र में न्यूनाधिक संख्या में पाए जाते हैं। प्रायः एक विशिष्ट प्रकार की विकृति तथा लक्षण उत्पन्न करने वाले संक्रमण में एक विशिष्ट प्रकार का जीवाणु उत्तरदायी होता है, किंतु कभी-कभी एक से अधिक प्रकार के जीवाणुओं का संक्रमण एक साथ भी होता है, जिसे मिश्र संक्रमण कहते हैं और कभी एक ही प्रकार की विकृति अनेक भिन्न प्रकार के जीवाणु संक्रमण से भी होती है।

प्रस्तुत पुस्तक को हर दृष्टि से उपयुक्त बनाने का प्रयास किया गया है। पुस्तक की भाषा सरल रखी गई है। आशा है, पाठक पुस्तक का अध्ययन कर लाभान्वित होंगे।

—लेखक

अनुक्रम

1

संक्रामक बीमारियों की प्रकृति

संक्रामक रोग वे रोग है जो किसी न किसी तरह के रोगजनित कारकों के द्वारा फैलते हैं। ये समाज को तीव्रता से अपनी चपेट में लेकर हाहाकार मचा देते हैं जिनपर नियंत्रण पाना काफी मुश्किल होता है। बदलते मौसम के साथ ये रोग अपना प्रभाव छोड़ते दिखाई देते हैं। इन रोगों में चेचक, टाइफाइड एन्फ्लुएन्जा, मलेरिया, हैजा, प्लेग आदि बीमारीयां अत्यंत विनाशकारी हैं।

विश्व स्वास्थ्य संगठन ने कहा है कि दुनिया भर में संक्रामक रोग पहले से कहीं ज्यादा तेजी से फैल रहे हैं और उनका इलाज करना ज्यादा कठिन हो गया है। अपनी वार्षिक विश्व स्वास्थ्य रिपोर्ट 2008 में राष्ट्र संघ एजेंसी ने कहा है कि 1970 के दशक से हर साल एक या एक से ज्यादा नए रोगों का पता चल रहा है, जो अभूतपूर्व हैं। एजेंसी ने कहा है कि तपेदिक जैसी जानी-मानी बीमारियों को नियंत्रित करने के प्रयास भी सीमित हो रहे हैं, क्योंकि वे ज्यादा ताकतवर और दवाइयों की प्रतिरोधी किस्मों में विकसित होते जा रहे हैं। विश्व स्वास्थ्य संगठन के अनुसार संक्रामक रोगों के प्रसार का कारण पिछले 50 वर्षों में अंतर्राष्ट्रीय हवाई यातायात में वृद्धि है। संगठन ने पिछले 5 वर्षों में ही 1,100 से ज्यादा विभिन्न बीमारियां फैलने की पुष्टि की है। विश्व स्वास्थ्य संगठन ने अपने 193 सदस्यों को बीमारियों के फैलने के बारे में जानकारी देने और टीके विकसित करने में मदद देने के लिए विषाणुओं के नमूनों का आदान-प्रदान करने में एक-दूसरे के साथ ज्यादा सहयोग करने का अनुरोध किया है।

टीकों के माध्यम से रोगों का समय से पहले मुकाबला करना और उनपर नियन्त्रण पाना मानव द्वारा रोगों के इलाज में प्राप्त प्रशंसनीय प्रगति है। विश्व स्वास्थ्य संगठन द्वारा प्रकाशित एक रिपोर्ट के अनुसार अभ भी विश्व में हर साल लाखों बच्चे संक्रामक रोगों के शिकार हो रहे हैं, लेकिन उन में से बीस लाख को टीकों के जरिये बचाया जा सकता था। परन्तु टीका क्या होता है? हमें सबसे पहले टीके की जानकारी प्राप्त करनी चाहिए। चीन के राजधानी शहर पेइचिंग के रोग निरोध केंद्र के विशेषज्ञ श्री वू च्यांग के अनुसार टीका वास्तव में किसी विषाणु की प्रोसेसिंग के आधार पर विकसित किया गया उत्पाद होता है। इसे खाने या सुई के जरिये मानव शरीर में प्रविष्ट कराने से मानव शरीर में असली विषाणुओं का मुकाबला करने की शक्ति को उत्पन्न किया जाता है। टीका विषाणु से बिल्कुल अलग है, क्योंकि विषाणु लगने से रोग पैदा होता है, पर टीके के जरिये शरीर में रोग का मुकाबला करने की शक्ति पैदा होती है।

वर्ष 1796 में एक ब्रिटिश डाक्टर मानव शरीर में गाय में होने वाले एक रोग के चेचक जैसे विषाणु कौबौक्स को प्रविष्ट कराने के जरिये चेचक का इलाज करने में सफल रहा था। इस प्रकार मनुष्य द्वारा चेचक के टीके का अविष्कार किया गया। वर्ष 1980 में विश्व चिकित्सा संगठन ने चेचक की समाप्ति की घोषणा की, जो रोग प्रतिरक्षण क्षमता के जरिये खत्म किया जाने वाला प्रथम रोग था। उस के बाद मानव ने लम्बे अरसे के प्रयासों से अनेक रोगों, जैसे चेचक ,प्लेग, काली खांसी ,रोहिणी , हनुस्तंभ , खसरे और पागल कुत्ते के रोग के टीकों का आविष्कार करने में सफलता प्राप्त की।

संक्रामक रोगों के मुकाबले में टीकों की विशेष भूमिका की वजह से विभिन्न देशों में टीका लगाने को बहुत महत्व दिया जाता है। इस कार्य को चीन में काफी पहले ही प्रारंभ कर दिया गया था। इधर तेजी से सामाजिक व आर्थिक विकास करते चीन में टीका लगाने को अधिकाधिक महत्व दिया जा रहा है और बच्चों को टीका लगाने के कार्य को विशेष महत्व प्राप्त है। चीन में रोग प्रतिरक्षण क्षमता बढ़ाने का काम योजनानुसार किया जाता है। चीन में सात वर्ष से कम उम्र के सभी बच्चों को पोलियो , खसरे , पीलिया, तपेदिक ,काली खांसी और रोहिणी आदि रोगों के टीके लगाये जाते हैं। इसका मुख्य खर्च सरकार उठाती है। बच्चों के मां-बाप का इस पर बहुत कम खर्च आता है।

1970 के दशक से चीन में यह काम शुरू होने के बाद से भारी प्रगति हुई है। इससे चीनी बच्चों की रोग प्रतिरक्षण क्षमता बहुत उन्नत हो गयी। चीनी बालरोग

विशेषज्ञ डॉक्टर हू यामेई के अनुसार वर्ष 2003 में जब चीन सार्स से ग्रस्त हुआ, तब भी चीन में कोई भी बच्चा इस रोग की चपेट में नहीं आया। विशेषज्ञों का मानना है कि चीनी बच्चों को खसरे का टीका लगाये जाने से उनमें सार्स का मुकाबला करने की शक्ति पैदा हुई। इसीलिए बहुत कम चीनी बच्चे 2003 में सार्स के शिकार हुए। सार्स की वजह से किसी किसी बच्चे की मृत्यु भी नहीं हुई। हाल ही इस बात की जानकारी मिली है कि 15 साल पहले ही चीन ने अपने 15 प्रतिशत बच्चों को टीका लगाने का लक्ष्य पूरा कर लिया था। संयुक्त राष्ट्र बाल कोष, विश्व चिकित्सा संगठन और चीनी स्वास्थ्य मंत्रालय ने इस कार्य की संयुक्त जांच की और इस का उच्च मूल्यांकन किया। टीकों से चीन में खसरे आदि संक्रामक रोगों में बहुत कमी आई है। मिसाल के लिए 1960 के दशक में इससे होने वाली मृत्यु की दर प्रति लाख 2000 से घटकर 10 तक गिर गई।

चीन में चेचक का खात्मा सन् 1960 तक पूर्णतः हो गया था और वर्ष 2000 में उसने पोलियो का नाश करने के युद्ध में विजय पाई। चीन सरकार द्वारा बच्चों के लिए तय पांच आवश्यक टीकों के अतिरिक्त चीनी लोगों को अपने बच्चों को अस्पतालों में अपने खर्च पर फ्लू और पीलिया आदि रोगों का टीका लगवाने की सुविधा भी हासिल है। बच्चों के अलावा प्रौढ़ लोग भी विभिन्न मौसमों में उत्पन्न होने वाले संक्रामक रोगों की रोकथाम हेतु अस्पताल में आवश्यक टीके लगवा सकते हैं। इस बात से सभी परिक्षित है कि चीन में कुत्ते भी खासे ज्यादा हैं, इसलिए लोगों को पागल कुत्ते के रोग का टीका लगाने की भी जरूरत है। नये संक्रामक रोगों का मुकाबला करने के लिए अब चीनी विशेषज्ञ नये टीकों का अनुसंधान कर रहे हैं। चीनी रोग निरोध सोसाइटी के एक अधिकारी के अनुसार चीनी विशेषज्ञ कई नये टीकों के आविष्कार में लगे हैं। टीकों के जरिये एड्स , कैंसर और कुछ पुराने गंभीर रोगों का मुकाबला करने की भी बड़ी संभावना है।

संक्रमण

जैसा कि हम पहले ही स्पष्ट कर चुके हैं कि संक्रमण कुछ विशेष रोगाणुओं के संपर्क में आने से फैलता है परन्तु कुछ रोग ऐसे भी होते हैं, जो पीड़ित व्यक्तियों के प्रत्यक्ष अथवा अप्रयत्क्ष संपर्क, या उनके रोगोत्पादक, विशिष्ट तत्वों से दूषित पदार्थों के सेवन एवं निकट संपर्क, से एक से दूसरे व्यक्तियों पर संक्रमित हो जाते हैं। इसी प्रक्रिया को संक्रमण (Infection) कहते हैं। सामान्य बोलचाल की भाषा

में ऐसे रोगों को छुतहा रोग या छूआछूत के रोग कहते हैं। रोगग्रस्त या रोगवाहक पशु या मनुष्य संक्रमण के कारक होते हैं। संक्रामक रोग तथा इन रोग के संक्रमित होने की क्रिया समाज की दृष्टि से विशेष महत्व की है, क्योंकि विशिष्ट उपचार एवं अनागत बाधाप्रतिषेध की सुविधाओं के अभाव में इनसे महामारी फैल सकती है, जो कभी-कभी फैलकर सार्वदेशिक रूप भी धारण कर सकती है।

एक प्रसिद्ध वैज्ञानिका लुई पाश्चार ने 19वीं सदी में अपने एक प्रयोग के जरिए यह प्रमाणित किया कि जीवाणुओं द्वारा विशिष्ट व्याधियाँ उत्पन्न हो सकती हैं। कॉक नामक वैज्ञानिक ने बैक्टीरिया अध्ययन की कतिपय प्रयोगशालीय पद्धतियों पर भी प्रकाश डाला। तत्पश्चात् इस प्रकाश से प्रेरणा लेकर अनेक वैज्ञानिक संहारक रोगों के जनक इन जीवाणुओं की खोज में लग गए और 19वीं शताब्दी के अंतिम चरण में वैज्ञानिकों ने रोगजनक जीवाणुओं की खोज यथा पूयोत्पादक, राजयक्ष्मा, डिप्थीरिया, टाइफाइड, विसूचिका, धनुस्तंभ, प्लेग एवं प्रवाहिका आदि संक्रामक रोगों के विशिष्ट जीवाणुओं का पता लगाकर इनके गुणधर्म, संक्रमण एवं नैदानिक पद्धतियों पर भी प्रकाश डाला। इस दिशा में अब अत्यधिक सफलता प्राप्त हो चुकी है तथा इस प्रकार के अधिकांश रोगों के जीवाणुओं का निश्चित रूप से पता अब चल चुका है। परिणामतः इनके संक्रमण की रोकथाम तथा चिकित्सा में भी पर्याप्त सफलता मिलने लगी है। ये रोगजनक जीवाणु अत्यंत सूक्ष्म होते हैं और केवल सूक्ष्मदर्शी द्वारा ही देखे जा सकते हैं। इसलिए ये जीवाणु कहलाते हैं। सूक्ष्माकार के ही कारण इनकी लंबाई माइक्रोन में बतलाई जाती है। ये जीव वर्ग के एक कोशिकावाले अतिसूक्ष्म जीव होते हैं।

प्रायः किसी न किसी जीवाणु की संक्रमण में विशेष भूमिका रहती है ये जीवाणु वायु, जल, भूमि तथा प्राणियों के शरीर में कहीं कम, कहीं अधिक तथा समय विशेष एवं विशेष जलवायु क्षेत्र में न्यूनाधिक संख्या में पाए जाते हैं। प्रायः एक विशिष्ट प्रकार की विकृति तथा लक्षण उत्पन्न करनेवाले संक्रमण में एक विशिष्ट प्रकार का जीवाणु उत्तरदायी होता है, किंतु कभी-कभी एक से अधिक प्रकार के जीवाणुओं का संक्रमण एक साथ भी होता है, जिसे मिश्र संक्रमण कहते हैं और कभी एक ही प्रकार की विकृति अनेक भिन्न प्रकार के जीवाणुसंक्रमण से भी होती है। संक्रामी व्यक्ति से अन्य स्वस्थ व्यक्ति के शरीर में संक्रमण भिन्न-भिन्न प्रकार से होता है। फिरंग, सूजाक तथा विसर्प एवं मसूरिका आदि रोगों का संक्रमण मृत, संक्रांत या वाहक मनुष्य या पशु के प्रत्यक्ष संसर्ग से होता है। कुछ संक्रमण, जैसे जलसत्रस आदि कुत्ते, स्यार तथा चूहे के काटने से होते हैं। श्वसनतंत्र के

कुछ रोगों का संक्रमण खाँसने, छींकने या जोर से बोलते समय छोटे-छोटे बिंदुओं के बाहर निकलने से समीप में बैठनेवालों को हो जाता है। इसे बिंदूक संक्रमण होना कहते हैं।

संक्रांत, व्याधित या वाहक व्यक्ति के दूषित वस्त्र, पात्र, खाद्य, पेय, हाथ, यंत्र, शस्त्र, वायु एवं मुख संबंधी वस्तुओं के सेवन से अप्रत्यक्ष संक्रमण होता है। पाचन तंत्र के संक्रामक रोगों को फैलाने में घरेलू मक्खी एक प्रमुख यांत्रिक वाहक है। कुछ रोग जैसे मलेरिया, कालाजार, श्लीपद, प्लेग आदि का संक्रमण कीटाणुओं के वाहक मच्छर, पिस्सू, भुनगे, जूँ और किलनी के दंश से होता है। इन रोगों के लक्षण संक्रमण फैलने के कुछ समय पश्चात् दिखाई देने लगते हैं। और इस काल को रोग उद्भव काल कहते हैं जिसमें भिन्न-भिन्न रोग-जनक-जीवाणु विभिन्न प्रकार के रोगों को फैलाते हैं। इन रोगों की रोकथाम तथा इन संक्रमणों से लोगों को बचाने हेतु इस दिशा में तीव्रता से कार्य किए जा रहे हैं और चिकित्सा की भी व्यवस्था की जा रही है।

संक्रामक रोगों के प्रमुख स्तर

संक्रामक रोगों का विस्तार निम्वत् पांच स्तरों गुजर कर होता है, जिनका समय पृथक्-पृथक् रोगों के लिए अलग-अलग होता है—

1. रोगमुक्ति की स्थिति,
2. उद्भवन काल,
3. तीव्रता की अवधि,
4. रोग की शुरुआत तथा प्रथम लक्षण तथा
5. लक्षणों का दबना एवं रोगमुक्ति का प्रारम्भ।

संक्रमण की रोकथाम

संक्रमण को निम्वत् उपायों के माध्यम से रोका जा सकता है—

1. जो लोग रोगयुक्त या रोग से पीड़ित प्रदेशों से आए हैं, जो रोग से प्रतिरक्षित नहीं हैं उन्हें रोग के ज्यादातर उद्भव काल तक रोका जाना चाहिए। इस क्रिया को संगरोध कहते हैं। टाइफाइड, हैजा, चेचक, पीत ज्वर आदि के लिए अन्तर्राष्ट्रीय आवागमन पर कानून प्रतिरोध लगाया जाता है।
2. रोगमुक्ति पर रोग वाहक का परीक्षण तथा उपचार और संक्रमण के समय में उसे पृथक् रखना चाहिए।

3. स्वास्थ्य विभाग द्वारा रोग का अध्ययन परीक्षण, माध्यमों का निरीक्षण, रोगों को सम्पर्क में आए हुए मनुष्यों का पंजीकरण आदि कार्य किए जाते हैं।
4. पृथक्करण संक्रामक रोगों के अस्पतालों में रोगी को शीघ्र ही स्थानान्तरित किया जाना या घर में मरीज की जरूरत का सामान देकर उसके लिए पृथक् कमरे की व्यवस्था की जाती है।
5. अधिसूचना डॉक्टर को चाहिए कि वह शीघ्र ही स्वास्थ्य अधिकारियों को रोग की सूचना दे। परिवार के मुखिया और पड़ोसवालों का कर्त्तव्य है कि वे उचित समय पर अधिकारियों को सूचना दें। निम्नलिखित रोगों को रोकना कानून जरूरी है—जल-संत्रास, टाइफाइड, हैजा, खसरा, चेचक, पोलियो, चिकन पॉक्स, प्लेग, पेचिश, पीत, क्षय रोग, कुष्ठ रोग, डिफ्थीरिया, ज्वर, मेनिन्जाइटिस, कनफोड़, मलेरिया फ्लू आदि।
6. निसंक्रमण तथा कीट नाशन करना चाहिए।
7. स्वास्थ्य शिक्षा तथा कानून की मदद से प्रतिरोधात्मक कार्यवाही करनी चाहिए।
8. प्रतिरक्षीकरण तथा पर्यावरण को स्वच्छ रखना चाहिए।
9. रोग की तुरन्त पहचान तथा शीघ्र व समुचित उपचार।

संक्रमण के स्रोत

अति सूक्ष्म जीव ही संक्रमण रोगों को फैलाते हैं जिन्हें निम्नलिखित चार वर्गों में वर्गीकृत किया गया है—

(1) प्रोटोजोआ—प्रोटोजोआ एक कोषीय जीव होते हैं जो एक स्थान से दूसरे स्थान तक आ जा सकते हैं। इनमें प्रोटोप्लाज्म तथा एक केन्द्रक पाए जाते हैं जिनकी मदद से ये जीव श्वसन, उत्सर्जन पाचन आदि कार्यों को पूरा करते हैं। ये जीव पराश्रयी व रोगोत्पादक होते हैं। ये जानवरों के द्वारा रोगों को फैलाने का कार्य करते हैं। प्रजनन का काम लैंगिक व अलैंगिक दोनों तरह का होता है यानि मानवों में अलैंगिक प्रजनन तथा जन्तुओं में लैंगिक प्रजनन होता है। उदाहरणस्वरूप एण्टामीवा हिस्टालिटिका मानवों की बड़ी आँत में पाया जाता है व पेचिश, यकृत शोघ उत्पन्न करता है। ट्रिपनोजोमा गैम्बीएन्सी रक्त, लसीका तथा केन्द्रीय नाड़ी संस्थान में पाया जाता है व ज्यादा नींद आने का रोग उत्पन्न करता है।

(2) फंगस—फफूंदी, यीस्ट या खमीर तथा मोल्ड आते हैं। ये जीव एक कोषीय व बहु-कोषीय दोनों प्रकार के हो सकते हैं। यीस्ट तथा मोल्ड लाभदायक भी होते हैं। इनसे अनेक उद्योग व व्यवसाय चलते हैं। मोल्ड से एन्टीबायोटिक्स भी तैयार किए

जाते हैं। एन्जाइम, कार्बनिक अम्ल आदि के निर्माण के लिए भी मोल्ड आवश्यक है। फफूँदी रोग पैदा करती है, जैसे—बच्चों व बड़ों में दाद।

(3) जीवाणु—अति सूक्ष्म एक कोषीय जीव जीवाणु कहलाते हैं जिनका बाहरी आवरण एक्टोप्लाज्म एवं आन्तरिक भाग प्रोटोप्लाज्म का बना होता है। इनका आकार लगभग 1/1000 मिली मीटर से 1/8,000 मिली मीटर तक होता है। इनमें केन्द्रक का अभाव होता है। ये जड़ एवं चेतन प्राणियों पर आक्रमण करके पराश्रयी बने रहते हैं। कार्बनिक जड़ पदार्थों पर निर्भर जीवाणुओं को मृतोपजीवी व चेतन प्राणियों पर निर्भर जीवाणुओं को परजीवी कहते हैं। ये जीवाणु, जिन व्यक्तियों या प्राणियों पर निर्भर रहते हैं उनमें नकारात्मक असर पैदा करते हैं, नकारात्मक प्रभाव डालने वाले जीवों को रोगोत्पादक जीवाणु कहते हैं। जीवाणु 20 से 60 मिनट में दो भागों में विभक्त होकर अपनी गुणनक्रिया या प्रजनन करते हैं। इस प्रकार वह एक दिन में एक करोड़ सत्तर लाख तक की वृद्धि करते हैं। आकार के अनुरूप ये गोल जीवाणु, दण्डाकार जीवाणु, सर्पिल जीवाणु प्रकार के होते हैं।

(4) वायरस—वायरस अत्यंत ही सूक्ष्म जीव होते हैं हम जिन्हें अल्ट्रा-सूक्ष्मदर्शी यन्त्र द्वारा ही देखा जा सकता है। ये फिल्टर पेपर द्वारा निस्पंदित हो जाते हैं व सभी वायरस रोगोत्पादक होते हैं। इनका रोग-उद्‌भव काल, जीवाणुओं की तुलना में लम्बा होता है। वायरस से होने वाले महत्वपूर्ण रोग हैं—खसरा, जल-संत्रस, चेचक, चिकन पॉक्स, पोलियो फ्लू, पीत ज्वर, कनफेड़ आदि।

संक्रामक रोगों की समस्या

संक्रामण रोगों तीव्रता से फैलना भारत के लोगों के स्वस्थ्य की दृष्टि से एक गंभीर रूप धारण करता जा रहा है। वर्तमान में जिन प्रमुख संक्रामक बीमारियों के बारे में सरकार ज्यादा चिन्ता व्यक्त कर रही है वे इस प्रकार हैं—

(1) क्षय रोग—आज के समय में क्षय रोग एक जन-स्वास्थ्य समस्या बनी हुई है। भारत में प्रति 1000 व्यक्तियों में 4 व्यक्ति संक्रामक रोग से पीड़ित रहते हैं। यह रोग 30 प्रतिशत तक देश में वितरित रहता है पर अब कम उम्र के लोगों में इसकी उपस्थिति कम होती जा रही है तथा T.B के कारण होने वाली मृत्यु की संख्या भी कम हो गई है। भारत में साँख्यिकी के अनुरूप कुल 9 से 10 मिलीयन टी.बी. रोगी हैं जिनमें 2-3 मिलीयन रोगी सक्रिय रूप से क्षय रोग के जीवाणु को हमेशा निष्कासित करते रहते हैं।

(2) हैजा—हैजा आज भारत में सात राज्यों के लिए एक संकट बनता जा रहा है। 1964 तथा 1973 के बीच यह देखा गया कि प्रतिवर्ष औसतन 26,483 व्यक्ति हैजे के रोगी थे व 6,253 रोगियों की मृत्यु हो गई।

(3) कुष्ठ रोग—भारत में 3.2 मिलीयन लोग इस रोग से पीड़ित हैं जिनमें 25 प्रतिशत रोगी तीव्र संक्रामक प्रकृति के हैं। यह रोग पंजाब, चण्डीगढ़, दिल्ली व अण्डमान को छोड़कर बाकी स्थानों व राज्यों में फैला हुआ है। सबसे अधिक रोगी आंध्र प्रदेश तथा तमिलनाडु में देखने को मिलते हैं।

(4) फाइलेरिया—यह भी भारत की जन-स्वास्थ्य सम्बन्धी एक महत्वपूर्ण समस्या है। यह पता चला है कि लगभग 236 मिलीयन लोग फाइलेरियासिस रोग से पीड़ित हैं।

(5) यौन रोग—भारत में वर्तमान में गुप्त अथवा यौन रोग, त्वचा के संक्रमण, आंत्र-ज्वर, रोहे, पेचिश, अतिसार, वायलर हिपेटाइटिस आदि संक्रामक रोगों की समस्या फैली हुई है। दुःख का विषय तो यह है कि उपर्युक्त रोगों से सरलता से बच सकते हैं तथा उपचार भी कम साधनों की मदद से करवा सकते हैं अर्थात् ये रोग पूरी तरह निवार्य होते हैं। लेकिन इस सम्बन्ध में लोगों की अज्ञानता और उदासीनता की वजह से इन रोगों से मृत्युदर बढ़ रही है। कई विकसित देशों ने इन रोगों का पूर्ण निर्मूलन किया है जैसे पर्यावरण का सही समायोजन, रोग निदान तथा उन्मूलन चिकित्सा तथा रहन-सहन के स्तर के सुधार से उपर्युक्त समस्याओं से कई देशों ने अपने को मुक्त किया है। भारत में भी इस प्रकार के कदम मजबूती के साथ उठाने की आवश्यकता है।

(6) मलेरिया—इस रोग का पूर्व में करीब-करीब सफाया हो गया था, पुनः 1965 से इसका उत्पात फैलने लगा है। 1975 में लगभग 5 मिलीयन लोग मलेरिया से पीड़ित रहे व 100 की मृत्यु हुई। अब यह बहुत आवश्यक है कि मलेरिया उन्मूलन का तेज गति से कार्यक्रम चलाना चाहिए।

पोषण और उनकी समस्याएँ

एक आहार सर्वेक्षण के अनुसार भारतीय भोजन में कैलोरी की बहुत कम मात्रा पायी जाती है। इसके बाद प्रोटीन का स्थान है। एक साधारण पुरुष को I.C.M.R के जरिये सिफारिश की हुई कैलोरी की मात्रा 2400 कैलोरी है लेकिन एक औसतन भारतीय पुरुष के भोजन में कैलोरी की मात्रा मुश्किल से 1700 से 2000 तक ही रहती है। इसी तरह भारत में प्रमुख पोषण सम्बन्धी समस्याएँ निम्नलिखित हैं—

(1) विटामिन की कमी—3 से 5 के बच्चों में होने वाले अन्धेपन का 75 प्रतिशत कारण विटामिन A की कमी है। वच्चों को 5000 से 6000 अन्तर्राष्ट्रीय इकाई विटामिन A देने से उनकी स्थिति सुधर जाती है। इसके अलावा बच्चों में दुसरे विटामिनों का भी अभाव देखने को मिलता है।

(2) प्रोटीन कैलोरी कुपोषण—प्रोटीन का उपयोग शरीर में कैलोरी की कमी की विद्यमानता से नहीं हो पाता है, जिससे विशेषकर, बच्चों में क्वाशियोर्कर तथा मरास्मस रोग हो जाते हैं। उनकी वृद्धि रुक जाती है, शरीर सूख जाता है व बच्चे अनेक तरह के रोगों से पीड़ित रहते हैं। रोगों को रोकने की क्षमता कम हो जाती है जिससे बाल-मृत्यु-दर बढ़ जाती है। गाँव के 1 से 5 वर्ष तक के बच्चों में प्रोटीन के कुपोषण से रोग 1 से 2 प्रतिशत है जो कि तीव्रतम स्थिति है। इससे कम तीव्र स्थिति में अनेक बच्चे हमारे देश में रह रहे हैं।

(3) रक्ताल्पता—यह रोग ऐसे समूहों में अधिक देखने को मिलता है जैसे 15 साल से 45 साल तक की स्त्रियों में सन्तानोत्पादन की आयु में सामान्यतः एनिमिया रहता है। इसके अलावा 6 माह से 6 साल तक के बच्चों में भी यह पाया जाता है। सर्वेक्षण से पता चला है 50-60 प्रतिशत गर्भवती एवं धात्री स्त्रियों में रक्ताल्पता पाई जाती है।

(4) गाइटर—करीब-करीब 9 मिलीयन लोग हिमालय के तराई वाले इलाकों में इस रोग से पीड़ित हैं। वर्तमान में विन्ध्य पर्वत के नीचे वाले स्थान पर भी यह रोग अपनी पकड़ मजबूत करता प्रतीत हो रहा है।

(5) अन्य रोग—पानी में फलोरीन की अधिकता हड्डियों व दाँतो का फ्लोरोसिस हो जाता है। पंजाब, आन्ध्र प्रदेश, राजस्थान आदि में यह ज्यादा देखने को मिलता है। केसरी दाल के उपयोग से पेशीय तन्तुओं पर दुष्परिणाम पड़ता है जिससे लथाइरिज्म नामक रोग हो जाता है। इससे व्यक्ति अपंग हो जाता है।

आर्थिक, पोषण सम्बन्धी समस्याएँ, सामाजिक, धार्मिक कारणों से पैदा हो जाती हैं। कुछ शारीरिक व आन्तरिक कारणों से भी कुपोषण हो जाता है जैसे भोजन के पाचन, शोषण, उपापचयन में अव्यवस्था हो तो और विषाक्त पदार्थों के सेवन से भोज्य तत्त्वों का नाश शरीर में होने के कारण कुपोषण हो जाता है। अनेक कारणों से, शरीर में भोज्य तत्त्व निष्कासित होने लगते हैं जिससे व्यक्ति कुपोषण रोग का शिकार हो जाता है।

पर्यावरण साफ-सफाई की समस्याएँ

पर्यावरण स्वच्छता की दो प्रमुख समस्याए निम्नवत् हैं–

1. अनेक प्रदेशों में शुद्ध पानी की प्रबन्ध की कमी।
2. पुराने तरीके से ही मल का निष्कासन व निस्तारण किया जाता है विशेषकर गाँवों में कूड़े तथा मल निकास की व्यवस्था अब भी असन्तोषजनक है, जबकि भारत की 80 प्रतिशत जनता गाँवों में बसती है।

जब तक सरकार द्वारा पर्यावरण के स्वच्छता सम्बन्धी दृढ़ कदम नहीं उठाए जाते हैं, तब तक इस स्वास्थ्य-स्तर के सुधार के सपने को साकार नहीं किया जा सकता है। शुद्ध पानी की व्यवस्था, मल का सन्तोषजनक विकास, संक्रामक रोगों की नियन्त्रण-सम्बन्धी कमियाँ जो पर्यावरण में अब भी उपस्थित हैं, जब तक उनमें आमूल परिवर्तन नहीं होते हैं, तब तक बीमारियों व मृत्युदर की संख्या में कभी कमी नहीं आ सकती है। इसके अलावा हमारे यहाँ प्रशिक्षित कर्मचारियों की कमी भी पाई जाती है। 2-3 गाँवों के बीच एक डॉक्टर होता है अर्थात् 4000 जनसंख्या पर एक डॉक्टर होता है जबकि मेडिकल कॉलेजों की संख्या भारत में 103 से भी अधिक है। प्रशिक्षित नर्स की 8000 जनसंख्या पर एक है, मिडवाइफ, दाँतों के डॉक्टर, दाई, स्वास्थ्य अधिकारी, हेल्थ, विजिटर, स्वास्थ्य निरीक्षक, एक्सरे इत्यादि के तकनीशियन बहुत कम संख्या में पाए जाते हैं। चिकित्सालयों की कमी भी पाई जाती है और जो हैं, उनमें बेड (शय्याओं) की संख्या भी कम है। वर्तमान में 2000 जनसंख्या के लिए एक बेड है जबकि सरकार प्रति व्यक्ति पर प्रत्येक साल 12 रु. खर्च करती है जिसका प्रावधान पंचवर्षीय योजनाओं में रखा गया है।

चिकित्सीय समस्याएँ

भारत में ज्यादातर चिकित्साएं पश्चिमी देशों में प्रचलित चिकित्सा विधि के आधार पर ही की जाती हैं। तकनीकी विकास के वजह से चिकित्सा सेवाएँ जटिल व खर्चीली बन गई हैं। आजकल इन सेवाओं की माँग बढ़ती जा रही है चूँकि इसके प्रति सार्वजनिक जागरण व सजगता में वृद्धि हुई है। जो चिकित्सा सेवाएँ उपलब्ध हैं, वे अधिकतर शहरी वातावरण के अनुसार हैं तथा रोग-चिकित्सा एवं उपचारों पर ज्यादा जोर दिया जाता है, बल्कि रोगों की रोकथाम, उन्मूलन तथा निदान के प्रति स्वास्थ्य अधिकारियों की उदासीनता है। ये सेवाएँ अधिकतर छोटे

व अमीर समूहों तक ही सीमित रहती हैं व उनकी पहुँच तक ही रहती हैं। इन जटिलताओं की वृद्धि कुछ ऐसे कारणों से भी हो जाती हैं यथा जनसंख्या का दबाव, चिकित्सा सेवाओं सम्बन्धी अज्ञानता, जनसंख्या का विस्फोट, दवाइयों की अपर्याप्त मात्रा व पूर्ति, स्वास्थ्य कर्मचारियों का अभाव तथा देश भर में उनका दोषपूर्ण वितरण इत्यादि।

अब सरकार के सामने यह चुनौती खड़ी है कि वह किस प्रकार की सेवाएँ प्रदान करे जिससे ग्रामवासियों तक स्वास्थ्य सेवाएँ पहुँच पाएँ व अधिक संख्या में जनता के लिए भलाई का काम हो सके, जबकि आज की स्थिति में कम लोगों के लिए आदर्श सेवाएँ उपलब्ध हैं ("Goods for many rather than best for the few" should be the motto)।

जनसंख्या से सम्बन्धित मुश्किलें

वर्तमान में भारत की कुल जनसंख्या में छोटी उम्र वाले लोग अधिक संख्या में हैं और वृद्ध व्यक्तियों की संख्या काफी कम है। संतानोत्पादक की क्षमता वाली स्त्रियों की संख्या 22 प्रतिशत है। 15 साल तक के बच्चों की संख्या 42 प्रतिशत तक है इसी तरह उपर्युक्त 65 प्रतिशत लोगों के प्रति खास ध्यान की आवश्यकता है। उनके लिए विशेष स्वास्थ्य कार्यक्रमों का संचालन किया जाना आवश्यक है। जननक्षम स्त्रियों की संख्या बहुत ज्यादा है। अब जन्म दर प्रति 1000 लोगों में 35 है जिसे घटाकर 25 तक लाने की आवश्यकता है जिससे जनसंख्या का विस्फोट न होने पाए। जब तक आर्थिक उन्नति की तुलना में जनसंख्या की वृद्धि की गति निम्न नहीं हो जाती है तब तक रहन-सहन का स्तर ऊँचा नहीं उठ सकता है व देश को भविष्य में भयंकर स्थिति का सामना करना पड़ सकता है। रहन-सहन के स्तर के उचित सुधार से रक्ताल्पता, कुपोषण, शैशवावस्था की समस्याएँ आदि नहीं के बराबर हो जाती हैं।

स्वास्थ्य कार्यक्रम अथवा सेवाएँ तब तक सफल नहीं हो पाती हैं, जब तक प्रचुर साधन उपलब्ध नहीं हो जाते हैं। साधनों को निम्न प्रकार से बांट सकते हैं–

1. धन तथा अन्य वस्तुएँ,
2. समय,
3. कर्मचारी।

धन तथा आवश्यक वस्तुओं के अभाव में स्वास्थ्य सेवाओं का सफल होना संभव नहीं है 1970-71 में भारत सरकार द्वारा स्वास्थ्य सेवाओं के लिए किया गया

व्यय कुल राष्ट्रीय व्यय का केवल 3 प्रतिशत था। 1973-74 में प्रति व्यक्ति के लिए एक साल में सरकार द्वारा किया गया चिकित्सा खर्च केवल 7 रु. 72 पैसे था। इस प्रकार साधनों के अभाव में ध्यान देने वाली बात है कि उपलब्ध कम से कम साधनों से अधिकतम लाभ उठाएँ अर्थात् अनेक स्वास्थ्य व चिकित्सा अस्पताल खोलने से अच्छा तो यह होगा यदि निवार्य रोगों जैसे—कुकुर ख़ाँसी या काली खाँसी, टिटनेस, कण्ठरोहिणी, क्षय रोग, खसरा तथा कुपोषण से पैदा मृत्युदर को घटाने के लिए व रोग निदान के लिए उपलब्ध साधनों का उपयोग किया जाए।

समय एक ऐसा साधन है जिसे धन की संज्ञा दी जा सकती है। इसी तरह स्वास्थ्य सेवाओं द्वारा समय का प्रयोग करना बहुत आवश्यक है। स्वास्थ्य कार्यक्रमों की सरकार द्वारा स्वीकृति देने में पैदा हुआ अवरोध, समय का अपव्यय ही है। कर्मचारियों द्वारा समय का उचित उपयोग भी साधनों का ही सही सदुपयोग है, जैसे एक मिडवाइफ अपने समय का 45 प्रतिशत भाग स्वास्थ्य व चिकित्सा सेवा के लिए खर्च करती है तथा 40 प्रतिशत सफर में खर्च करती है। 5 प्रतिशत भाग लिखित कार्यों में खर्च करती है। केवल 10 प्रतिशत भाग उसमें लगाती है जिसमें उसने प्रशिक्षण पाया है।

साधनों की विकासशील अथवा अविकसित देशों में प्रबल कमी है, इसी तरह सीमित साधनों के उपयोग से ज्यादातर लाभ उठाने की कोशिश की जानी चाहिए।

विसंक्रमण तथा विसंक्रामक

विसंक्रामक—ऐसे पदार्थ जो जीवाणुओं का पूर्णरूप से नाश कर देते हैं, उन्हें विसंक्रामक या रोगाणुनाशक कहते हैं या उपसर्गनाशन भी कहते हैं।

विसंक्रमण—हानिकारक जीवाणुओं अर्थात् संक्रमण फैलाने वाले जीवाणुओं को नष्ट करने की क्रिया को विसंक्रमण कहते हैं।

प्रतिपौतिक—ऐसे पदार्थ जिनकी उपस्थिति से कुछ समय के लिए रोगाणुओं का विकास रुक जाता है और जो सड़न-क्रिया को रोकते हैं, उन्हें प्रतिपौतिक या प्रतिरोध कहते हैं।

अल्प मात्रा विसंक्रामक पदार्थों की या उनके तनु घोल प्रति-पौतिक का काम कर सकते हैं, परन्तु प्रतिपौतिक विसंक्रामक का कार्य नहीं कर सकते।

दुर्गन्ध नाशक—जो मल-मूत्र अथवा सड़न से उत्पन्न दुर्गन्ध को खत्म कर देते हैं, ऐसे पदार्थ दुर्गन्धनाशक कहलाते हैं।

विसंक्रामक के प्रकार

विसंक्रामकों को हम प्रमुखतः तीन भागों में बांट सकते हैं जो कि निम्नवत् है–

(1) रासायनिक विसंक्रामक–जीवकेओं को रासायनिक विसंक्रामक पदार्थ ऑक्सीजन द्वारा जला देते हैं या उनका प्रोटोप्लाज्म जमा (coagulate) देते हैं। रासायनिक पदार्थों का प्रयोग मल-मूत्र के बर्तन, फर्श, पलंग, दीवारें, लकड़ी या लोहे के उपकरण विसंक्रमित करने के लिए होता है, क्योंकि इन्हें उबालना या वाष्प द्वारा विसंक्रमित नहीं किया जा सकता है। डॉक्टर या रोगी की सेवा करने वाले रासायनिक पदार्थों से हाथ साफ करते हैं तथा ऑपरेशन के काम आने वाले उपकरण भी इसी से विसंक्रमित किये जाते हैं। घरों और इमारतों को विसंक्रमित करने के लिए गैसीय पदार्थों का प्रयोग किया जाता है। इनके अलावा ठोस और तरल पदार्थों का प्रयोग भी होता है।

(2) भौतिक विसंक्रामक–सूर्य का प्रकाश और शुद्ध वायु सभी जगह नही पहुँच पाती है, इसी तरह इनके स्थान पर भौतिक साधनों की मदद लेनी पड़ती है, जो इस प्रकार हैं–

***(i)* कृत्रिम अल्ट्रावायलेट**–अल्ट्रावायलेट किरणों में जीवाणुओं को नष्ट करने की शक्ति होती है। विद्युत द्वारा कृत्रिम रूप से अल्ट्रावायलेट किरणें प्राप्त की जाती हैं, जिनसे अस्पताल के कमरे और अन्य सामान विसंक्रमित किये जाते हैं।

***(ii)* ताप-वाष्प**–आर्द्र ताप अथवा शुष्क ताप के माध्यम से वस्तुओं को विसंक्रमित किया जाता है। आर्द्र ताप की विधि में वस्तुओं को पानी में काफी समय के लिए उबालते हैं। वाष्प द्वारा विसंक्रमण करते समय उसकी तीव्र ताप और वायवीय गुण दोनों काम में आते हैं। वाष्प के दबाव में रुई तथा कपड़ों को रखने से वाष्प उनमें एकदम अन्दर तक प्रवेश करती है और विसंक्रमित करती है। प्रवाहित संघनित या अतितप्त वाष्प का उपयोग विसंक्रमण में किया जाता है। 212^0 फा. ताप पर पाँच मिनट तक वाष्प के दबाव में रखने से वस्तुएँ पूर्णतया जीवाणु-मुक्त हो जाती हैं। विसंक्रमण विधि में शुष्क ताप द्वारा तप्त शुष्क वायु के प्रवाह में वस्तुओं को रखा जाता है। जो वस्तुएँ पानी या वाष्प के सम्पर्क में आकर आर्द्रता से खराब होने वाली हैं, उन्हें शुष्क ताप द्वारा विसंक्रमित करते हैं। उदाहरणार्थ-चमड़े की चीजें, किताबें, रबर, फर इत्यादि। शुष्क वायु में एक दोष यह है कि कपड़ों या वस्तुओं के एकदम भीतर तक प्रवेश करती है। इसी तरह जीवाणुओं को नष्ट करने के लिए लम्बे समय

तक शुष्क तप्त वायु का प्रवाह जारी रखना पड़ता है। ज्यादा समय तक रखने के कारण कपड़े जलने लगते हैं, इसलिए पट्टियों, कपड़ों तथा रुई आदि के लिए इसका उपयोग नहीं किया जाता है।

(3) प्राकृतिक विसंक्रामक—प्राकृतिक विसंक्रामक दो प्रकार के होते हैं—

(*i*) सूर्य प्रकाश—जलकर रोगाणु, सूर्य के तीव्र प्रकाश में सूख कर नष्ट हो जाते हैं। प्रयोग करके देखा गया है कि टाइफाइड के रोगाणु मात्र दो घण्टे में सूर्य प्रकाश के सम्पर्क में आकर खत्म हो जाते हैं। क्षय रोग, डिप्थीरिया के रोगाणु भी सूर्य प्रकाश से समाप्त हो जाते हैं। सूर्य की बैंगनी और कासनी रंग की किरणें कीटाणु नष्ट करती हैं। इसलिए रोगी द्वारा उपयोग में लाई गई सामग्री विशेषकर चादरें, बिस्तर, पहनने के वस्त्र को तेज धूप में सुखाए जाते हैं। खाने-पीने के बर्तनों को स्वच्छ पानी में धोकर यदि कुछ घण्टों के लिए तेज धूप में रख दिया जाए, तो ये बर्तन भी विसंक्रमित हो जाते हैं। सूर्य के तेज प्रकाश से, जलाशयों का पानी भी कुछ हद तक कीटाणुरहित हो जाता है, चूँकि ताप के प्रभाव से जीवाणु समाप्त होते हैं।

(*ii*) स्वच्छ वायु—स्वास्थ्य हेतु स्वच्छ वायु लाभप्रद है, चूँकि इसमें ऑक्सीजन की प्रचुर मात्रा होती है। स्वच्छ वायु ज्यादातर खुले मैदानों, हिन्दुपहाड़ी स्थानों में होती है तथा इन स्थानों पर रोगाणु तेजी से पनपते हैं। स्वच्छ बहती हुई वायु रोगाणुओं का समाप्त करने में सहायक होती है।

ठोस विसंक्रामक

ठोस विसंक्रामकों पर नीचे प्रकाश डाला गया हैं—

(1) चूना—बाढ़ समाप्त होने के बाद आपने देखा होगा आस-पास की गीली जमीन पर मूत्रालयों, शौचालयों के आस-पास कचरे के ढेरों पर सूखा कच्चा चूना छिड़का जाता है। वैसे भी, इन स्थानों को कीटाणु रहित करने के लिए समय-समय पर चूने का छिड़काव करते हैं। यह आर्द्रता को सोखकर कीटाणुओं को नष्ट कर देता है। जब हैजा फैलता है तब इसका बहुत ज्यादा छिड़काव किया जाता है।

(2) पोटैशियम परमैगनेट—यह लम्बे दाने के रूप में मिलता है। इसे लाल दवा भी कहते हैं और पानी में डालते ही यह घुलने लगता है। इसे मिलाने से पानी का रंग हल्का गुलाबी हो जाता है। पीलिया, हैजा जैसे पानी और भोजन के द्वारा फैलने वाले रोगों का प्रसार के समय पीने एवं भोजन पकाने के पानी में पोटैशियम परमैगनेट

डालते हैं। इसके घोल में सब्जियाँ, फल भी धोई जाती हैं। बर्तन और कपड़ों पर इससे दाग पड़ता है। इसी प्रकार उन्हें इसके घोल से नहीं धोया जाता है।

(3) ब्लीचिंग पाउडर—कच्चे चूने के बदले, ब्लीचिंग पाउडर को भी गन्दगीयुक्त स्थानों पर छिड़का जा सकता है। इसे घोल बनाकर भी छिड़काव करते हैं। पानी को साफ करने के लिए भी उससे ब्लीचिंग पाउडर मिलाया जाता है। इसमें क्लोरीन गैस निकलती है। इसी तरह पानी में भी क्लोरीन की गन्ध आ जाती है। ऐसा पानी चाय, कॉफी बनाने के लिए उपयुक्त नहीं होता, चूँकि उनकी स्वाभाविक सुगन्ध को क्लोरीन की गन्ध दबा देती है तथा स्वाद भी बदल जाता है।

(4) नीला थोथा—इसे मूत्रालयों, शौचालयों, नालियों के कीटाणु नष्ट करने के काम में लाते हैं। यह दुर्गन्धनाशक का भी काम करता है।

(5) साबुन—बर्तन धोने के लिए तथा हाथ पैर धोने के अतिरिक्त कपड़े धोने में भी इसका प्रयोग किया जाता है। इसमें कास्टिक सोडा मिला होता है जो जीवाणुओं का खात्मा करता है।

(6) क्लोरोजन—यह भी क्लोरीनयुक्त पदार्थ है जो विसंक्रमण हेतु प्रयोग में लाया जाता है।

तरल विसंक्रामक

तरल विसंक्रामक पानी में पूर्णतः घुल जाता है जो कि गन्दगीयुक्त स्थान, रोगी के कमरे, फर्श, नालियाँ इत्यादि धोने के काम आता है। कुछ तरल पदार्थों के घोल में कपड़ों को धोकर विसंक्रमित किया जाता है। तरल विसंक्रामक निम्नलिखित हैं—

(1) सिलीन—यह बर्तन कपड़े, कमरे के फर्श आदि को विसंक्रमित करने के काम आता है। इसका घोल बनाने के लिए 1 भाग सिलीन को 150 भाग पानी में मिलाया जाता है।

(2) फारमेलीन—फारमेलीन का पानी में घोल बनाकर छिड़काव किया जाता है। इसकी गन्ध बहुत ही तेज होती है, जिससे घर के कीड़े-मकोड़े भाग जाते हैं और फर्श, दीवारें, छतें आदि जीवाणुरहित हो जाती हैं।

(3) परक्लोराइड ऑफ मरकरी—यह काफी शक्तिशाली विसंक्रामक द्रव है। इसका उपयोग जीवाणुओं को तथा उनके स्पोर्स को भी खत्म कर देता है किन्तु यह दुर्गन्धनाशी नहीं है। इसके एक भाग में 1000 भाग पानी मिलाकर घोल बनाया जाता है। यह घोल 10 मिनट के भीतर डिप्थीरिया, टाइफाइड जैसी बीमारी के जीवाणु समूल खत्म कर देता है। यह रंगहीन विषैला द्रव है इसी तरह इसे रंग प्रदान करने के लिए

इसमें एनिलीन ब्लू मिलाया जाता है। धातु के लिए यह हानिकारक है। बर्तन धोने के लिए इसका प्रयोग नहीं किया जा सकता। कपड़ों के रेशों के लिए भी यह हानिकारक है।

(4) स्पोनीफाइड क्रिसॉल–घरों को विसंक्रमित करने के लिए इसका प्रयोग करते हैं। यह भी शक्तिशाली तीव्र विसंक्रामक है।

(5) साइनाइड ऑफ मरकरी–यह तीव्र प्रभावशाली विसंक्रामक है, परन्तु सस्ता नहीं है।

(6) फिनाइल–शौचालय, नालियाँ, घर के आँगन, स्नानगार आदि फिनाइल मिले पानी से धोए जाते हैं। सार्वजनिक स्थलों की सफाई के साथ-साथ अस्पतालों की सफाई में भी इसका प्रयोग किया जाता है। प्रतिदिन फिनाइल मिले पानी से घर के सभी कमरे, रसोईघर आदि का फर्श पोछने से मक्खियाँ एवं दूसरे हानिकारक कीट वहाँ नहीं आते हैं। कुछ इसके सम्पर्क से नष्ट हो जाते हैं, कुछ इसकी गैस से दूर भाग जाते हैं। यह विसंक्रमण का सहज उपलब्ध सस्ता साधन है।

(7) कार्बोलिक एसिड–यह कोलतार द्वारा प्राप्त किया जाता है। कार्बोलिक एसिड का मलहम बनाने मे उपयोग किया जाता है। इसका सांद्र घोल त्वचा हेतु हानिकारक होता है।

(8) लाइसॉल–तनु घोल में इसको भी प्रयोग में लाया जाता है। यह पानी में सरलता से घुलनशील है। बर्तन, कपड़े आदि इसके घोल में धोकर विसंक्रमित किये जाते हैं।

(9) आईसॉल–यह काफी तेज प्रकार का विसंक्रामक है, जो बर्तन, रोगी के पात्र, कपड़े, रोगी के कमरे का फर्श आदि धोने के काम आता है। इसका 1 से 5 प्रतिशत घोल प्रयोग में लाया जाता है।

निष्कर्ष–इस अध्याय के विस्तृत अध्ययन से यह ज्ञात होता है कि संक्रामक रोग मानव के स्वास्थ्य पर प्रतिकूल प्रभाव तो डालते ही है साथ ही उनकी मौत का कारण भी बनते है। यह किसी न किसी रोगजनित कारकों के द्वारा फैलते हैं और सभी आयु को अपनी चपेट में ले लेते हैं। अतः इन्हें रोकने के लिए सरकार को आवश्यक कदम उठाने चाहिए ताकि समाज को इन रोगों से निजात दिलायी जा सके।

2

संक्रामक रोग

जब कोई व्यक्ति किसी संक्रामक रोग की चपेट में आ जाता है तो उसमें कुछ संकेत या लक्षण देने लगते है जो इस बात के सूचक होते है कि वह व्यक्ति संक्रामक रोग का शिकार हो चुका है। उस व्यक्ति में यह संकेत या लक्षण जीवाणुओं के शरीर में तेजी से फैलने के कारण तथा वृद्धि करने की वजह से उत्पन्न हो जाते हैं और उसके स्वास्थ्य को निरन्तर प्रभावित कर घटाने लगते हैं। इस तरह से फैलने वाले रोगों को ही संक्रामक रोग कहा जाता है। संक्रमण कारक वे कारक हैं जिनसे संक्रमण फैलता है। यथा–कीटाणु, जीवाणु, एक कोषीय कीटाणु, प्रोटोजोआ, फफूंदी, वायरस आदि। व्यक्ति की शारीरक स्थिति, कृमि वातावरण जानवर आदि से भी रोग फैलते हैं। प्रस्तुत अध्याय में संक्रामक रोगों पर विस्तृत चर्चा की जा रही ही है।

संक्रमण के माध्यम

एक व्यक्ति के शरीर में श्वसन मार्ग आंतो व मूत्रा मार्ग तथा त्वचा से रोगाणुओं का प्रवेश होता है। इन रोगों के फैलने के दो तरीके हैं जो निम्नवत् हैं–

(1) प्रत्यक्ष संसर्ग से–रोगी को छूने व उसके सम्पर्क में आने से संक्रमण होना प्रत्यक्ष संसर्ग विधि है। खसरा, फ्लू, टी.बी., खाँसी, जुकाम आदि के जीवाणु संसर्ग से स्वस्थ व्यक्ति के शरीर में प्रवेश करते हैं। त्वचा के रोग-खुजली, दाद आदि भी व्यक्ति को छूने से तथा सम्पर्क से एक-दूसरे में फैलते हैं।

(2) अप्रत्यक्ष संसर्ग से—इस विधि में किसी तीसरे माध्यम से रोगी से स्वस्थ व्यक्ति तक रोगाणुओं का यह माध्यम निर्जीव या सजीव या दोनों ही प्रकार के हो सकते हैं। निर्जीव वस्तुएँ यथा—बर्तन, किताबें, रूमाल, खिलौने, कप, पेन्सिल, वस्त्र आदि इस रोग के वाहक हैं। दूषित भोजन या टाइफाइड, पेचिस, अतिसार व हैजा के जीवाणुओं युक्त आहार भी निर्जीव माध्यम ही कहे जाते हैं जिसके आधार पर स्वस्थ व्यक्ति के शरीर में रोगाणु पहुँचते हैं। सजीव माध्यमों के तहत् कीड़े-मकोड़े जिनसे मलेरिया, प्लेग आदि पैदा होते हैं तथा मानव रोग वाहक जो कि तत्कालिक तथा दीर्घकालिक होते हैं आदि आते हैं। जब गर्भस्थ शिशु में खसरा नजला आदि का संक्रमण होता तो उसे अपरा-पार प्रसार कहते हैं।

प्रतिजैविक

प्रतिजैविक घावों में सड़न-क्रिया को रोकने हेतु इस्तेमाल किए जाते हैं। अल्पकाल तक के लिए ये जीवाणुओं को निष्क्रिय कर देते हैं तथा उन्हें बढ़ने नहीं देते। इस बीच घाव भर जाते हैं या ठीक हो जाते हैं। घावों की ड्रेसिंग करते समय अल्कोहल, टिंचर- आयोडीन, डेटॉल, स्पिरिट, आइडोफार्म या बारिक एसिड मिले मलहम का उपयोग किया जाता है। ये शरीर को तथा शरीर की त्वचा को नुकसान नहीं पहुँचाते जबकि दुसरे विसंक्रामक पदार्थ त्वचा को हानि पहुँचा सकते हैं। अतएव, जले-कटे घावों पर प्रतिजैविक इस्तेमाल किए जाते है।

विसंक्रमण करने की विधियाँ—आपने अब विसंक्रमण किसे कहते हैं तथा विसंक्रामक क्या होते हैं—यह जान लिया है। अब रोगी का कमरा, रोगी की वस्तुएँ आदि का विसंक्रमण किस तरह किया जाता है, यह जानना भी जरूरी है।

प्रतिदिन के विसंक्रमण में ध्यान देने योग्य बातें इस प्रकार हैं—

1. रोगी के उपयोग में आने वाला भिन्नगार व शौचालय फिनाइल के घोल से प्रतिदिन कड़ी झाड़ू से रगड़कर धोया जाये।
2. रोगी के कमरे में प्रतिदिन अच्छी प्रकार झाड़ू लगाकर, फर्श को फिनाइल के घोल में डूबे कपड़े से पोंछें।
3. रोगी के उपयोग में आये हुए वस्त्रों को सोडे के साथ उबालकर धोना चाहिए। कम्बल आदि जिन्हें धोया न जा सके, उन्हें फारमेलीन गैस में रखकर विसंक्रमित करना चाहिए।

4. संक्रामक रोग से ग्रसित रोगी का थूक, मल-मूत्र या तो जला देना चाहिए या फिनाइल के एक से बीस प्रतिशत घोल में मिलाकर दो घण्टे रखने के पश्चात् नाले में बहा देना चाहिए अथवा भूमि में गाड़ देना चाहिए।
5. रोगी के प्रयोग में आने वाले थूकदान, मूत्रपात्र इत्यादि में थोड़ा-सा फिनाइल का घोल डालकर रखें।

रोगों से प्रतिरक्षा

प्रतिरक्षा का अर्थ यह है कि वह शारीरिक क्षमता जिसकी सहायता से वह प्रतिजन (एण्टी जेन) की पहचानकर समाप्त करके निष्कासित कर सके। प्रतिजन वह पदार्थ है जिसे कोषों में प्रवेश कराने पर उसमें खास प्रकार के प्रतिरक्षी या एण्टीबॉडीज के निर्माण को उत्तेजित करता है तथा उन एण्टीबॉडीज के साथ विशेष प्रकार से मिश्रित हो जाता है। विभिन्न प्रकार के गुण एक प्रतिजन पदार्थ में उपलब्ध होने चाहिए, जैसे 'विजातीय' पदार्थ के रूप में शरीर द्वारा उसकी पहचान हो। उसका अणुभार 5000 से कम न हो। उदाहरणार्थ–प्रोटीन एक उत्तम प्रतिजन है जिससे डिष्थीरिया टॉक्सीजन आदि निर्मित होते हैं। अन्य हैं–पॉली सैकेराइड तथा रक्त-समूह के प्रतिजन या लाइपिड। न्यूक्लिक अम्ल भी प्रतिजन होते हैं। कई बार ऐसे पदार्थ जैसे पेनिसिलीन आदि स्वयं प्रतिजन न होते हुए भी प्रतिक्रिया कोषों में पैदा करते हैं व शारीरिक प्रोटीन के साथ इस प्रकार मिश्रित होते हैं कि वह प्रतिजन का कार्य करने लगता है। काफी कम मौकों पर शरीर अपने कोषों के कुछ अवयवों की पहचान नहीं कर पाता है तथा प्रतिरक्षी प्रतिक्रिया कर लेता है। इसे स्व-प्रतिरक्षीकरण कहते हैं व जो पदार्थ इस प्रकार से बनते हैं उन्हें स्व-प्रतिरक्षी पदार्थ कहा जाता है। शरीर प्रतिजन के सम्पर्क में आने पर तीन प्रकार से अनुक्रिया करता है–(1) शरीर में परिभ्रमित प्रतिजन की संख्या में वृद्धि होती है। (2) कोषों में उच्च संवेदनशील प्रतिक्रिया पैदा होती है जो कि धीमी गति से भी हो सकती है। (3) सहनशील बन सकते हैं अर्थात् यह भी सम्भव है कि दूसरी बार उस प्रतिजन के प्रति किसी प्रकार की अनुक्रिया न करे या कोषों में दूबारा उस प्रतिजन के सम्पर्क के कारण प्रतिवेदन उत्पन्न न हो।

प्रतिरक्षी पदार्थ

शरीर पर जब प्रतिजन का आक्रमण होता है तब कोषों के भीतर एक प्रोटीनयुक्त पदार्थ एकत्रित होना प्रारंभ हो जाता है जिसे हम प्रतिरक्षी पदार्थ कहते

हैं। उसी प्रतिजन, जिससे वह पैदा हुआ है, के साथ विशिष्ट रूप से प्रतिक्रिया करता है। शरीर में लसीका पर्व तथा प्लीहा में सबसे ज्यादा प्रतिरक्षी का निर्माण होता है। जब प्रतिजन को पेशीय शिरा द्वारा प्रवेश कराया जाता है, तब प्रतिरक्षी का निर्माण लसीका पर्व द्वारा होता है व जब हाथ की शिरा क्षरा प्रतिजन दिया जाता है, तो प्रतिरक्षी का निर्माण प्लीहा द्वारा होता है। शारीरिक प्रतिरक्षीकरण की प्रक्रिया को दो भागों में विभक्त कर सकते हैं—प्रतिरक्षी ग्लोबुलिन को निर्मित करना तथा कोषीय प्रतिरक्षीकरण पैदा करना।

लसीका कोष दो प्रकार के होते हैं—थाइमस ग्रन्थियों से प्राप्ति 'T' कोष तथा अस्थिमज्जा से प्राप्त 'B' कोष। यद्यपि 'T' कोष अस्थिमज्जा के स्तम्भ कोषों से उत्पन्न होते हैं, एवं इनकी परिपक्वता थाइमस ग्रन्थि की देख-रेख में होती है। ये कोष पूरे शरीर में परिभ्रमित होते रहते हैं व प्रतिजन को जल्दी ही पहचानते हैं। वे प्रतिरक्षी को स्रावित नहीं करते हैं। 'T' कोष दो प्रकार के होते हैं—सहायक एवं निरोधक या दमनक 'T' कोष। सहायक 'T' कोषों से सर्वाधिक प्रतिरक्षी का उत्पादन होता है व दमनक 'T' कोषों द्वारा प्रतिरक्षी के संश्लेषण पर बाधा उत्पन्न होती है। 'B' कोषों द्वारा प्रतिरक्षी का संश्लेषण तथा स्राव दोनों कार्य होते हैं जिससे प्रतिरक्षीकरण हो जाता है। 'T' कोष तथा 'B' कोष दोनों मिलकर कार्य करते हैं व शरीर को रोग रोधी क्षमता प्रदान करते हैं।

प्रतिरक्षीय अनुक्रिया—प्रतिजन को जब पहली बार शरीर में प्रवेश कराया जाता है व शरीर उससे अपरिचित रहता है, तब अनुक्रिया के किए 3 से 10 दिन की जरूरत होती है, इस अवधि को प्रेरणा-काल कहते हैं। इसके पश्चात् प्रतिरक्षी पदार्थ खून में दिखने लगते हैं जो कि $I_g M$ तरह के होते हैं। 2-3 दिन तक प्रतिरक्षी की सान्द्रता बढ़ती जाती है। उसके बाद घटने लगती है। इस प्रकार के प्राथमिक प्रतिजन उद्दीपन से जालिका अन्तः सार तन्त्र की शिक्षा हो जाती है जिससे 'स्मरण शील' कोषों का उत्पादन बढ़ता है। ये प्रतिरक्षित व्यक्ति की लसीका तन्तु में उपस्थित रहते हैं तथा रोगाणु के प्रति अपनी प्रतिरक्षीकरण हेतु संघर्ष करते हैं।

द्वितीयक अनुक्रिया से तात्पर्य है, जब प्रतिजन का प्रवेश कुछ निश्चित समय बाद पुनः कराया जाता है। प्रेरणा-काल कम हो जाता है, तीव्र गति से प्रतिरक्षी का निर्माण होता है। ज्यादा संख्या में प्रतिरक्षी परिभ्रमित होते हैं तथा दीर्घ समय तक प्रतिरक्षी अनुक्रिया उच्च स्तर पर बनी रहती है। इनमें प्रतिजन को बांधने की श्रेष्ठ व उच्च क्षमता एवं तीव्रता पाई जाती है। इसलिए प्रतिरक्षीकरण कार्यक्रमों में द्वितीयक डोज पर दिया जाता है, जिसकी कुछ वर्षों बाद पुनरावृति होती है। प्रतिरक्षी के निर्माण

को अनेक कारक प्रभावित करते हैं, यथा उम्र अर्थात् जन्म के समय प्रतिरक्षित निर्माण की प्रक्रिया अपरिपक्व होती है, चूँकि लसीका पर्व अविकसित होते हैं। माता का प्रतिरक्षी यदि नवजात शिशु के शरीर में परिभ्रमित हो रहा हो तो प्रतिरक्षीकरण उच्च होता है। प्रतिजन अगर कम हो तो प्रतिरक्षी का निर्माण कम होता है। सिर्फ अधिक मात्रा में प्रतिजन दे दिए जाएँ तो प्रतिरक्षीकरण का पक्षाघात हो जाता है और प्रतिरक्षी का निर्माण पूरी तरह बन्द हो जाता है। कई प्रतिजनों को यदि एक साथ रखा जाए तो अनुक्रिया इतनी सफल नहीं होगी, जितनी उन्हें भिन्न-भिन्न समय में अलग-अलग देते हैं, तब होती है।

जीवित वैक्सीन मृत वैक्सीन की तुलना में ज्यादा सफल होती है, हालाँकि जीवित वैक्सीन शरीर में गुणन क्रिया के द्वारा वृद्धि प्राप्त करता है जिससे प्रतिजन की सान्द्रता बढ़ जाती है। एक्स-रे, कार्टिजोन आदि के उपयोग से प्रतिरक्षी निर्माण में अवरोध पैदा होता है।

प्रतिरक्षा के स्वरूप

प्रतिरक्षा को दो वर्गों में विभाजित किया जा सकता है, जो इस प्रकार हैं–

(1) जन्मजात प्रतिरक्षा–जन्मजात प्रतिरक्षा वह होती है जिसमें व्यक्ति कुछ प्रानुवंशिक कारणों से रोग क्षमता प्राप्त करता है। उदाहरण के लिए–गायों में होने वाल रिण्डर पेस्ट (Rinder Pest) नामक रोग का जीवाणु मनुष्यों पर आक्रमण नहीं कर सकता। कुछ जातीय प्रतिरक्षा भी होती है।

(2) अर्जित प्रतिरक्षा–सक्रिय अथवा निष्क्रिय प्रक्रियाओं द्वारा अर्जित प्रतिरक्षा की प्राप्ति होती है। सक्रिय प्रतिरक्षा तब होती है ज़ब मनुष्य रोगाणुओं के प्रत्यक्ष सम्पर्क में आता है। उस समय उसके शरीर में उसके प्रतिरक्षी निर्मित होते हैं। सक्रिय प्रतिरक्षा प्राकृतिक अथवा कृत्रिम तरीके से प्राप्त कर सकते हैं अर्थात् एक बार बड़ी माता, चेचक, मीसल्स आदि के होने पर शरीर में प्राकृतिक प्रतिरक्षा पैदा हो जाती है। छिपी हुई प्रतिरक्षा संक्रमण से भी होती है, यथा डिप्थीरिया, हैजा आदि के कारण, पोलियो, कृत्रिम तरीके से वैक्सीन के प्रवेश से प्रतिरक्षा होती है, जैसे जीवित या मृत या टॉक्साइड से पैदा होती है।

सक्रिय प्रतिरक्षा के विकसित होने में कुछ समय लेती है, जैसे कुछ सप्ताह से कुछ महीनों के अन्दर प्रतिरक्षणीय हो जाता है, चूँकि जालिका अन्तः स्तर तन्त्र की शिक्षा के लिए समय लगता है। एक बार विकसित होने पर सक्रिय प्रतिरक्षा

दीर्घ समय तक बनी रहती है। निष्क्रिय प्रतिरक्षा उस समय होती है जब किसी जानवर या मनुष्य में प्रतिरक्षी को अन्य मनुष्य में प्रवेश कराकर उसमें उस रोग के प्रति प्रतिरक्षा प्रेरित करते हैं। प्राकृतिक रूप से भी निष्क्रिय प्रतिरक्षा प्राप्त कर सकते है; उदाहरणार्थ—गर्भस्थ शिशु में माता द्वारा माता में उपस्थित I_g G प्रतिरक्षी का स्थानान्तरण हो जाता है। ये प्रतिरक्षी शिशु को पहले 6 माह में अनेक रोगों से बचाते हैं। उदाहरणार्थ—बड़ी माता, चेचक, टिटनस, खसरा, पोलियो आदि परंतु जो प्रतिरक्षी माता द्वारा भ्रूण में जाता है, उसकी क्षमता माता आदि के प्रतिरक्षीकरण के स्तर पर निर्भर करती है। माता के दूध रक्षात्मक प्रतिरक्षी होते हैं जिसमें I_g A प्रमुख हैं। इनसे शिशु जीवारविक तथा वायरल संक्रमण को रोकने में समर्थ हो जाते हैं।

इसके अलावा बच्चों को एण्टीसीरा या प्रतिसीरम देते हैं, जो कि रेबीज, टिटनस आदि के प्रति अवरोधी बने होते हैं और इस प्रकार शिशु के शरीर में निष्क्रिय प्रतिरक्षा पैदा करते हैं। निष्क्रिय प्रतिरक्षण से तेजगति से, परंतु कम समय तक प्रतिरक्षण मिलता है। जालिका अंतः स्तर तन्त्र की शिक्षा की क्रिया न होने से कुछ समय पश्चात् संक्रमण होने का भय बना रहता है।

प्रतिरक्षीकरण के प्रमुख घटक

वैक्सीन को निम्नलिखित सक्रिय प्रतिरक्षीकरण के लिए महत्वपूर्ण बताया है—

(i) मृत वैक्सीन—जीवाणुओं द्वारा प्राप्त, यथा—टी. ए. बी., हैजा, काली खाँसी, प्लेग, मेनिन्ज के वायरस से, यथा—रेबी के , टाइफस आदि।

(ii) टॉक्साइड—जीवाणुओं से प्राप्त, यथा—डिप्थीरिया, टिटनेस आदि।

(iii) जीवित वैक्सीन—जीवाणु से प्राप्त बी. सी. जी. वायरस से प्राप्त चेचक, पोलियो, पीत्त, खसरा, कनफेड़।

निष्क्रिय प्रतिरक्षीकरण के लिए अग्रलिखित वैक्सीन उपयोगी हैं—

(i) प्रति-टॉक्सीन—जीवाणुओं से प्राप्त, यथाः—डिप्थीरिया, टिटनेस, बोट्यूलिस्म वायरस से प्राप्त, यथा—रेबीज हेतु प्रतिरक्षा।

(ii) मानव-गामा ग्लोबुलिन—साधारण मनुष्य के प्रतिरक्षी ग्लोबुलिन जैसेः—हिपेटाइटिस तथा खसरे के लिए; विशेष मानव के प्रतिरक्षी ग्लोबुलिन से; यथा—चेचक, टिटनेस, कनफेड़, बड़ी माता आदि।

रोग प्रतिरोध क्षमता

यह मनुष्य की वह शक्ति होती है जिससे रोगों के जीवाणुओं से उसके शरीर की रक्षा होती है। उदाहरणार्थ, कभी शहर में कोई बीमारी फैलती है तो कुछ व्यक्तियों को वह बीमारी हो जाती है, पर कई लोग ऐसे भी होते हैं जो उससे आक्रांत नहीं होते। हैजा या इन्फ्लुएंजा फैलने पर यह बात देखी जा सकती है। घर के समस्त लोगों को फ्लू हो जाता है, पर ऐसा भी देखने को मिलता है कि उसी घर का कोई एक व्यक्ति सर्वथा स्वस्थ रह जाता है। इसका तात्पर्य है कि उस व्यक्ति विशेष के शरीर में उस रोग के जीवाणु के रहने, बढ़ने या क्रियाशील होने योग्य सही वातावरण नहीं है। उस व्यक्ति में उस रोग विशेष के विरुद्ध रोग-रोधन क्षमता उपस्थित है।

आपने देखा होगा, कि घर में या अस्पताल में कुछ लोग संक्रामक रोग से पीड़ित व्यक्ति की सेवा शुश्रूषा करते हैं, उनके संसर्ग में रहते हैं, फिर भी हमेशा रोगी के सम्पर्क में रहकर भी उन्हें वह संक्रामक रोग नहीं होता। अपने घर में लोगों को कहते सुना होगा कि जिसे एक बार चेचक हो जाता है उसे पुनः वह रोग नहीं होता। यदि कभी होता भी है, तो उतने तीव्र रूप से नहीं होता। यानि उस व्यक्ति के शरीर में उस रोग विशेष के जीवाणुओं के खिलाफ रोग-रोधन क्षमता उत्पन्न हो गयी है जो उस खास रोग के जीवाणुओं को शरीर में दुबारा क्रियाशील होने से रोकती है। यदि वे जीवाणु शरीर में प्रवेश कर भी जाते हैं, तो अपनी इस शक्ति के द्वारा उन जीवाणुओं से युद्ध करके, उन्हें खत्म कर दिया जाता है, इसी शक्ति को रोधन-क्षमता या प्रतिकारिता भी कहा जाता है।

रोग-रोधन क्षमता के प्रकार

रोग-रोधन क्षमता प्रमुखतः तीन प्रकार की होती है–

(1) प्राकृतिक रोग-रोधन क्षमता–कुछ रोगों की रोधन-क्षमता मनुष्यों एवं पशुओं में प्राकृतिक रूप से अर्थात् जातिगत रूप से ही विद्यमान रहती है। इस तरह की रोधन-शक्ति त्वचा एवं शरीर में उपस्थित हाइड्रोक्लोरिक अम्ल की वजह से भी होती है, जिसके कारण एक विशेष रोग के जीवाणु शरीर को आक्रांत नहीं कर सकते। इसलिए हम पाते हैं, कि कुछ रोग जो पशुओं को होते हैं, मनुष्य उन रोगों से बचे रहते हैं या जो रोग मनुष्यों को होते हैं, यथा–कोढ़, वे रोग पशुओं को नहीं होते। यह रोग-रोधन क्षमता व्यक्तियों में निम्न माध्यमों से आती है–

(*i*) रोगों के प्रत्यक्ष आक्रमण द्वारा—टाइफाइड, चेचक जैसे रोग यदि एक बार मनुष्य को हो जायें, तो स्वयं उसके शरीर में इन रोगों के प्रति रोधन-क्षमता उत्पन्न हो जाती है और यह खुद अर्जित रोधन-क्षमता कहलाती है।

(*ii*) माता के दूध द्वारा—जब माता का दूध जन्म के बाद शिशु पीना शुरू करता है तो वह इस दूध के माध्यम से डिप्थीरिया जैसे रोग की रोधन-क्षमता हासिल करता है। यह रोधन क्षमता तीन-चार माह तक रहती है।

(*iii*) साधारण छूत द्वारा—कुछ मनुष्य कभी-कभी पोलियो; क्षय या डिप्थीरिया के रोगियों के सम्पर्क में आ जाते हैं। इन रोगों का हल्का संक्रमण लगकर, इन लोगों के शरीर में खुद इनके प्रति रोधन-क्षमता उत्पन्न हो जाती है। मनुष्यों को स्वयं इस बात का अनुभव नहीं होता, किन्तु वे इन रोगों से बच जाते हैं।

(2) अर्जित रोग-रोधन क्षमता—जो मानव शरीर में स्वयं प्राप्त होती है उसे अर्जित रोग-रोधन क्षमता कहते हैं। कुछ लोग अर्जित एवं कृत्रिम रोधन क्षमता को एक ही श्रेणी में विभाजित करते हैं और कुछ अलग श्रेणी में।

(3) कृत्रिम रोग-रोधन क्षमता—मनुष्यों एवं पशुओं पर वैज्ञानिकों ने कई वर्षों तक परीक्षण करके, कई तरह के टीकों का आविष्कार किया। ये टीके कृत्रिम रूप से मनुष्यों में विशेष रोगों के प्रति रोधन क्षमता उत्पन्न करते हैं। कृत्रिम रोग-रोधन क्षमता निम्नलिखित दो प्रकार की होती है—

(*i*) सक्रिय वैक्सिन द्वारा- इसके तहत् निम्नलिखित तीन तरह की रोग-रोधन कृत्रिम रूप से मानव शरीर में उत्पन्न की जाती है—

(अ) जीवित, शक्तिहीन जीवाणुओं द्वारा प्राप्त रोधन-क्षमता—इस तरह के वैक्सिनों में चेचक, क्षय, यलो फीवर याने पीत ज्वर और पोलियो वैक्सिन आते हैं—

चेचक—एक मि. ली. लिम्फ चेचक वैक्सिन करीब पच्चीस व्यक्तियों को टीका लगाने हेतु बहुत है। आजकल शीत शुष्क वैक्सिन का प्रयोग भी होता है। तीन-चार वर्षों के अन्तराल के पश्चात् इस वैक्सिन के प्रयोग की आवश्यकता पड़ती है।

पीत-ज्वर—इसके वैक्सिन की 0.5 मि. ली. मात्रा करीब छः वर्षों के लिए रोग-रोधन क्षमता उत्पन्न करती है।

पोलियो वैक्सिन—इसकी सुई भी होती है। आजकल मुँह द्वारा इसकी मात्रा दी जाती है।

क्षय—इस टीके का आविष्कार कामेट तथा ग्यूरिन नामक दो वैज्ञानिकों ने किया। इसी तरह इन्हीं के नाम पर इसका नाम बी. सी. जी. रखा गया। एक विशेष उपकरण के द्वारा यह टीका लगाया जाता है।

(ब) मृत जीवाणुओं से प्राप्त रोग-रोधन क्षमता–टाइफाइड, इस तरह से रेबीज, हैजा, प्लेग, कुकर-खाँसी, इन्फ्लुएंजा और टाइफस रोगों के विरुद्ध रोग-रोधन क्षमता प्रदान की जाती है।

रेबीज (Rabies)–मनुष्यों को रेबीज रोग पागल कुत्ते के काटने से हो जाता है। इसके खिलाफ टीके की मात्रा कुत्ते के काटने की मात्रा के आधार पर निश्चित करते हैं। आमतौर पर हल्का काटने पर दो मि ली. की सुई एक सप्ताह तक रोज दी जाती है। भयंकर स्थितियों में दस मि. ली. की सुई एक सप्ताह तक रोज दी जाती है। भयंकर स्थितियों में दस मि. ली. की सुई चौदह दिनों तक रोज दी जाती है।

टाइफाइड-ज्वर–यह गियादी बुखार भी कहलाता है। इस रोग के खिलाफ टी. ए. बी. वैक्सिन का उपयोग किया जाता है। वर्ष में एक बार एक मि. ली. मात्रा का वैक्सिन वर्ष भर रोग रोधन-क्षमता बनाये रखता है।

प्लेग–आधा मि. ली. प्लेग-वैक्सिन की मात्रा वयस्क व्यक्ति को दी जाती है। दुबारा एक सप्ताह के बाद एक मि. ली. की मात्रा दी जाती है। इससे छह से लेकर आठ माह तक हेतु रोग-रोधन क्षमता प्राप्त होती है।

हैजा–कॉलरा-वैक्सिन का नाम आपने भी सुना होगा। इसकी एक मि. ली. मात्रा में हैजा के करीब एक अरब मृत जीवाणु होते हैं। यह वैक्सिन लेने के एक सप्ताह बाद रोग-रोधन क्षमता शरीर में उत्पन्न हो जाती है।

इन्फ्लुएंजा–सैनिकों को इसकी सूई दी जाती है। इसकी मात्रा आधा से एक मि. ली. होती है।

कुकर खाँसी–परटुसिस वैक्सिन इस रोग के लिए दिया जाता है। तीन माह तक प्रतिमाह एक सूई दी जाती है। प्रथम मात्रा एक मि. ली. ग्राम, दूसरी दो मि. ग्राम और तीसरी तीन मि. ग्राम की होती है। एक मिली ग्राम में दस अरब मृत जीवाणु होते हैं। तीन बार की मात्राओं में करीब साठ अरब मृत जीवाणु प्रयुक्त होते हैं।

टाइफस-ज्वर–मुर्गी के अण्डे में रिकेट्रिसया प्रजाति के जीवाणुओं को पालकर यह वैक्सिन तैयार किया जाता है। इस वैक्सिन का उपयोग भी सैनिकों के लिए किया जाता है। एक-एक महीने के अन्तर पर दो बार इसकी सूई दी जाती है।

(स) टॉक्सिन द्वारा–विभिन्न टॉक्साइड का उपयोग इस विधि के अन्तर्गत किया जाता है–जैसे डिप्थीरिया हेतु। ट्रिपल एंटीजन नामक दवा कुकर खाँसी, टिटनेस और डिप्थीरिया तीनों रोगों के जीवाणुओं के विष मिलाकर बनायी जाती है।

बच्चे को यह सूई पाँच-छह माह की आयु में दी जाती है। पहली बार एक मि. ली. की मात्रा देते हैं। चार-छः सप्ताह के उपरांत यह मात्रा पुनः दी जाती है।

टिटनेस टॉक्साइड को अलग से भी ले सकते हैं। इसकी एक मि. ली. की मात्रा दी जाती है जो टिटनेस रोग के खिलाफ रोधन-क्षमता उत्पन्न करती है।

(*ii*) निष्क्रिय वैक्सीन द्वारा—जीवाणुजनित विष की सुई घोड़े को क्रमिक मात्रा में दी जाती है और फिर उसके रक्त से सीरम प्राप्त करते हैं। इस विधि से टिटनेस और डिप्थीरिया की रोधन-क्षमता हेतु सीरम उपलब्ध होते हैं। उदाहरणस्वरूप तीन तरह के सीरम उद्धत हैं—

(अ) ए. टी. सीरम—3000 इकाई मांसपेशियों में सूई द्वारा टिटनेस के लिए यह सीरम दिया जाता है।

(ब) स्वास्योन्मुख सीरम या गांमा ग्लोब्यूलिन—इस सीरम का प्रयोग विशेष यकृत रोग में किया जाता है।

(स) ए. डी. सीरम—डिप्थीरिया की रोधन-शक्ति के लिए ए0 डी0 एस0 500 से 2000 अन्तर्राष्ट्रीय इकाई (I.U.) का प्रयोग करती है।

रोग-रोधन क्षमता तथा उसके प्रकारों को जान लेने के पश्चात् अब हम संक्रामक रोगों से सम्बन्धित कुछ अन्य बातों का ज्ञान प्राप्त करेंगे।

रोग-निरोधन

किसी स्वस्थ व्यक्ति को जब किसी संक्रामक रोग से पीड़ित व्यक्ति से मिलने नहीं दिया जाता है, तो यह रोग-निरोधन या संग-निरोधन कहलाता है। किसी भी तरह का रोग-निरोधन अपने घर, सार्वजनिक क्षेत्र, गाँव, शहर या देश के लोगों की संक्रामक रोगों से रक्षा के लिए किया जाता है। जब स्वस्थ गाँव या नगर या देश वाले अपने यहाँ किसी के आने पर रोक लगाते हैं तब इसे आगमन-निरोधन कहते हैं। जब किसी रोगग्रसित क्षेत्र के लोग बाहर वालों के स्वास्थ्य की रक्षा के लिए अपने यहाँ से जाने वालों पर प्रतिबन्ध लगाते हैं तब उसे निर्गम-निरोधन कहते हैं।

स्कूलों में स्वस्थ बच्चों की रक्षा हेतु संक्रामक रोग से पीड़ित बच्चों को एक निर्धारित समय तक स्कूल आने के लिए मना किया जाता है। उदाहरणार्थ—खसरा, चेचक टाइफाइड; मम्पस जैसे रोग होने पर। इसे शालेय रोग-निरोधन कहते हैं।

जब घर में किसी को संक्रामक रोग हो जाता है और घर के लोगों के बाहर जाने पर तथा बाहर के लोगों के घर में आने पर रोक लगाई जाती है, तब उसे घरेलू

रोग-निरोधन कहते हैं। रोग-निरोधन का उपयोग विदेश यात्रा करने वालों को हवाई अड्डों या बन्दरगाह पर रोग-निरोधन का प्रमाण-पत्र प्रस्तुत करना पड़ता है, जिसमें यह सूचना रहती है कि वह व्यक्ति स्वस्थ है तथा उसने संक्रामक-रोग-विरोधी टीके लगवाये हैं। संक्रामक रोगों की सूची में खसरा, हैजा, प्लेग, टाइफस-ज्वर, चेचक आदि का नाम प्रमख हैं।

हरेक रोगों का एक निश्चित रोग-निरोधन काल होता है जिसकी तालिका आगे दी गई है। ये रोग होने पर उक्त समय तक आगमन या बहिर्गमन पर प्रतिबन्ध रहता है। विदेश के लिए प्रस्थान करने वाले व्यक्तियों की सभी वस्तुओं को नियमानुसार विसंक्रमित किया जाता है। उन व्यक्तियों को डॉक्टर द्वारा स्वस्थता का प्रमाण-पत्र प्राप्त करना पड़ता है। अपनी यात्रा के दौरान हरकोव-स्थल पर उन्हें ये प्रमाण-पत्र प्रस्तुत करने पड़ते हैं। किसी भी रोग का सन्देह होने पर उनकी यात्रा पर रोक लगायी जा सकती है।

अधिसूचना

एक ऐसा स्थान जहां के अधिकांश व्यक्ति किसी प्रकार के संक्रामक रोग से पीड़ित हों तो स्वास्थ्य विभाग को उस स्थान की जानकारी देना ही अधिसूचना कहलाता है। गाँवों में ग्राम पंचायत-अधिकारी अधिसूचना देता है। क्षेत्रीय स्वास्थ्य-निरीक्षकों का यह कर्त्तव्य है कि वे तुरन्त ही संक्रामक रोग की सूचना अपने उच्चाधिकारियों कों दें, ताकि शीघ्र ही रोग पर नियन्त्रण किया जा सके। भिन्न-भिन्न स्थानों पर रोगों की अधिसूचना के अपने विशेष नियम हैं। अन्तर्राष्ट्रीय दृष्टि से पीत्त-ज्वर, चेचक, प्लेग, हैजा, टाइफाइड और टाइफस ये छह बीमारियाँ अधिसूचना हेतु अत्यावश्यक मानी जाती हैं। बिहार प्रान्त में हैजा, प्लेग, चेचक अधिसूचक रोग हैं।

अधिसूचना से लाभ—किसी संक्रामक रोग के फैलने की सूचना यदि तत्काल प्राप्त हो जाती है तो उससे कई फायदे होते है—

1. संक्रामक रोग का पता चलते ही, उस स्थान के दूध, पेयजल या खाद्य पदार्थों के शुद्ध रूप में वितरण सम्बन्धी कदम उठाये जा सकते हैं।
2. अधिसूचना द्वारा यह पता चलता है कि कौन-सा रोग किस क्षेत्र विशेष में, किस गति से फैल रहा है।
3. समय पर अधिसूचना मिल जाने से उस स्थान के रोगी या रोगियों को अलग किया जा सकता है और यदि आवश्यक हो तो अस्पताल पहुँचाया जा सकता है।

4. संक्रामक रोग के प्रसार पर नियन्त्रण पाने के लिए जन-समुदाय को उस रोग से बचाव के लिए टीके लगवाये जा सकते हैं तथा समय पर सभी को बचाया जा सकता है।

पृथक्करण

संक्रामक रोग से पीड़ित व्यक्ति को कुछ समय हेतु स्वस्थ व्यक्तियों से दूर रखा जाता है ताकि रोग का प्रसार न हो। इसे ही पृथक्करण कहते हैं। भिन्न-भिन्न रोगों के लिए रोग-निरोधन काल तथा पृथक्करण काल विभिन्न होता है जो इस प्रकार है—

क्रम सं.	*रोग कान नाम*	*रोग-निरोधनकाल*	*पृथक्करण काल*
1.	टाइफाइड	21 दिन,	ज्वर प्रकट होने के दिन से मल-मूत्र की तीन बार नकारात्मक परीक्षा तक,
2.	हैजा	8 दिन,	3 सप्ताह
3.	प्लेग	कृमिनाशन के एक सप्ताह बाद तक,	1 माह,
4.	पीत-ज्वर	6 दिन,	रोग प्रारम्भ होने के 4 दिन बाद तक,
5.	कनेफेड़	7 से 28 दिन	कनपट्टी सूजने से 3 सप्ताह तक
6.	चेचक	14 दिन, टीका लग जाने की अवधि तक,	प्रारम्भिक दाने निकलने से अन्तिम पपड़ी निकलने तक,
7.	कुकर खाँसी	21 दिन तक,	प्रथम दिन से 1 माह
8.	डिप्थीरिया	10 दिन,	कम से कम 1 माह

पृथक्करण को दो प्रकार से विभाजित कर सकते हैं—

(1) चिकित्सालय पृथक्करण—जब घर में रखकर संक्रामक रोग से पीड़ित व्यक्तियों को चिकित्सा या परिचर्या करने की सुविधा नहीं होती, तब उन्हें अस्पताल में रखा जाता है। इसे ही चिकित्सालय पृथक्करण या Hospital Isolation कहते हैं। संक्रामक रोगों के अस्पताल कई शहरों में सर्वथा पृथक् होते हैं। अलग अस्पताल न होने पर, अस्पताल गें ही संक्रामक-रोग से पीड़ित रोगियों को रखने के प्रत्येक रोग के अलग विभाग होते हैं। ऐसे स्थान शहर की धूल, भीड़-भाड़, शोर से दूर स्वास्थ्यप्रद स्थान में होते हैं। यहाँ हर तरह की स्वच्छता का पूरा प्रबन्ध होता है। समय-समय पर उपयोग में लाये जाने वाले उपकरण, वस्त्र, अन्य सामान विसंक्रमित किये जाते हैं।

(2) गृहान्तर्गत पृथक्करण—घर में किसी व्यक्ति के संक्रामक रोग से ग्रसित होने पर उसे व्यक्ति को सर्वथा पृथक् कमरे में रखा जाए। यह कमरा घर के पीछे की ओर का एकान्त स्थान वाला हवादार कमरा होना चाहिए यानि वह व्यक्ति आने-जाने वालों की भीड़-भाड़ से दूर रहे। यदि घर में ऊपरी मंजिल पर कमरा हो तो उसे वहीं रखना उचित रहेगा। कमरे में साफ परदे लगायें। सिर्फ रोगी के लिए जरूरी वस्तुएँ ही रखें। अवांछित सामान कमरे से बाहर निकाल देना चाहिए। कमरे में, दिन में दो बार झाड़ू अवश्य लगे तथा फर्श को फिनाइल मिले पानी से पोंछना चाहिए। रोगी के कमरे के सामानों को भी विसंक्रामक घोल से साफ करके रखें। ऐसे रोगी के मल-मूत्र-थूक को गाड़ देना चाहिए या जला देना चाहिए। रोगी के कमरे में अनावश्यक भीड़ लगाने से बचना चाहिए। विशेषकर बच्चों को उनसे दूर रखना चाहिए क्योंकि बच्चों में प्रतिरोधक क्षमता की कमी होती है और वे आसानी से संक्रामक रोग का शिकार हो सकते हैं।

निष्कर्ष—इस अध्याय के विस्तृत अध्ययन से ज्ञात होता है कि जब कोई व्यक्ति किसी संक्रामक रोग की चपेट में आ जाता है तो उस रोग के लक्षण व्यक्ति में दिखाई देने लगते हैं। संक्रमण कारक उन कारकों को कहा जाता है जिनसे संक्रमण का विस्तार होता है। संक्रामक रोग प्रमुखतः दो प्रकार से फैलता है। प्रत्यक्ष संसर्ग से तथा अप्रत्यक्ष संसर्ग से तथा अप्रत्यक्ष संसर्ग से। श्वसन से आंतों व मूत्त मार्ग से तथा त्वचा से भी संक्रामक रोग फैलते है।

3

विभिन्न प्रकार के संक्रामक रोग

हम पिछले पाठों का अध्ययन करके इस तथ्य से भली-भांति परिचित हो चुके हैं कि इस वातावरण में विभिन्न प्रकार के रोगों का प्रसार है जिन्हें फैलाने में रोगाणु अहम् भूमिका निभाते हैं। कई बार तो संक्रमित व्यक्तियों से यह संक्रामक रोग स्वस्थ व्यक्तियों में प्रविष्ट हो जाते हैं। इस अध्याय में हम इन्हीं विभिन्न प्रकार के रोगों का विस्तृत अध्ययन करेंगे।

हैजा

हैजा को आम-बोलचाल में विसूचिका के नाम से भी जाना जाता है जिसे एशियाई महामारी के रूप में भी जाना जाता है, एक संक्रामक आंत्रशोथ है जो वाइब्रियो कॉलेरी नामक जीवाणु के एंटेरोटॉक्सिन उत्पन्न करने वाले उपभेदों के कारण होता है। मनुष्यों में इसका संचरण इस जीवाणु द्वारा दूषित भोजन या पानी को ग्रहण करने के माध्यम से होता है। आमतौर पर पानी या भोजन का यह प्रदूषण हैजे के एक वर्तमान रोगी द्वारा ही होता है।

अभी तक ऐसा माना जाता था कि हैजे का जलाशय स्वयं मानव होता है, लेकिन पर्याप्त सबूत है कि जलीय वातावरण भी इस जीवाणु को जलाशय के रूप में प्रयोग किया जा सकता है। वाइब्रियो कॉलेरी एक ग्राम-नेगेटिव जीवाणु है जो एक एंटेरोटॉक्सिन, कॉलेरा टोक्सिन का उत्पादन करता है, जिसका छोटी आंत के श्लेष्मीय उपकला अस्तर पर हुआ असर इस रोग में दस्त काफी अधिक लगता है।

हैजा उन ज्ञात रोगों में से एक है जो शीघ्र ही अपना दुष्प्रभाव छोड़ते हैं, इसके सबसे गंभीर रूप में रोग के लक्षणों की शुरुआत के एक घंटे के भीतर ही, एक स्वस्थ व्यक्ति का रक्तचाप घटकर निम्न रक्तचाप के स्तर तक पहुँच सकता है और संक्रमित मरीज को अगर चिकित्सा प्रदान नहीं की जाये तो वो तीन घंटे के अन्दर मर सकता है।

एक सामान्य परिदृश्य में, रोगी को पहले पतले दस्त होते हैं और 4 से 12 घंटों में वह आघात की अवस्था में पहुँच सकता है और अगर उसे मौखिक पुनर्जलीकरण चिकित्सा प्रदान नहीं की जाती तो, 18 घंटे के भीतर रोगी मृत्यु का ग्रास बन सकता है।

हैजा के स्रोत

पानी व भोजन द्वारा दूषित जल या नहर, नदी, तालाब, उथले कुएँ आदि के पानी या दूषित फल, दूध, सब्जी, मछली आदि से रोग फैलता है।रोगी व्यक्ति के सम्पर्क में स्वच्छ व्यक्ति के आने पर उसका थूक, कफ, उल्टी, दस्त आदि से, वस्त्र, बर्तन, दुषित जल से धुले पदार्थों आदि का उपयोग करने से व दूषित वस्तु के सम्पर्क से भी यह रोग फैलते हैं। व्यक्ति में संसर्ग से ज़ीवाणु स्वस्थ व्यक्ति में प्रवेश कर लेते हैं।

यह कुछ घण्टों से 5 दिन तक फैलता है। औसतन 1 से 2 दिनों में यह उत्पन्न हो जाता है। रोग उद्‌भव से रोगमुक्ति के पश्चात् जीवाणुओं का निष्कासन जब तक पूरी प्रकार बन्द न हो, तब तक संक्रमण काल रहता है।

लक्षण

इसमें काफी तेजी से उल्टी व दस्त होने लगते हैं। मल बिल्कुल पानी जैसा आता है। दिन में 30 से 40 बार दस्त होते हैं। दस्त चावल के माँड़ जैसा होता है। दस्त बाद में अनैच्छिक ही होने लगता है, गाल पिचक जाते हैं, पैरों में ऐंठन होने लगती है, आँखें भीतर धँस जाती हैं, रोगी उथली व जल्दी सांसे लेने लगता है तथा अशान्त हो जाता है, जीभ शुष्क हो जाती है, नाड़ी की गति धीमी पड़ जाती है, शरीर में नीलापन आ जाता है, रोगी अत्यधिक प्यास का अनुभव करता है, सामान्य से कम तापमान हो जाता है, मूत्र नहीं के बराबर आता है।

नियंत्रण के उपाय

शीघ्र-अति शीघ्र इलाज, मनुष्य का हैजा के स्त्रोत का पृथक्करण, पर्यावरण उपचार की स्वच्छता, मल व कूड़े का समुचित निकास, शुद्ध पानी का वितरण, सक्रिय

प्रतिरक्षी-कारण व स्वास्थ्य शिक्षा द्वारा इस रोग से सुरक्षा की जा सकती है। एण्टीबायोटिक्स की सहायता से तथा तरल पदार्थों को शिराओं में पहुँचाकर निर्जलीकरण की स्थिति में बदलाव लाया जा सकता है। रोगी को मुखजल भोजन द्वारा जल व लवण देकर इसे रोका जा सकता है। मृदु स्थिति में रोगी को अधिक से अधिक पानी पीने के लिए उत्साहित करना चाहिए। चार घण्टे में एक बार रोगी को 100 मिलीलीटर पानी या तरल पदार्थ देने चाहिए। हालत अधिक खराब होने पर 150 मिलीलीटर पानी शिराओं में पहुँचाना चाहिए। दवाइयों के तहत अक्सर टेट्रासाइकिलिन 300 मिलीग्राम एक बार में दिया जाता है। सैप्ट्रान भी दिया जाता है। टीका का प्रतिरक्षण के रूप में लेकर इससे बचाव किया जा सकता है।

टाइफाइड

इस बीमारी में दो विभिन्न प्रकार के लक्षण प्रतीत होते हैं—टाइफाइड तथा पैरा-टाइफाइड। तीव्रता के अनुरूप टाइफाइड तीव्र रोग है जबकि पैरा-टाइफाइड मृदु या मन्द प्रकृति का रोग है। यह रोग वैसीलस टाइफोसस या साल्मोनेला टाइफी से होता है। दूषित पानी, भोजन दूध द्वारा प्रसारित होता है। रोगी व्यक्ति तथा रोग वाहक व्यक्ति द्वारा यह रोग फैलता है। यह रोग 10 से 30 साल की उम्र के लोगों को होता है।

दिल्ली में यह रोग 6 से 12 वर्ष के बच्चों में अत्यधिक देखने को मिलता है। स्त्रियों की अपेक्षा में पुरुषों में यह रोग ज्यादा पाया जाता है, लेकिन स्त्रियाँ ज्यादातर वाहक होती है। एक बार टाइफाइड होने के बाद लम्बे समय तक रोग क्षमता बनी रहती है। जुलाई, अगस्त में यह ज्यादा होता है चूँकि इस समय मक्खियों की संख्या बढ़ जाती है।

खुले में मल निष्कासन, दूषित पानी, मूत्र त्याग से भूमि, पानी व भोजन दूषित होने से इस रोग का प्रसार अत्यधिक होता है। मक्खियों द्वारा भी यह रोग फैलता है। व्यक्तिगत स्वच्छता के निम्न स्तर जैसे—शौच जाने के बाद हाथ न धोना, अस्वच्छ आदतें, जैसे—तालाब आदि में गन्दे वस्त्र धोना, निरक्षरता, रसोई तथा आहार की स्वच्छता की कमी, अज्ञानता आदि के कारण भी यह रोग का प्रसार होता है।

उत्पत्ति काल—इस बीमारी का उद्भव काल 10-15 दिन तक है। औसतन 5 दिन से 6 दिन में यह उत्पन्न हो जाता है। 6 से 8 सप्ताह कहने का अभिप्राय यह कि जब तक रोगी पूरी प्रकार जीवाणुओं से आजाद नहीं हो जाता है, तब तक संक्रमण काल रहता है।

प्रमुख लक्षण—यह रोग धीरे-धीरे आरंभ होता है। रोग का समय लगभग 3-4 सप्ताह तक होता है। सर्वप्रथम बदन में दर्द, तेज सिर दर्द व कमर में दर्द होता है। 24 घण्टे बाद बुखार आता है। प्रारंभ में बुखार का तापमान 101^0 से 102^0 F रहता है और दूसरे सप्ताह में बढ़कर 104^0 से 105^0 F तक पहुँच जाता है। दिन का तापमान रात की तुलना में अधिक होता है। 105^0 F से तापमान ज्यादा होने पर रोगी बेहोश होने लगता है, बड़बड़ाने लगता है, मुँह के किनारों व कोनों पर, जीभ पर सफेद आवरण-सा जम जाता है।

दूसरे सप्ताह में पेट पर कमर पर छोटे-छोटे दाने उभर आते हैं तथा यकृत के आकार में बढ़ोत्तरी हो जाती है। इस दशा में आँतों की झिल्लियों में घाव हो जाने के कारण रक्तस्राव भी हो सकता है। सही उपचार व भोजन की कमी से रोगी की मृत्यु हो सकती है।

तीसरे सप्ताह में बुखार कम होने लगता है तथा चौथे सप्ताह में बहुत ही कमजोरी महसूस होने लगती है। रोगी उठने व बैठने में दिक्कत होने लगती है

निदानात्मक उपाय

टाइफाइड से बचाव करने हेतु परिवार के समस्त सदस्यों को टाइफाइड प्रतिरक्षी टीका लगवाना चाहिए। बार-बार रोगी का निरीक्षण व रोग-वाहक का निरीक्षण तथा परीक्षण करना चाहिए। टाइफाइड से बचाव के तरीके विद्यालय में बच्चों को बताया जाना चाहिए जिससे वह समय रहते ही इसका सही इलाज करवा सकें। जल पूर्ति के साधनों पर नियन्त्रण लगाकर रोग के प्रसार को कम किया जा सकता है। तालाब कुएँ आदि पर कड़ी व्यवस्था की जानी चाहिए। मल निष्कासन व निस्तारण की व्यवस्था भी समुचित होनी चाहिए। भोजन को तैयार करते वक्त शुद्धता एवं स्वच्छता पर समुचित ध्यान देना चाहिए। होटल आदि से रोग-वाहक व रोगी व्यक्ति को निकलवा देना चाहिए। अधिसूचना परिवार के पड़ोसियों, सदस्यों द्वारा चिकित्सक को दिया जाना चाहिए कि वे इस बीमारी की सभी जानकारियां स्वास्थ्य विभाग को प्रदान की जायें। रोगी को अलग रखना चाहिए इससे रोग के फैलने की सम्भावना कम हो जाती है।

रोगी को अस्पताल में भी भर्ती करवा सकते हैं। उचित उपचार लेकर इस बीमारी की रोक-थाम की जा सकती है। उच्च परिचर्या व दवाइयों के उपयोग की आशा होती हैं। रोगी को क्लोरोमाइसिटिन दिया जाता है। मलमूत्र का निसंक्रमण करके जलाया जाता है। मलमूत्र को पानी संवहन विधि की अनुपस्थिति में चूने के

साथ जमीन में गाड़ दिया जाता है। वस्त्रों को हाइड्रोजन परक्लोराइड के ठण्डे घोल में भिगोकर भाप द्वारा निसंक्रमित करना काफी लाभदायक हो सकता है। अपने हाथों को निसंक्रमित करना नहीं भूलना चाहिए।

इसके अतिरिक्त कुछ व्यक्तिगत कार्य करके भी इसे रोका जा सकता है—मल व कूड़े के निस्कासन का भलीभांति प्रबंधन करना। मक्खियों पर नियन्त्रण करना एवं स्वास्थ्य शिक्षा। साफ पानी व भोजन को ग्रहण करना। पानी को घर में उबाल कर शुद्ध करना।

डिप्थीरिया

डिप्थीरिया को गले की बीमारी की भी संज्ञा दी जाती है यह उग्र संक्रामक रोग है, जो 2 से लेकर 10 वर्ष तक की आयु के बालकों को अधिक होता है, यद्यपि सभी आयु वालों को यह रोग हो सकता है। इसका उद्भव काल दो से लेकर चार दिन तक का है। इस रोग का संक्रमण क्षेत्रागला है एवं टॉन्सिल भी आक्रांत होते हैं। स्वरयंत्र, नासिका, नेत्र तथा बाह्य जननेंद्रिय भी आक्रांत हो सकती हैं।

यह वास्तव में स्थानिक रोग है, किंतु जीवाणु द्वारा उत्पन्न हुए जीवविष के शरीर में व्याप्त होने से रुधिर विषाक्तता के लक्षण देखने को मिलते है। ज्वर, अरुचि, सिर तथा शरीर में पीड़ा आदि जीवविष के ही परिणाम होते हैं। इनका विशेष हानिकारक प्रभाव हृदय पर पड़ता है। कुछ रोगियों में इनके कारण हृदयविराम से मृत्यु हो जाती है।

कारण

इस रोग का प्रसार कोराइन बैक्टीरियम डिपथीरी नामक जीवाणु से होता है। यह प्रायः बिंदुसंक्रमण से तथा बालकों द्वारा एक-दूसरे की पेंसिल, लेखनी आदि वस्तुओं को मुँह में रख लेने से गले की श्लैष्मिक कला में प्रविष्ट होकर वहाँ रोग उत्पन्न कर देता है, जिसके फलस्वरूप जन्म लेने वाले हुए स्त्राव में फाइब्रिन अधिक होने से स्त्राव वहाँ पर झिल्ली के रूप में एकत्र हो जाता है। उसका रंग मटमैला सा होता है और उसके पास श्लेष्मिक कला में शोथ होता है। झिल्ली नीचे मांस से चिपकी होती है और कठिनाई से पृथक् की जा सकती है। इस प्रकार के जीवाणु तीन प्रकार के होते हैं। उग्र, मध्यम और मृदु। प्रथम प्रकार अत्युग्र, दूसरा उग्र और तीसरा

मृदु रूप का रोग उत्पन्न करता है, जिसमें कभी-कभी झिल्ली तक नहीं बनती। केवल गलशाथ के लक्षण होते हैं। कोरिनेबेक्टीरियम डिप्थीरिया और कफ के माध्यम से एक व्यक्ति से दूसरे व्यक्ति में यह फैलता है। इसके अतिरिक्त जीवाणु एक प्रकार के जीव विष को जन्म देता है जिससे हृदय की पेशियों में सूजन आ सकती है अथवा स्नायु तंत्र की खराबी हो सकती है।

डिप्थीरिया के लक्षण

(1) नाक का बहना–डिप्थीरिया रोग में रोगी के नाक से सदैव पानी गिरते रहता है।

(2) गले में दर्द–डिप्थीरिया रोग के लक्षण है कि रोगी के गले में दर्द हो जाता है।

(3) बुखार–डिप्थीरिया रोग के लक्षण के अंतर्गत रोगी हमेशा बुखार से पीड़ित रहता है।

(4) बीमार महसूस करना–डिप्थीरिया रोग के एक लक्षण ये भी है कि रोगी अपने आप को बीमार महसूस करने लगता है।

झिल्ली को ही रोग का विशेष लक्षण माना जाता है। उपयुक्त चिकित्सा तत्काल प्रारंभ न करने से वह गले में चारों और से उत्पन्न होकर श्वास मार्ग तक को रोक सकती है, जिससे रोगी को श्वासकष्ट हो जाता है और फुफ्फुसों में वायु का प्रसार नहीं हो पाता है। गले में शोथ होता है। टॉन्सिल भी सूज जाते हैं। झिल्ली गले में न बनकर उसके नीचे श्वासनली में बन सकती है। अग्रनासिका के आक्रांत होने पर नासास्राव विशेषतया अधिक होता है, किंतु श्वासकष्ट नहीं होता। नेत्र तथा जननेंद्रियों के रोग में उनपर झिल्ली एकत्र हो जाती है।

रोगी को ज्वर 1000-1020 फा. तक रहता है। रुधिर विषाक्तता के कारण रोगी क्लांत दिखाई देता है। इस बीमारी में रोगी उग्र प्रकृति का हो जाता है।

डिप्थीरिया के जीवविष हृतपेशीस्तर पर अपकर्षण प्रभाव डालते हैं। हृदय के दुर्बल हो जाने से उसके स्पंदन में भी दुर्बलता आ जाती हैं, जिससे शरीर का रक्तचाप कम हो जाता है।

हदृय जितना कमजोर होता जाता है, रोगी के जीवन की आशा उतनी ही कम हो जाती है। तंत्रिकातंत्र का भी विष प्रभावित करते हैं। गले के भीतर की पेशियों का स्तंभ प्रायः 10वें या 12वें दिन पर दिखाई पड़ता है, जो पहले वहाँ की दुर्बलता से आरंभ होता है। रोगी का शब्द अनुनासिक हो जाता है। निगलने पर

जल या अन्य पेय नाक से लौट आते हैं। नेत्र की पेशियों की क्रिया का ह्रास हो सकता हैं, जिससे समायोजन क्रिया न होने से रोगी को छोटे अक्षर स्पष्ट रूप से नहीं नजर आते है।

आगे चलकर दो या तीन सप्ताह के भीतर और कभी-कभी इससे पहले ही बहुतंत्रिकाशोथ के लक्षण देखने को मिलते हैं। कभी-कभी स्वरयंत्र आक्रांत हो जाता है, जिससे श्वासावरोध का डर रहता है। ऐसी दशा में तत्काल श्वासनली का वेधन करके श्वासमार्ग का निर्माण करना पड़ता है।

डिप्थीरिया रोग का निदान

इस रोग का निदान सरलता पूर्वक नहीं किया जा सकता है। रोग का संदेह होने पर यदि झिल्ली न दिखाई दे तो गले के स्त्राव की संवर्धन परीक्षाएँ आवश्यक हैं। शिक जाँच द्वारा रोग के वाहकों को पहचानने से रोग को रोकने में काफी लाभ मिलता है। ग्रसनी शोथ टॉन्सिल शोथ, मुँह तथा गले में फंगस संक्रमण आदि रोगों से डिप्थीरिया को पहचानना जरूरी होता है।

चिकित्सा

प्रतिजीव विषयुक्त सीरम, जिसे इस रोग की प्रथम औषधि है, किंतु चिकित्सक को पहले यह निश्चय कर लेना चाहिए कि रोगी सीरम के प्रति असहिष्णु तो नहीं है, क्योंकि कुछ रोगी सीरम को सहन नहीं कर पाते, विशेषकर वे रोगी जिनको पहले सीरम के इंजेक्शन लगे हों। इस कारण इंजेक्शन देने से पूर्व पूछ लेना चाहिए। यदि इंजेक्शन नहीं लगे हैं तो विशेष डर नहीं है। यदि लगे हों, तो असहिष्णुता की जाँच करना आवश्यक है। यह दशा तीव्रग्रहिता कहलाती है। इसमें मृत्यु तक हो सकती है। चिकित्सा की सफलता शीघ्रातिशीघ्र चिकित्सा प्रारंभ करने पर आधारित होती है। रोग का संदेह होते ही चिकित्सा आरंभ कर देना आवश्यक है। अत्युग्र दशाओं में और विशेषकर जब रोग कुछ पुराना हो जाय तो रोगी की जीवनरक्षा के लिए 80,000 मात्रक से लेकर दो लाख मात्रक तक प्रतिजीव विषयुक्त सीरम देना आवश्यक है।

साधारण उग्र दशाओं में 16 से 32 हजार मात्रक पर्याप्त हैं। मृदु रोग में पाँच से लेकर 15 हजार मात्रक तक पर्याप्त है। उग्र दशाओं में कम-से-कम आधी मात्रा शिरा द्वारा ही जानी चाहिए एवं शेष को नितंबप्रांत में अंतर्पेशी इंजेक्शन से देना चाहिए। प्रोकेन बेंजाइल पेनिसिलिन छह लाख मात्रक भी (जिसमें एक लाख साधारण

बेंजाइल पेनिसिलिन सम्मिलित हो) पाँच दिन तक प्रतिदिन एक बार दिया जाए। रोग के जीवाणुओं पर इसकी घातक क्रिया होती है। ऐराइथोमाइसीन के भी संतोषजनक परिणाम हुए हैं। रोगमुक्ति के पश्चात् भी हृदय को सुरक्षित रखने हेतु कम-से-कम तीन सप्ताह तक पूर्ण विश्राम करना जरूरी होता है। उग्र रोग के पश्चात् रोगी तीन मास तक काम करने के योग्य नहीं रहता।

डिप्थीरिया से बचने के उपाय

गले की बीमारी (डिप्थीरिया) से बचाव हेतु बच्चों को डीपीटी का टीका लगवाएं। किसी बच्चे को गले की बीमारी (डिप्थीरिया) की संभावना होने पर तत्काल डॉक्टर से परामर्श करें क्योंकि इससे आजीवन खतरा होता है। यह बहुत आवश्यक है और सदा सफल होता है।

आजकल यह क्षमीकरण शैशवावस्था में ही प्रारंभ कर दिया जाता है। 10 से 12 मास की आयु में डिप्थीरिया टॉक्साइड का प्रथम इंजेक्शन, 15-18 मास पर दूसरा, फिर स्कूल प्रवेश के दौरान अंतिम इंजेक्शन आठ या नौ वर्ष की आयु में दिया जाता है। इससे बालक में जीवन पर्यंत रोगक्षमता बनी रहती है। सहिष्णुता की जाँच कर लेना बहुत जरूरी होता है, जिन्हें सीरम के इंजेक्शन लगाये जा चुके हों उनमें यह जाँच करके इंजेक्शन दिए जाएँ। डिप्थीरिया प्रतिसीरम के 10 में एक शक्ति के विलयन के 002 मिलीमीटर अधस्त्वक इंजेक्शन देने के आधे घंटे के तुरंत बाद तक यदि रोगी में कोई विशेष लक्षण नहीं पाये जाने पर तो 002 मिलीमीटर (बिना घुले हुए) सीरम का फिर इंजेक्शन दिया जाता है। इससे भी यदि लक्षण न उत्पन्न हो तो आधे घंटे बाद पूरी मात्रा प्रदान की जा सकती है। लक्षणों के प्रकट होने पर सीरम देने का विचार छोड़कर पेनिसिलिन तथा अन्य प्रतिजीव विषों द्वारा चिकित्सा करनी पड़ती है।

चेचक

यह रोग भी उच्च संक्रामक तथा तीव्र संचारी रोग है जिसका प्रसार वेरियोला नामक वायरस द्वारा होता है। यह भयंकर छूत की बीमारी है। इसके उन्मूलन के लिए सरकार द्वारा अनेक प्रयास किये गये हैं। अब यह काफी कम होता है। संक्रमण के 7 से 17 दिन में यह उत्पन्न होता है औसतन 12 दिन। संक्रमण काल तब तक होता है, जब तक पपड़ियाँ पूरी रह गिर नहीं जातीं।

प्रमुख लक्षण

सर्वप्रथम व्यक्ति के शरीर में कंपन आ जाती है। तेज बुखार होता है। तेज सिरदर्द, कमरदर्द, हाथ-पैरों व जोड़ों में दर्द होता है। 2-4 दिन पश्चात् पित्तिका व दाने निकल आते हैं। दाने पहले छोटे-छोटे व लाल रंग के होते हैं। इन्हें मैक्यूल कहते हैं। 24 से 36 घण्टे बाद वे मटमैले, धूसर, नीले रंग तथा सख्त हो जाते हैं इन्हें पेप्यूल की संज्ञा दी जाती है।

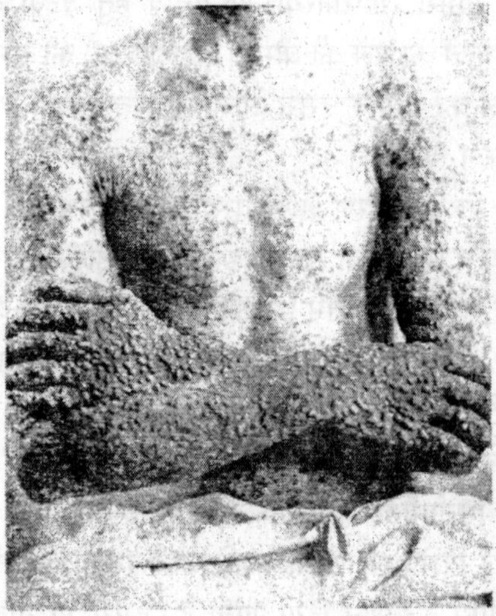

पाँचवें दिन ये पेप्यूकेर की ओर उभर कर आते हैं व बटन के समान इनका आकार गोल होता है और इनका रंग मटमैला सफेद रंग का होता है। इन्हें वेसिकल कहते हैं। इनमें तरल पदार्थ, लिम्फ व ज्यादा संख्या में वायरस भर जाते हैं। यह वेसिकल केन्द्र में अन्दर धँसा रहता है जिसे नामिक भवन कहते हैं, यह बहु-खगंडीय होता है। धँसे हुए केन्द्र भाग पर एक काला बिन्दु उभर आता है। दसवें दिन ये पस्ट्यूल बन जाते हैं। इनमें द्वितीयक संक्रमण के कारण पीव पड़ जाता है।

चौदहवें दिन पस्ट्यूल परिपक्व होकर अपने पूरे आकार में आ जाता है। इसके बाद वह सूखने लगते हैं। इक्कीसवें दिन पपड़ियाँ गिरने लगती हैं। 28 से 30 दिन तक सभी पपड़ियाँ गिर जाती हैं, लेकिन इनसे उत्पन्न दाग सदैव के लिए बने रहते हैं। क्लिष्टता तब होती है जब केष्य पर अन्य घाव, फोड़े, त्वचा, फुन्सी के रोग हों

या श्वसन रोग, ब्राँको निमोनिया या आँखों में पित्तिका के निकल आने से अन्धापन, केन्द्रीय नाड़ी संस्थान की अव्यवस्था, जोड़ों की बीमारी, गठिया, आस्टियो मालाइटिस हो।

नियंत्रण के उपाय

चेचक प्रतिरक्षक को चिकित्सा के आवश्यक अंग के रूप में प्रयोग में लाया सकता है। वैक्सीन को गो चेचक वायरस से तैयार करते हैं व बच्चे को यह वैक्सीन 3 माह की उम्र से पूर्व ही लगवा देना चाहिए।

मुँह व नाक द्वारा निकले स्राव को जलाना चाहिए। रूमाल, वस्त्र, चादर आदि को भाप द्वारा विसंक्रमित करना चाहिए। पहले पपड़ियों को 10 प्रतिशत फार्मेलीन घोल में रखकर फिर मिट्टी में बलन कट दिया जाता है।

रोगमुक्ति होने पर कमरे का विसंक्रमण तथा पूर्ण रूप से सफाई की जाती है। बिस्तर, वस्त्र, बर्तन, किताबें आदि को भी फार्मेल्डीहाइड का धुआँ देते हैं। आवागमन पर रोगी से सम्पर्क में आए हुए व्यक्तियों को 14-15 दिनों तक निरीक्षण में रखा जाता है।

सेवा के लिए प्रतिरक्षित व्यक्ति को पृथक् रखना चाहिए।

सक्रिय रोग क्षमता प्राप्त करने के लिए वैक्सिनेशन लेना लाभकारी होगा। शिशु को तीन माह से पहले टीका लगाया जाता है जिसका असर 5 वर्ष तक रहता है। द्वितीय खुराक 5 साल होने पर दिया जाता है। टीका लगाने के लिए तरल लिम्फ के साथ ग्लिसरीन को मिलाया जाता एवं फीज डाइड वैक्सीन का उपयोग किया जाता हं। भारत में फीज अर्थात् वैक्सीन का उपयोग ज्यादा किया जाता है। प्राथमिक टीका अग्रवाहु पर दिया जाता है।

वर्तमानकाल में जेट इन्जेक्टर का उपयोग लाभकारी हो सकता है। इसमे दर्द नहीं होता। कम समय में ज्यादा संख्या में इससे टीका लगाया जा सकता है।

छोटी माता

छोटी माता अंग्रेजी में चिकन पॉक्स कहलाती है। यह वेरीसेल्ला जोस्टर वायरस से फैलनेवाली एक संक्रामक बीमारी है। यह बहुत ही संक्रामक होती है और संक्रमित निसृत पदार्थों को सांस के साथ भीतर ले जाने से फैलती है।

चिकन पॉक्स के प्रमुख लक्षण

दोदरे पड़ने की विशिष्टताएं–

लाल, उभरे दोदरे से आरंभ होना, दोदरे फफोलों में बदलना, मवाद से भरना, फूटना और खुरदरे पड़ना, प्रमुख रूप से चेहरे, खोपड़ी और रीढ़ पर देखने को मिलते हैं तथापि भुजाओं, टांगों पर भी यह होते हैं। तेज खुजली हो सकती है। बुखार भी हो सकते हैं।

चिकन पॉक्स से बचने के उपाय

छोटी माता (चिकन पॉक्स) हेतु वर्तमान में एक टीका उपलब्ध है जो कि 12 महीने से अधिक आयु वाले उस व्यक्ति को दिया जा सकता है जिसे यह बीमारी न हुई हो और जिसमें छोटी-माता (चिकन पॉक्स) से सुरक्षा के पर्याप्त प्रतिकारक उपलब्ध न हो। छोटी-माता (चिकन पॉक्स) वाले बच्चों को एस्प्रीन लेने पर रेईस सिन्ड्रोम हो सकता है जो कि बहुत गंभीर बीमारी है तथा इससे मस्तिष्क पर बुरा प्रभाव पड़ सकता है। वह मर भी सकता है।

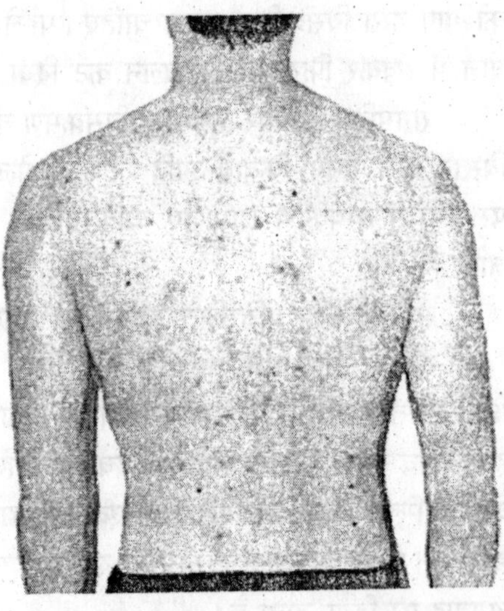

बच्चों को छोटी-माता (चिकन पॉक्स) होने पर एस्प्रीन की गोली कदापि न दें। डॉक्टर द्वारा विशेष रूप से विनिर्धारित करने पर ही बच्चों को किसी अन्य बीमारी हेतु एस्प्रीन का प्रयोग लाभकारी होगा। बच्चों को गोली की दवाई देते समय डॉक्टर से जाँच करा लेना लाभकारी होगा है।

वयस्क में निमोनिया होने का खतरा विशेष रूप से बना रहता है। इसके अतिरिक्त एच.आई.वी. से संक्रमित या प्रतरोधी प्रणाली में कमी वाले रोगियों को निमोनिया का सर्वाधिक खतरा होता है। ऐसी गर्भवती महिलाएं जिनको पहले कभी छोटी-माता (चिकन पॉक्स) नहीं हुई है, उनको सक्रिया वायरस वाले के संपर्क में नहीं आना चाहिए।

काली खाँसी

काली खांसी एक शीघ्र फैलने वाला संक्रामक रोग है जिसका संबंध श्वसन से होता है। इसके जीवाणु का नाम बोर्डेटेला परट्मिस है। इस रोग को चीन में 'सौ दिन वाली खाँसी' की संज्ञा दी जाती है। इसका प्रसार रोगी व रोग वाहक द्वारा होता है। दूषित वस्त्र, रोगी के सीधे सम्पर्क द्वारा, पदार्थ, बर्तन आदि द्वारा इसका प्रसार होता है। संक्रमण के 7 से 14 दिन में यह उत्पन्न होता है।

प्रमुख लक्षण

1. साँस लेने में काफी परेशानी होती है, मुँह नीला पड़ जाता है। बच्चों को ज्यादा तकलीफ होती है।
2. इसमें श्वसन मार्ग की उपकला तन्तु पर जीवाणुओं के प्रहार से घाव पैदा होते हैं।
3. खाने के प्रति उदासीनता रहती है, कमजोरी आ जाती है।
4. आँखे कुछ दिनों में गहरे लाल रंग की हो जाती हैं, मुँह व होंठ नीले पड़ जाते हैं।
5. 10 दिन बाद खाँसी का दौरे के पश्चात् कुछ बलगम निकलता है तथा बच्चा लम्बी साँस खींचता है तब एक विचित्र आवाज निकलती है, जो हूप कहलाता है।
6. हल्का-सा बुखार भी रहता है।
7. 5 वर्ष तक के बच्चों में यह बीमारी अधिक देखने को मिलती है। मृत्यु की दर 70 प्रतिशत होती है।
8. मार्च-अप्रैल में काली खाँसी सर्वाधिक होती है। ठण्डे प्रदेशों में इसके होने की सम्भावना अधिक होती है।
10. खाँसी रह-रहकर उठती है, रात को दिन की तुलना में अधिक खाँसी होती है।
11. कई बार ज्यादा परिश्रम से खाँसने से नाभि का हर्निया भी हो जाता है।
12. जुकाम, खाँसी आदि उत्पन्न करते हैं तथा शरीर तथा मुँह पर सूजन आ जाती है, नींद नहीं आती है।

निरोधक उपाय—इस बीमारी की रोकथाम निम्न प्रकार की जा सकती हैं—

1. इस रोग से ग्रसित होने की सूचना शीघ्र ही होनी चाहिए। रोगी को अलग रखना चाहिए। बच्चे को 14 दिन तक विद्यालय नहीं भेजना चाहिए। उपचार की जरूरत होती है।

2. रोगी को जल्द से जल्द उचित उपचार कराके इस बीमारी से छुटकारा पाना चाहिए। इस रोग में घरेलू नुस्खों द्वारा भी मनुष्य उपचार कर सकता है।
3. वस्तु, कमरे, वस्त्रों का विसंक्रमण करना आवश्यक है तथा मृत वेसिलस से निर्मित की गई वैक्सीन के टीके बच्चों की सुरक्षा हेतु दिए जाते हैं। तीसरे, चौथे व पाँचवें महीने में शिशु को एक मिलीलीटर वैक्सीन प्रति रोज देना चाहिए। यह क्व्ज के तहत एक च्मतजनेपे होती है। बच्चों के दूसरे व पाँचवें साल में द्वितीयक टीका भी लगाया जा सकता है।

क्षयरोग

तपेदिक, जिसे क्षयरोग, राजयक्ष्मा, यक्ष्मा, गुलिकार्ति तथा टयूबरक्लोसिस (संक्षेप में टी.बी.) की संज्ञा दी जाती है। एक सामान्य किंतु घातक संक्रामक रोग माना जाता है। यह जीवाणु से फैलता है, मुख्य रूप से माइक्रोबैकटीरियम टयूबरक्लोसिस से। यह आम तौर पर फेफड़ों को प्रभावित करता है किंतु यह केन्द्रीय तंत्रिका तंत्र लिम्फतंत्र, संचार तंत्र, मूत्रजनन तंत्र, अस्थि, जोड़, यहाँ तक कि त्वचा को भी प्रभावित करता है कुछ अन्य प्रकार के जीवाणु जो यह रोग पैदा कर सकते हैं वे हैं माइक्रोबैकटीरियम बोविस, मा-अफ्रीकनम, मा-कैनेटी, मा-मिक्रोटी किंतु ये प्रजातियाँ आमतौर पर किसी स्वस्थय वयस्क को प्रभावित नहीं करती है।

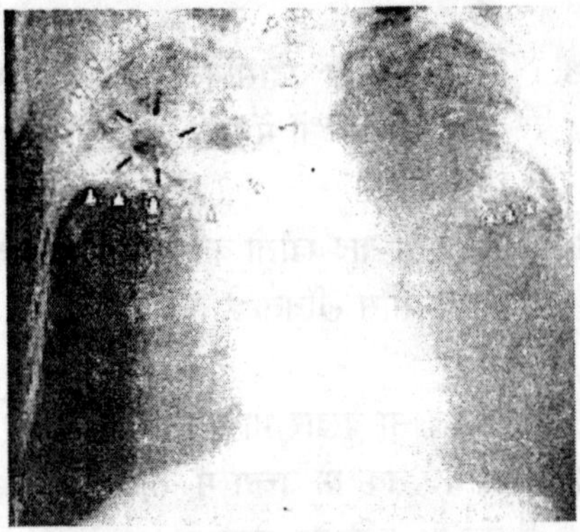

विश्व की एक तिहाई आबादी के शरीर में इस रोग का प्रभाव देखने को मिलता है। प्रति 1 सैकेण्ड में 1 नया संक्रमण भी होता है, किंतु प्रत्येक संक्रमित व्यक्ति पर इस रोग का प्रभाव नहीं पड़ता है इसके छिपे संक्रमण से ग्रस्त 10 में से 1 को रोग शुरू हो जाता है यदि इसका इलाज नहीं मिले तो आधे रोगी काल का ग्रास बन जाते हैं। 2004 में 14.6 मिलियन सक्रिय मामलें थे जहाँ रोग गंभीर दशा में चला गया था, 8.9 मिलियन नये मामलें सामनें आये थे तथा 1.6 मिलियन मौतें हुई थी ये ज्यादातर विकासशील देशों में हुई थी।

विकसित देशों से भी इस रोग का प्रभाव देखने को मिलता है। वहाँ लोगों का प्रतिरक्षा तंत्र दुर्बल हो गया है क्योंकि वे लोग प्रतिरक्षा तंत्र शमनकारी औषधि लेते हैं नशीले पदार्थों के सेवन से तथा एड्स इसके सबसे बड़े कारण हैं। एच.आई.वी. संक्रमण बढ़ जाने से तथा टी.बी. नियंत्रण कार्यक्रम के कमजोर हो जाने से यह रोग दुबारा उभर गया है। इसके अलावा दवाप्रतिरोधी तपेदिक के उभार से महामारी की तरह इस रोग का प्रसार हो रहा है।

2000 से 2004 के मध्य 20 टी.बी. मामलों में जीवाणु मानक उपचार के प्रति सहनशील हो गया था जबकि 2 मामलों में यह द्वितीय पंक्ति की औषधियों के प्रति भी प्रतिरक्षा रखने लगा था। टी.बी. के मामले किसी देश के स्वास्थ्य सेवा की दशा दिखाते हैं। विश्व स्वास्थ्य संगठन के मतानुसार 1993 से यह रोग विश्व भर में आपातकालीन स्वास्थ्य समस्या बन चुका है, वर्ष 2006 से 2015 के मध्य 14 मिलियन जीवन बचाने की कार्ययोजना भी तैयार कर ली गयी है।

टीका द्वारा रक्षा की विधि

क्षयनिरोधक टीके का सर्वप्रथम इस्तेमाल 1912 में वाइल हेली द्वारा किया गया था। अब उसे समस्त विश्व में क्षयनाश का सार्थक साधन के रूप में देखा जाता है। टीके का वैक्सीन गाय-बैलों की गुलिकार्ति के दंडाणुओं का तनु प्रभेद है। यह यक्ष्मा उत्पन्न करने में असमर्थ होता है। यह उन्हीं लोगों को दिया जा सकता है जिनका गुलिकार्ति दंडाणुओं से रोगसंक्रमण नहीं हुआ है, क्योंकि हमारा ध्येय गुलिकार्ति दंडाणुओं के अनेक संभाव्य आपत्तियों से भरे प्राकृतिक संक्रमण के स्थान पर ऐसे बीजाणुओं का प्रवेश कराना है तो प्रतिरक्षा को तो विकसित होने देते हैं, किंतु कोई जटिलता नहीं उत्पन्न करते।

अनेक राष्ट्रों, जैसे रूस, चेकोस्लोवेकिया, फिनलैंड तथा नॉर्वे में क्षयनिरोधक टीका लगवाना विधान द्वारा अनिवार्य कर दिया गया है। यह या तो शिशुओं को दूध में पिलाया जा सकता है या अंतः त्वचीय सुइयों द्वारा शरीर में प्रविष्ट किया जा सकता है। अंतिम विधि का प्रयोग अधिकतर होता है। शाद्वलमूष दंडाणु वैक्सीन के प्रयोग का प्रारंभ डा. ए. क्यू. वेल्स द्वारा किया गया था। इन्होंने सन् 1937 में शाद्वलमूष दंडाणुओं को तैयार किया गया था। डा. वेल्स का दावा था कि शाद्वलमूष दंडाणु क्षयनिरोधक टीके से श्रेयस्कर है, क्योंकि क्षय निरोधक टीके के विपरीत ये प्राकृतिक रूप में देखने को मिलते हैं और मनुष्यों को हानि नहीं पहँचाते। किंतु अभी इंग्लैंड, अफ्रीका और प्राग में इनकी परीक्षा की जा रही है।

रसायनी रोगनिरोधक

रोगसंक्रमण का निरोध करने की यह धारणा कोई नई नहीं है। मलेरिया ज्वर का आना कुनैन इत्यादि ओषधियों की नियमित मात्रा के सेवन से रोका गया है। ब्लाक एवं सेगल (सन् 1955) तथा फार्बी एवं पामर (सन् 1956) के अन्वेषणों ने इसी प्रकार के प्रतिकारकों का यक्ष्मा में भी प्रयोग करने की उत्तेजना दी है।

सामान्य उपाय

क्षय अवश्यमेव सूचनीय रोग इस रोग का प्रसार हो रहा है कि संज्ञा दी जानी चाहिये। क्षय के किसी रोगी का पता चलने पर यह ज्ञात करना अनिवार्य हो जाना चाहिए कि उसे रोग का संक्रमण कहाँ से हुआ और स्वयं इस रोगी ने अन्य कितने लोगों को रोगसंक्रमित किया है। क्षयनिरोध के लिये संपर्कपरीक्षा विद्यालय के भिषगों (डाक्टरों) द्वारा विद्यालयों का निरीक्षण नियमित रूप से अवश्य किया जाना चाहिए। दूध का भी पूर्वपरीक्षण किया जाना चाहिए। यदि दूध को उबालकर पीने के अभ्यास को सर्वमान्य किया जा सके तो यह अत्यंत लाभकारी होगा।

क्षय-निरोध योजना

19वीं शताब्दी के अंत में सर रॉबर्ट फिलिप द्वारा इंग्लैंड में विभिन्न क्षय-निरोध-योजना का संगठन किया गया है जिसमें वक्ष निदानगृह, क्षय चिकित्सालय, क्षय आरोग्यशाला, पुनः स्थापना केंद्र तथा क्षय शरणालय आदि का नाम उल्लेखनीय है।

वक्ष निदानगृहों की भूमिकायें

गृह की परिपार्श्विक अवस्थाओं का पर्यवेक्षण, अन्य संस्थाओं के रोगियों को ढूंढना, वास्तविक रोगियों का उपचार, संपर्कपरीक्षा तथा क्षयनिरोधक टीके का देना आदि कार्य सम्पन्न किये जाते हैं।

क्षय अस्पताल

इनमें क्षय के सिर्फ उन्हीं रोगियों को भर्ती किया जाता है जिनका रोग या तो निष्क्रिय किया जा सकता है, अथवा रसायन चिकित्सा अथवा शल्य प्रणाली से दूर किया जा सकता है। हम यह प्रत्यक्ष रूप से पाते हैं ऐसे अस्पतालों में आधुनिकतम

शल्य प्रणाली का प्रयोग करने की सुविधाएँ होनी चाहिए। इन अस्पतालों में रोगियो का वासकाल न्यूनतम होना चाहिए जिससे अन्य रोगियों को भी चिकित्सा का अवसर प्राप्त हो सके।

क्षय आरोग्यशाला

ये निवासगृह ऐसी संस्थाएँ हैं जहाँ रोगियों का सिर्फ इलाज ही नहीं किया जाता है वरन् उन्हें समाज और जीवन में स्वावलंबी होकर पुनः प्रतिस्थपित होने का प्रशिक्षण भी दिया जाता है।

पुनः प्रतिस्थापन केंद्र

इनमें भूतपूर्व रोगियों को उद्योग की विभिन्न शाखाओं में प्रशिक्षण दिया जाता है, जिससे वे अच्छी नौकरियाँ प्राप्त करने के योग्य हो जाएँ।

क्षय शरणालय

इनमें क्षय के ऐसे रोगियों को रखा जाता हैं जो निरोग नहीं किए जा सकते हैं और जिन्हें अपने घरों में रहने देने से रोग अन्य लोगों तक फैलता ही जाता है। इन रोगियों का न्यूनतम उपचार किया जाता है और ये आजीवन यहां रहते हैं।

प्राचीन भारत में क्षय रोग

वेदों के प्रकाश में आने से पूर्व ही संभवतः भारत में क्षय रोग विद्यमान था, क्योंकि ऋग्वेद में क्षय का ही राजयक्ष्मा के नाम से वर्णन आता है। ऐसा माना जाता था कि यह रोग देवताओं की ओर से उदासीन रहने के फलस्वरूप उनके प्रकोप का फल होता था। आयुर्वेद के जनक सुश्रुत ने क्षय के लक्षणों के विषय में विस्तार से लिखा है। रोगलक्षण, फलानुमान तथा उपचार का उनके ग्रंथ में दिया गया परिशुद्ध वर्णन विस्मयकारी है। उनका मानना था कि यह रोग वायु पित्त तथा कफ के विक्षोभ के कारण होता है।

मलेरिया

मलेरिया एक वाहक-जनित संक्रामक रोग है जिसका प्रसार प्रोटोजोआ परजीवी द्वारा होता है। यह मुख्य रूप से अमेरिका, एशिया और अफ्रीका महाद्वीपों के उष्ण

तथा उपोष्ण कटिबंधी क्षेत्रों में इसका प्रसार हुआ है। प्रत्येक वर्ष यह 51.5 करोड़ लोगां को प्रभावित करता है तथा 10 से 30 लाख लोगों की मृत्यु की वजह बनता है जिनमें से अधिकतर उप-सहारा अफ्रीका के युवा बच्चे होते हैं। मलेरिया को आमतौर पर गरीबी से जोड़ कर देखा जाता है किंतु यह खुद अपने आप में गरीबी का कारण है तथा आर्थिक विकास का प्रमुख अवरोधक है। मलेरिया सबसे प्रचलित

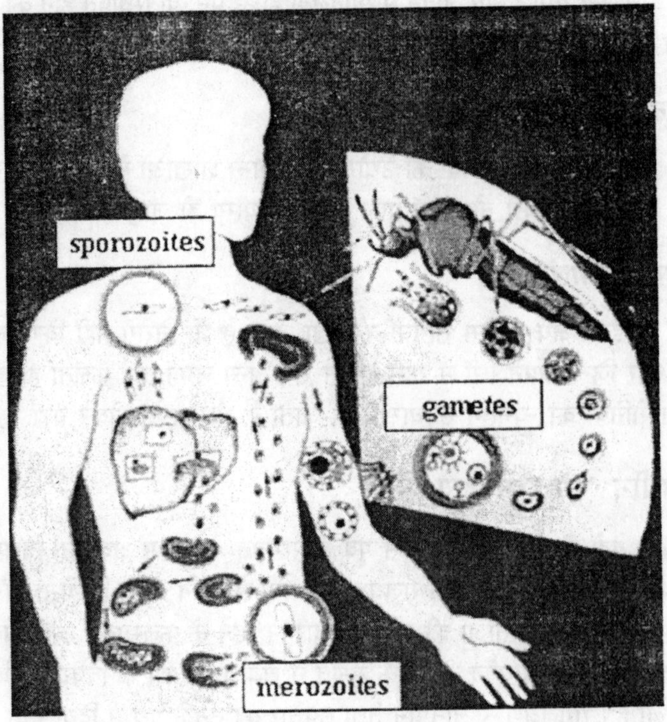

संक्रामक रोगों में से एक है तथा भंयकर जन स्वास्थ्य समस्या है। यह रोग प्लास्मोडियम गण के प्रोटोजोआ परजीवी के माध्यम से फैलता है।

केवल चार प्रकार के प्लास्मोडियम परजीवी मनुष्य को प्रभावित करते हैं जिनमें से सर्वाधिक खतरनाक प्लास्मोडियम फैल्सीपैरम तथा प्लास्मोडियम विवैक्स माने जाते हैं, साथ ही प्लास्मोडियम ओवेल तथा प्लास्मोडियम मलेरिये भी मानव को प्रभावित करते हैं। इस सारे समूह को 'मलेरिया परजीवी' की संज्ञा ही जाती है।

मलेरिया के परजीवी का वाहक मादा एनोफिलेज मच्छर को माना जाता है। इसके काटने पर मलेरिया के परजीवी लाल रक्त कोशिकाओं में प्रवेश कर के बहुगुणित होते हैं जिससे रक्तहीनता के लक्षण उभरते हैं (चक्कर आना, साँस फूलना, द्रुतनाड़ी इत्यादि)। इसके अलावा अविशिष्ट लक्षण जैसे कि बुखार, सर्दी, उबकाई और जुखाम जैसी अनुभूतियां देखने को मिलती हैं। गंभीर मामलों में मरीज मूर्च्छा में जा सकता है और मृत्यु भी हो सकती है।

मलेरिया के प्रसार को रोकने के लिए कई उपाय किये जा सकते हैं। मच्छरदानी और कीड़े भगाने वाली दवाएं मच्छर काटने से बचाती हैं, तो कीटनाशक दवा के छिडकाव तथा स्थिर जल (जिस पर मच्छर अण्डे देते हैं) की निकासी से मच्छरों का नियंत्रण किया जा सकता है। मलेरिया की रोकथाम के लिये यद्यपि टीके वैक्सीन पर शोध जारी है, लेकिन अभी तक कोई उपलब्ध नहीं हो सका है। मलेरिया से सुरक्षा हेतु निरोधक दवाएं लम्बे समय तक लेना आवश्यक होता हैं और इतनी महंगी होती हैं कि मलेरिया प्रभावित लोगों की पहुँच से अक्सर बाहर होती है। मलेरिया प्रभावी इलाके के ज्यादातर वयस्क लोगों में बार-बार मलेरिया होने की प्रवृत्ति होती है साथ ही उनमें इस के विरूद्ध आंशिक प्रतिरोधक क्षमता भी आ जाती है, किंतु यह प्रतिरोधक क्षमता उस समय कम हो जाती है जब वे ऐसे क्षेत्र में चले जाते हैं जहाँ मलेरिया का प्रभाव नहीं देखने को मितला है। यदि वे प्रभावित क्षेत्र में वापस लौटते हैं तो उन्हे फिर से पूर्ण सावधानी बरतनी चाहिए। मलेरिया संक्रमण का इलाज कुनैन या आर्टिमीसिनिन जैसी मलेरियारोधी दवाओं से करना लाभकारी होगा। यद्यपि दवा प्रतिरोधकता के मामले तेजी से सामान्य होते जा रहे हैं।

मलेरिया का इतिहास

मनुष्य पर मलेरिया का प्रभाव लगभग 50,000 वर्षों से देखने को मिलता है, शायद यह सदैव से मनुष्य जाति पर परजीवी रहा है। इस परजीवी के निकटवर्ती रिश्तेदार हमारे निकटवर्ती रिश्तेदारों में अर्थात् चिम्पांजी में रहते हैं। जब से इतिहास लिखा जा रहा है तबसे मलेरिया के वर्णन मिलते हैं। सबसे पुराना वर्णन चीन से 2700 ईसा पूर्व का मिलता है। मलेरिया शब्द का उद्‌भव मध्यकालीन इटालियन भाषा के शब्दों माला एरिया से हुई है जिनका अर्थ है 'बुरी हवा'। इसे 'दलदली बुखार' या एग भी कहा जाता था क्योंकि यह दलदली क्षेत्रों में व्यापक रूप से प्रसार होता था।

मलेरिया पर पहले पहल गंभीर वैज्ञानिक अध्ययन 1880 में हुआ था जब एक फ्रांसीसी सैन्य चिकित्सक चार्लूस लुई अल्फोंस लैवेरन ने अल्जीरिया में काम करते हुए सर्वप्रथम लाल रक्त कोशिका के अन्दर परजीवी को देखा था। तब उसने यह प्रस्तावित किया कि मलेरिया रोग का कारण यह प्रोटोजोआ परजीवी है। इस तथा अन्य अन्वेषण हेतु उसे 1907 का चिकित्सा नोबेल पुरस्कार प्रदान किया गया।

इस प्रोटोजोआ का नाम प्लास्मोडियम इटालियन वैज्ञानिकों एत्तोरे मार्चियाफावा तथा आंजेलो सेली द्वारा रखा था। इसके एक वर्ष बाद क्युबाई चिकित्सक कार्लोस फिनले ने पीत ज्वर का इलाज करते हुए पहली बार यह दावा किया कि मच्छर, रोग को एक मनुष्य-से-दूसरे मनुष्य तक इसका प्रसार करते हैं किंतु इसे अकाट्य रूप प्रमाणित करने का कार्य ब्रिटेन के सर रोनाल्ड रॉस ने सिकंदराबाद में काम करते हुए 1898 में किया था। इन्होंने मच्छरों की विशेष जातियों से पक्षियों को कटवा कर उन मच्छरों की लार ग्रंथियों से परजीवी अलग कर के दिखाया जिन्हे उन्होंने संक्रमित पक्षियों में पाला था। इस कार्य हेतु उन्हें 1902 का चिकित्सा नोबेल मिला। बाद में भारतीय चिकित्सा सेवा से त्यागपत्र देकर रॉस ने नवस्थापित लिवरपूल स्कूल ऑफ़ ट्रॉपिकल मेडिसिन में कार्य किया तथा मिस्र, पनामा, यूनान तथा मारीशस जैसे कई देशों में मलेरिया नियंत्रण कार्यों में योगदान दिया।

फिनले तथा रॉस की खोजों की पुष्टि वाल्टर रीड की अध्यक्षता में एक चिकित्सकीय बोर्ड ने 1900 में की। इसकी सलाहों का पालन विलियम सी. गोर्गस ने पनामा नहर के निर्माण के दौरान किया, जिसके चलते हजारों मजदूरों को बचाया जा सका। इन उपायों का प्रयोग भविष्य में इस बीमारी के विरूद्ध किया गया। मलेरिया के विरूद्ध पहला प्रभावी उपचार सिनकोना वृक्ष की छाल से किया गया था जिसमें कुनैन पाई जाती है। यह वृक्ष पेरु देश में एण्डीज पर्वतों की ढलानों पर उगता है। इस छाल का प्रयोग स्थानीय लोग लम्बे समय से मलेरिया के खिलाफ करते रहे थे। जीसुइट पादरियों ने करीब 1640 इस्वी में यह इलाज यूरोप पहुँचा दिया, जहाँ यह बहुत लोकप्रिय हुआ। परन्तु छाल से कुनैन को 1820 तक अलग नहीं किया जा सका। यह कार्य अंततः फ्रांसीसी रसायनविदों पियेर जोसेफ पेलेतिये तथा जोसेफ बियाँनेमे कैवेंतु द्वारा किया था, इन्होंने ही कुनैन का यह नामकरण किया।

बीसवीं सदी के प्रारंभ में, एन्टीबायोटिक दवाओं के अभाव में, उपदंश (सिफिलिस) के रोगियों को जान बूझ कर मलेरिया से संक्रमित किया जाता था।

इसके बाद कुनैन देने से मलेरिया और उपदंश दोनों की रोक-थाम की जा सकती थी। यद्यपि कुछ मरीजों की मृत्यु मलेरिया से हो जाती थी, उपदंश से होने वाली निश्चित मृत्यु से यह नितांत बेहतर माना जाता था। यधपि मलेरिया परजीवी के जीवन के रक्त चरण और मच्छर चरण का पता बहुत पहले लग गया था, किंतु इसकी जानकारी 1980 में प्राप्त की जा चुकी थी कि यह यकृत में छिपे रूप से मौजूद रह सकता है। इस खोज से यह गुत्थी सुलझी कि क्यों मलेरिया से उबरे मरीज वर्षों बाद अचानक रोग से ग्रस्त हो जाते हैं।

रोग का वितरण तथा प्रभाव

मलेरिया से हर वर्ष 40 से 90 करोड़ बुखार के मामलों का कारण बनते हैं, वहीं इससे 10 से 30 लाख मौतें हर साल होती हैं, जिसका अर्थ है प्रति 30 सैकेण्ड में एक मौत। इनमें से ज्यादातर पाँच वर्ष से कम आयु वाले बच्चें होते हैं, वहीं गर्भवती महिलाएँ पर भी इस रोग का प्रभाव शीघ्र अती शीघ्र नजर आता है। संक्रमण रोकने के प्रयास तथा इलाज करने के प्रयासों के होते हुए भी 1992 के बाद इसके मामलों में अभी तक कोई गिरावट नहीं आयी है। यदि मलेरिया की वर्तमान प्रसार दर बनीं रही तो अगले 20 वर्षों में मृत्यु दर दोगुणी हो सकती है। मलेरिया के बारे में वास्तविक आकड़ों को अबतक प्राप्त नहीं किया जा सका है क्योंकि ज्यादातर रोगी ग्रामीण इलाकों में रहते हैं, न तो वे चिकित्सालय जाते हैं और न उनके मामलों का लेखा-जोखा रखा जाता है।

मलेरिया और एच.आई.वी. का एक साथ संक्रमण होने से मृत्यु की संभावना में बढ़ोत्तरी हो जाती है। मलेरिया चूंकि एच.आई.वी. से अलग आयु-वर्ग में होता है, इसलिए यह मेल एच.आई.वी.-टी.बी. (क्षय रोग) के मेल से कम व्यापक और घातक होता है। तथापि ये दोनों रोग एक-दूसरे के प्रसार को फैलाने में योगदान देते हैं- मलेरिया से वाइरस भार बढ़ जाता है, वहीं एड्स संक्रमण से व्यक्ति की प्रतिरोधक क्षमता कमजोर हो जाने से वह रोग की चपेट में आ जाता है। वर्तमान में मलेरिया भूमध्य रेखा के दोनों तरफ विस्तृत क्षेत्र में इसका प्रसार है इन क्षेत्रों में अमेरिका, एशिया तथा ज्यादातर अफ्रीका आता है, लेकिन इनमें से सबसे ज्यादा मौते (लगभग 85 से 90 : तक) उप-सहारा अफ्रीका में होती हैं। मलेरिया का वितरण समझना थोडा जटिल है, मलेरिया प्रभावित तथा मलेरिया मुक्त क्षेत्र प्रायः साथ-साथ होते हैं।

सूखे क्षेत्रों में इसके प्रसार का वर्षा की मात्रा से गहरा संबंध है। डेंगू बुखार की तुलना में यह शहरों की अपेक्षा गाँवों में अधिक फैलता है। उदाहरणार्थ वियतनाम, लाओस और कम्बोडिया के नगर मलेरिया मुक्त हैं, जबकि इन देशों के गाँव इस से पीड़ित हैं। अपवाद-स्वरूप अफ्रीका में नगर-ग्रामीण सभी क्षेत्र इस से ग्रस्त हैं, यद्यपि बड़े नगरों में अधिक खतरा नहीं देखने को मिलता है। 1960 के दशक के बाद से कभी इसके विश्व वितरण का मापना नहीं गया है। हाल ही में ब्रिटेन की वेलकम ट्रस्ट ने मलेरिया एटलस परियोजना को इस कार्य हेतु वित्तीय सहायता दी है, जिससे मलेरिया के वर्तमान एवं भविष्य के वितरण का बेहतर ढँग से अध्ययन किया जा सकेगा।

सामाजिक एवं आर्थिक प्रभाव

निर्धन लोगों में मलेरिया का प्रभाव अधिक देखने को मिलता है, यह अपने आप में खुद गरीबी का कारण है तथा आर्थिक विकास में बाधक है। जिन क्षेत्रों में यह व्यापक रूप से फैलता है वहाँ यह अनेक प्रकार के नकारात्मक आर्थिक प्रभाव डालता है। प्रति व्यक्ति जी.डी.पी की तुलना यदि 1995 के आधार पर करें (खरीद क्षमता को समायोजित करके), तो मलेरिया मुक्त क्षेत्रों और मलेरिया प्रभावित क्षेत्रों में इसमें पाँच गुणा का अंतर नजर आता है (1,526 डॉलर बनाम 8,268 डॉलर)।

जिन देशों में मलेरिया का प्रसार होता है उनके जी.डी.पी में 1965 से 1990 के मध्य केवल प्रतिवर्ष 0.4 की वृद्धि हुई वहीं मलेरिया से मुक्त देशों में यह 2.4 हुई। यद्यपि साथ में होने भर से ही गरीबी और मलेरिया के बीच कारण का संबंध नहीं जोड़ा जा सकता है, बहुत से गरीब देशों में मलेरिया को रोकने हेतु पर्याप्त धन उपलब्ध नहीं हो पाता है। केवल अफ्रीका में ही प्रतिवर्ष 12 अरब अमेरिकन डॉलर का नुकसान मलेरिया के चलते होता है, इसमें स्वास्थ्य व्यय, कार्य दिवसों की हानि, शिक्षा की हानि, दिमागी मलेरिया के चलते मानसिक क्षमता की हानि तथा निवेश एवं पर्यटन की हानि शामिल हैं। कुछ देशों में यह कुल जन स्वास्थय बजट का 40 तक खा जाता है। इन देशों में जिन रोगियों को अस्तपाल में भर्ती कराया जाता है उनमें 30 से 50 और बाह्य-रोगी विभागों में देखे जाने वाले रोगियों में से 50 तक रोगी मलेरिया के होते हैं। एड्स और तपेदिक के मुकाबले 2007 के नवम्बर माह में मलेरिया के लिए दुगने से भी ज्यादा 46.9 करोड़ डॉलर की सहायता राशि खर्च की गई।

मलेरिया रोग के लक्षण

ज्वर, कंपकंपी, जोड़ों में दर्द, उल्टी, रक्ताल्पता आदि को मलेरिया का प्रमुख लक्षण माना जाता है। मलेरिया का सबसे आम लक्षण है अचानक तेज कंपकंपी के साथ शीत लगना, जिसके तुरंत बाद ज्वर आता है। 4 से 6 घंटे के बाद ज्वर उतरता है और पसीना आता है।

पी. फैल्सीपैरम के संक्रमण में यह पूरी प्रक्रिया हर 36 से 48 घंटे में होती है या लगातार ज्वर रह सकता है। पी. विवैक्स और पी. ओवेल से होने वाले मलेरिया में हर दो दिन में ज्वर आता है, तथा पी. मलेरिये से हर तीन दिन में। मलेरिया के गंभीर मामले लगभग हमेशा पी. फैल्सीपैरम से होते हैं। यह संक्रमण के 6 से 14 दिन के पश्चात् देखने को मिलता है। तिल्ली और यकृत का आकार बढ़ना, तीव्र सिरदर्द और अधोमधुरक्तता (रक्त में ग्लूकोज की कमी) भी अन्य गंभीर लक्षण हैं। मूत्र में हीमोग्लोबिन का उत्सर्जन और इससे गुर्दे तक निष्क्रिय हो सकते हैं, जिसे कालापानी बुखार कहते हैं।

गंभीर मलेरिया से मूर्च्छा या मृत्यु होने की भी संभावना हो सकती है। युवा बच्चे तथा गर्भवती महिलाओं में ऐसा होने का खतरा बहुत ज्यादा होता है। अत्यंत गंभीर मामलों में मृत्यु कुछ घंटों तक में हो सकती है। गंभीर मामलों में उचित इलाज होने पर भी मृत्यु दर 20ः तक हो सकती है। महामारी वाले क्षेत्र में प्रायः उपचार लाभकारी नहीं हो सकता है। अतः मृत्यु दर काफी ऊँची होती है और मलेरिया के प्रत्येक 10 मरीजों में से 1 मृत्यु को प्राप्त होता है। मलेरिया युवा बच्चों के विकासशील मस्तिष्क को गंभीर क्षति पहुंचा सकता है। बच्चों में दिमागी मलेरिया होने की संभावना अत्यधिक देखने को मिलती है और ऐसा होने पर दिमाग में रक्त की आपूर्ति कम हो सकती है और अक्सर मस्तिष्क को सीधे भी नुकसान पहुंचता है।

अत्यधिक क्षति होने पर हाथ-पांव अजीब तरह से मुड़-तुड़ जाते हैं। दीर्घ काल में गंभीर मलेरिया से उबरे बच्चों में अकसर अल्प मानसिक विकास देखा जाता है। ये मच्छर गर्भवती स्त्रियों पर अत्यधिक आक्रमण करते हैं और मलेरिया से गर्भ की मृत्यु, निम्न जन्म भार और शिशु की मृत्यु तक हो सकते हैं। मुख्यतया यह पी. फैल्सीपैरम के संक्रमण से होता है, लेकिन पी. विवैक्स भी ऐसा कर सकता है। पी. विवैक्स तथा पी. ओवेल परजीवी वर्षों तक यकृत में छुपे रह सकते हैं। अतः रक्त से रोग मिट जाने पर भी रोग से पूर्णतया छुटकारा मिल गई है ऐसा मान लेना गलत

है। पी. विवैक्स में संक्रमण के 30 साल बाद तक फिर से मलेरिया हो सकता है। समशीतोष्ण क्षेत्रों में पी. विवैक्स के हर पाँच में से एक मामला ठंड के मौसम में छुपा रह कर अगले साल अचानक देखने को मिलता है।

कारक

मलेरिया परजीवी

मलेरिया का प्रसार प्लास्मोडियम गण के प्रोटोजोआ परजीवियों से अत्यधिक होता है। इस गण के चार सदस्य मनुष्यों को संक्रमित करते हैं- प्लास्मोडियम फैल्सीपैरम, प्लास्मोडियम विवैक्स, प्लास्मोडियम ओवेल तथा प्लास्मोडियम मलेरिये। इनमें से पी. फैल्सीपैरम अत्यधिक खतरनाक होता है, यह मलेरिया के 80 प्रतिशत मामलों और 90 प्रतिशत मृत्युओं के लिए जिम्मेदार होता है। यह परजीवी पक्षियों, रेंगने वाले जीवों, बन्दरों, चिम्पांजियों तथा चूहों को भी संक्रमित करता है। कई अन्य प्रकार के प्लास्मोडियम से भी मनुष्य में संक्रमण ज्ञात हैं किंतु पी. नाउलेसी के अलावा यह नगण्य हैं। पक्षियों में पाए जाने वाले मलेरिया से मुर्गियों की मौत हो जाती है परंतु इससे मुर्गी-पालकों को अधिक नुकसान होता नहीं पाया गया है। हवाई द्वीप समूह में जब मनुष्य के साथ यह रोग पहुँचा तो वहाँ की कई पक्षी प्रजातियाँ इससे विनष्ट हो गयीं क्योंकि इसके विरूद्ध कोई प्राकृतिक प्रतिरोध क्षमता उनमें नहीं थी।

मच्छर

मलेरिया का प्रसार परजीवी की प्राथमिक पोषक मादा एनोफिलीज मच्छर से होता है, जोकि मलेरिया का संक्रमण फैलाने में भी मदद करती है। एनोफिलीज गण के मच्छर सारे संसार में फैले हुए हैं।

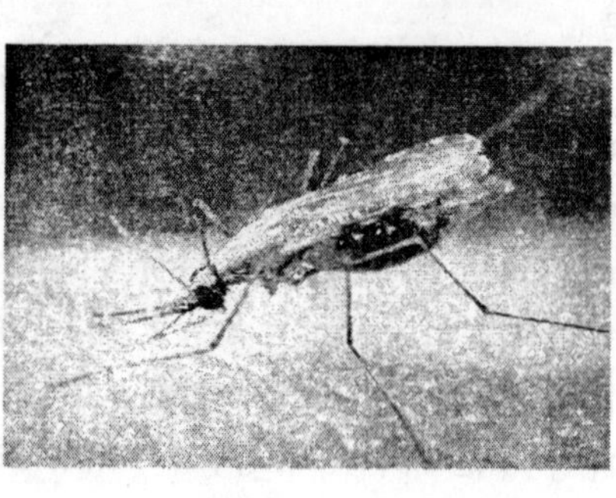

केवल मादा मच्छर खून से पोषण लेती है, अतः यह ही वाहक होती है ना कि नर। मादा मच्छर एनोफिलीज रात को ही काटती है। शाम होते ही यह शिकार की तलाश में निकल पडती है तथा तब तक घूमती है जब तक शिकार मिल नहीं जाता।

इनके द्वारा खड़े पानी के भीतर अंडा दिया जाता है। अंडों और उनसे निकलने वाले लारवा दोनों को पानी की अत्यंत सख्त जरुरत होती है। इसके अतिरिक्त लारवा को सांस लेने के लिए पानी की सतह पर बार-बार आना पड़ता है। अंडे-लारवा-प्यूपा और फिर वयस्क होने में मच्छर लगभग 10-14 दिन का समय लेते हैं। वयस्क मच्छर पराग और शर्करा वाले अन्य भोज्य-पदार्थों पर पलते हैं, लेकिन मादा मच्छर को अंडे देने हेतु रक्त की आवश्यकता होती है।

प्लास्मोडियम का जीवन चक्र

मलेरिया परजीवी का पहला शिकार एवं वाहक मादा एनोफिलीज मच्छर को बनाया जाता है। युवा मच्छर संक्रमित मानव को काटने पर उसके रक्त से मलेरिया परजीवी को ग्रहण कर लेते हैं। रक्त में मौजूद परजीवी के जननाणु मच्छर के पेट में नर और मादा के रूप में विकसित हो जाते हैं एवं पुनः एकजुट होकर अंडाणु बना लेते हैं जो मच्छर की अंतड़ियों की दीवार में पलने लगते हैं। परिपक्व होने पर ये फूटते हैं और इसमें से निकलने वाले बीजाणु उस मच्छर की लार-ग्रंथियों में प्रवेश कर जाते हैं। मच्छर फिर जब स्वस्थ मनुष्य को काटता है तो त्वचा में लार के साथ-साथ बीजाणु भी भेज देता है। मानव शरीर में ये बीजाणु फिर पलकर जननाणु का निर्माण करते हैं, जो फिर आगे संक्रमण फैलाते हैं। इसके अतिरिक्त मलेरिया संक्रमित रक्त को चढ़ाने से भी प्रसार हो सकता है, परंतु ऐसा होना बहुत असाधारण है।

मानव शरीर में रोग का विकास

मलेरिया परजीवी का मानव में विकास दो चरणों में देखने को मिलता है—यकृत में प्रथम चरण और लाल रक्त कोशिकाओं में दूसरा चरण। जब एक संक्रमित मच्छर मानव को काटता है तो बीजाणु मानव रक्त में प्रवेश कर यकृत में पहुँचते हैं और शरीर में प्रवेश पाने के 30 मिनट के भीतर यकृत की कोशिकाओं को संक्रमित कर देते हैं। तत्पश्चात् यकृत में अलैंगिक जनन किया जाता है। यह चरण 6 से 15 दिन चलता है। इस जनन से हजारों अंशाणु बनते हैं जो अपनी मेहमान कोशिकाओं को तोड़ कर रक्त में प्रवेश कर जातें हैं तथा लाल रक्त कोशिकाओं को संक्रमित करना शुरू कर देते हैं।

इससे रोग का दूसरा चरण आरंभ हो जाता है। पी. विवैक्स और पी. ओवेल के कुछ बीजाणु यकृत को ही संक्रमित करके रुक जाते हैं और सुप्ताणु के रूप

में निष्क्रिय हो जाते हैं। ये 6 से 12 मास तक निष्क्रिय रह कर फिर अचानक अंशाणुओं के रूप में देखने को मिलता है, जिससे रोग का उद्भव होता है। लाल रक्त कोशिका में प्रवेश करके ये परजीवी खुद को फिर से गुणित करते रहते हैं। ये वलय रूप में विकसित होकर फिर भोजाणु और फिर बहुनाभिकीय शाइजाण्ट और फिर अनेकों अंशाणु बना देते हैं। समय समय पर ये अंशाणु पोषक कोशिकाओं को तोड़कर नयीं लाल रक्त कोशिकाओं को संक्रमित कर देते हैं। ऐसे कई चरण चलते हैं।

मलेरिया में बुखार के दौरे पड़ने की वजह से होता है हजारों अंशाणुओं का एक साथ नई लाल रक्त कोशिकाओं को प्रभावित करना। मलेरिया परजीवी अपने जीवन का लगभग सभी समय यकृत की कोशिकाओं या लाल रक्त कोशिकाओं में छुपा रहकर बिताता है, इसलिए मानव शरीर के प्रतिरक्षा तंत्र से बचा रह जाता है। तिल्ली में नष्ट होने से बचाने हेतु भी पी. फैल्सीपैरम एक अन्य चाल चलता है- यह लाल रक्त कोशिका की सतह पर एक चिपकाऊ प्रोटीन प्रदर्शित करा देता है जिससे संक्रमित रक्त कोशिकाएँ को छोटी रक्त वाहिकाओं में चिपकने लगता है एवं तिल्ली तक पहुँच नहीं पाती हैं। इस कारण रक्तधारा में केवल वलय रूप ही दिखते हैं, अन्य सभी विकास के चरणों में यह छोटी रक्त वाहिकाओं की सतहों में चिपका रहता है। इस चिपचिपाहट के चलते ही मलेरिया रक्तस्त्राव की समस्या उत्पन्न हो जाती है।

यद्यपि संक्रमित लाल रक्त कोशिका की सतह पर प्रदर्शित प्रोटीन पीएफईएमपी 1 शरीर के प्रतिरक्षा तंत्र से ग्रसित हो जाता है, ऐसा होता नहीं है क्योंकि इस प्रोटीन में विविधता बहुत ज्यादा होती है। हर परजीवी के पास इसके 60 प्रकार होते हैं वहीं सभी के पास मिला कर असंख्य रूपों में ये इस प्रोटीन का प्रभाव देखने को मिलता है। वे बार-बार इस प्रोटीन को बदल कर शरीर के प्रतिरक्षा तंत्र से एक कदम आगे रहते हैं। कुछ अंशाणु नर-मादा जननाणुओं में परिवर्तित हो जाते हैं और जब मच्छर काटता है तो रक्त के साथ उन्हें भी ले जाता है। यहाँ वे फिर से अपना जीवन चक्र पूरा करते हैं।

उपचार

मलेरिया एक संक्रामक बीमारी है जिसका निदान काफी जटिल होता है। समान्यतौर पर इसके निदान स्वरूप निम्नलिखित तरीकों अपनाये जा सकते हैं–

लक्षणों के आधार पर

अनेक मलेरिया-ग्रस्त क्षेत्रों में बुखार प्रत्येक मरीजों को मलेरिया का आनुमानिक निदान दे दिया जाता है और कुनैन से इलाज शुरु कर दिया जाता है। इसके साथ ही रक्त की पट्टिकाएँ भी बना ली जाती हैं, लेकिन इलाज शुरु करने के लिए इसके परिणामों का इंतजार नहीं किया जा सकता है। ऐसा कई ऐसे क्षेत्रों में भी किया जाता है जहाँ सामान्य प्रयोगशाला परीक्षणों की सुविधाएँ उपलब्ध नहीं हों। लेकिन मलावी में हुआ एक अध्ययन बताता है कि बुखार के साथ-साथ यदि गुदा का तापमान, नाखूनों में रक्तहीनता और तिल्ली के आकार को भी ध्यान में लिया जाए तो मलेरिया के अनावश्यक उपचार से बचाव किया जा सकता है।

रक्त की सूक्ष्मदर्शी से जाँच-पड़ताल

रक्त पट्टिकाओं का सूक्ष्मदर्शी से परीक्षण करना मलेरिया के निदान का सबसे सस्ता, अच्छा तथा भरोसेमंद तरीके के रूप में देखा जा सकता है। इस परीक्षण से चारों मलेरिया परजीवियों के विशिष्ट लक्षणों के द्वारा अलग-अलग निदान किया जा सकता है। रक्त पट्टिकाएँ दो तरह से बनाई जाती हैं-पतली और मोटी। पतली पट्टिकाओं में परजीवी की बनावट को भली-भांति से सुरक्षित रखा जा सकता है, वहीं दूसरी और मोटी पट्टिकाओं से कम समय में रक्त की अधिक मात्रा की जाँच की जा सकती है और इससे कम मात्रा के संक्रमण का भी उपचार किया जा सकता है। अनुभवी परीक्षक रक्त में 0.0000001 प्रतिशत तक के संक्रमण को पहचान सकते हैं। इन कारणों से मोटी और पतली दोनों पट्टियाँ तैयार की जा सकती है। साथ ही एक से अधिक वलय चरणों की जाँच करना जरूरी होता है क्योंकि चारों परजीवियों के वलय चरण बहुधा एक जैसे दिखते हैं।

क्षेत्र परीक्षण

मलेरिया के उपचार हेतु कई एंटीजन-आधारित डिपस्टिक परीक्षण या मलेरिया रैपिड एंटीजन टेस्ट भी पाये जाते हैं। इन्हें रक्त की केवल एक बूंद की आवश्यकता होती है और सिर्फ 15-20 मिनट में ही परिणाम सामने आ जाता है, प्रयोगशाला की आवश्यकता नहीं होती है। ये सूक्ष्मदर्शी जाँच से थोडे कमतर माने जाते हैं लेकिन जिन क्षेत्रों में सूक्ष्मदर्शी जाँच की सुविधा उपलब्ध नहीं होती या परीक्षकों को मलेरिया के निदान का अनुभव नहीं होता वहाँ प्रभावित क्षेत्र में जा कर रक्त की एक बून्द से एण्टीजन परीक्षण कर लिया जाता है।

सर्वप्रथम इस प्रकार के परीक्षण का प्रभाव पी. फैल्सीपैरम के किण्वक ग्लूटामेट डीहाइड्रोजनेज को एंटीजन के रूप में इस्तेमाल में लाया गया। लेकिन जल्दी ही एक अन्य किण्वक लैक्टेट डीहाड्रोजनेज का प्रयोग करके ऑप्टिमल-आईटी नामक परीक्षण का विकास किया गया। ये किण्वक रक्त में अधिक समय तक मौजूद नहीं रहते और परजीवी का खात्मा हो जाने पर ये भी रक्त से निकल जाते हैं, अतः इन परीक्षणों का उपयोग इलाज की सफलता या विफलता जानने के लिये भी किया जाता है।

ऑप्टिमल-आईटी फैल्सीपैरम और गैर-फैल्सीपैरम मलेरिया में भी मंद किया जा सकता है। यह पी. फैल्सीपैरम का 0.01 प्रतिशत और गैर-फैल्सीपैरम मलेरिया परजीवियों का 0.1 प्रतिशत तक रक्त में निदान कर सकता है। इसके अतिरिक्त पी. फैल्सीपैरम विशिष्ट हिस्टिडीन-भरपूर प्रोटीनों पर आधारित पैराचौक-पीएफ रक्त में 0.002 प्रतिशत तक मलेरिया परजीवी का निदान कर सकता है, लेकिन इसके द्वारा फैल्सीपैरम और गैर-फैल्सीपैरम मलेरिया में भेद नहीं किया जा सकता है।

अन्य परीक्षण

इनके अलावा पॉलीमरेज श्रृंखला अभिक्रिया का प्रयोग करके और आणविक विधियों के इस्तेमाल से भी कुछ परीक्षणों का विकास किया गया है परंतु ये अभी काफी महंगे हैं, तथा केवल विशिष्ट प्रयोगशालाओं में ही मौजूद हैं। सस्ते, संवेदी तथा सरल परीक्षणों के विकास की अब भी आवश्यकता है, जिनका प्रयोग क्षेत्र में, मलेरिया के निदान के लिए किया जा सके।

गंभीर मलेरिया का निदान

गंभीर मलेरिया को अफ्रीका में अक्सर पहचानने में कोई-न-कोई त्रुटियां अवश्य होती है, जिसके चलते अन्य प्राणघातक बीमारियों का इलाज भी नहीं हो पाता है। रक्त में परजीवी की मौजूदगी केवल गंभीर मलेरिया से ही नहीं, अन्य कई जानलेवा बीमारियों के चलते भी हो सकती है। हाल के अध्ययन बताते हैं कि मलेरिया-जनित मूर्चूछा और गैर-मलेरिया-जनित मूर्चूछा में अन्तर करने के लिए मलेरियल रेटिनोपैथी (आँख के रेटिना के आधार पर पहचान) किसी भी अन्य परीक्षण से बेहतर है।

कुनैन

कुनैन एक प्राकृतिक श्वेत क्रिस्टलाइन एल्कलॉएड पदार्थ के रूप में देखा जाता है, जिसमें ज्वर-रोधी, मलेरिया-रोधी, दर्दनाशक, सूजन रोधी गुण होते हैं। ये क्वाइनिडाइन का स्टीरियो समावयव होता है, जो क्विनाइन से अलग एंटिएर्हाइमिक होता है। ये दक्षिण अमेरिकी पेड़ सिनकोना पौधे की छाल से प्राप्त होता है। इससे क्यूनीन नामक मलेरिया बुखार की दवा के निर्माण में किया जाता है। इसके अलावा भी कुछ अन्य दवाओं को तैयार करने में इसका प्रयोग होता है। इसे टॉनिक वाटर में भी मिलाया जाता है और अन्य पेय पदार्थों में मिलाया जाता है। यूरोप में सोलहवीं शताब्दी में इसका सबसे पहले प्रयोग किया गया था।

इसे ईसाई मिशन से जुड़े कुछ लोगों द्वारा दक्षिण अमेरिका से लाया गया था। पहले-पहल उन्होंने पाया कि यह मलेरिया के इलाज में कारगर होता है, किन्तु बाद में यह ज्ञात होने पर कि यह कुछ अन्य रोगों के उपचा में भी काम आ सकती है, उन्होंने इसे बड़े पैमाने पर दक्षिण अमेरिका से लाना शुरू कर दिया। 1930 तक कुनैन मलेरिया को रोकने हेतु एकमात्र कारगर औषधि थी, बाद में एंटी मलेरिया टीके का प्रयोग भी इससे निपटने के लिए किया जाने लगा। मूल शुद्ध रूप में कुनैन एक सफेद रंग का क्रिस्टल युक्त पाउडर होता है, जिसका स्वाद कड़वा होता है। इसे इसके कड़वे स्वाद द्वारा ही पहचाना जा सकता है। कुनैन पराबैंगनी प्रकाश संवेदी होती है, व सूर्य के प्रकाश से सीधे संपर्क में फ्लुओरेंज हो जाती है। ऐसा इसकी उच्चस्तरीय कॉन्जुगेटेड रेसोनन्स संरचना की वजह से होता है।

पी. फैल्सिपैरम के विरुद्ध प्रक्रिया

अन्य क्वीनोलिन मलेरिया-रोधी औषधियों के संग क्विनाइन की क्रिया के के समान्य ही इसकी क्रिया का भी अभी तक पूरी जानकारी नहीं हो सकी है। कुनैन का सर्वाधिक प्रचलित एवं मान्य हाइपोथीसिस इसके निकट संबंधी और पूर्ण अध्ययन किये गए क्विनोलिन ड्रग क्लोरोक्वीन पर आधारित है। इस प्रतिरूप में हीमोजोइन बायोक्रिस्टलाइजेशन का इन्हिबिशन शामिल है, जिसमें साइटोटॉक्सिक हीमि का एग्रीगेशन को शामिल किया जाता है। मुक्त साइटोटॉक्सिक हीमि परजीवियों के शरीर में एकत्रित होता जाता है, जो मौत को नियंत्रित करती है।

कुनैन का प्रयोग

इसे टॉनिक वाटर में मिलाने की वजह से एक समय ऊष्णकटिबंधीय क्षेत्रों में रहने वाले कई लोगों की मौत हो गई थी, जहां इसे रोग-निरोधी के रूप में प्रयोग के लिए ले जाया गया था। इस टॉनिक वाटर को एंटी मलेरिया औषधि के रूप में विकसित किया गया, लेकिन बाद में लोगों ने इसे मदिरा में मिलाना आरंभ कर दिया क्योंकि इससे उन्हें शराब का स्वाद बेहतर लगने लगता था। अमरीका के एफडीए द्वारा कुनैन को संदिग्ध औषधि मानते हुये इसके उत्पादन पर रोक लगा दिया गया।

आज के टॉनिक वाटर में पर्याप्त मात्रा में कुनैन को नहीं मिलाने की वजह से यह मलेरिया के लिए रोगनिरोधक के तौर पर प्रयोग नहीं की जाती है। कुनैन को नहीं मिलाने की वजह से बाजार से गोली या फिर तरल रूप में क्रय किया जा सकता है। इसका प्रयोग हड्डियों के मरोड़ में भी किया जाता है। प्रसव (बच्चे के जन्म) के दौरान गर्भाशय में संकुचन के लिए भी किया जाता है। इसीलिए गर्भवती महिलाओं को कुनैन के प्रयोग से बचना चाहिये।

कृत्रिम कुनैन

सिन्कोना के पेड़ अभी तक कुनैन के एकमात्र वाणिज्यिक, मितव्ययी व व्यावहारिक स्रोत हैं। वैसे युद्धों के दौरान आवश्यकता के दबाव में इसके कृत्रिम उत्पादन के कोशिशे भी की गयी थी। इसके लिये एक औपचारिक रासायनिक संश्लेषण को 1944 में अमरीकी रासायन रॉबर्ट बर्न्स वुडवर्डएवं डब्लु ई डोरिंग द्वारा मूर्त रूप दिया गया था। तब से कई अधिक दक्ष क्विनाइन टोटल सिंथेसिस तरीके प्राप्त कर लिये गए हैं। किन्तु इन सभी में से प्राकृतिक स्रोतों से प्राप्त एल्केलॉएड के आइसोलेशन की प्रक्रिया अत्यधिक मंहगी नहीं है।

पोलियो

बहुतृषा, जिसे अक्सर पोलियो या पोलियोमेलाइटिस की भी संज्ञा दी जाती है एक विषाणु जनित भीषण संक्रामक रोग है जो आमतौर पर एक व्यक्ति से दूसरे व्यक्ति में संक्रमित विष्ठा या खाने के माध्यम से फैलता है। इसे बालसंस्तंभ, बालपक्षाघात, बहुतृषा तथा बहुतृषा एंसेफलाइटिस भी कहते हैं। यह एक उग्र स्वरूप का बच्चों में होने वाला रोग है, जिसमें मेरुरज्जु के अष्टश्रृंग तथा उसके भीतर

विद्यमान धूसर वस्तु में अपभ्रंशन हो जाता है और इसकी वजह चालक पक्षाघात हो जाता है।

पोलियो शब्द यूनानी भाषा के पोलियो और मीलोन से व्युत्पन्न है जिनका अर्थ क्रमशरू स्लेटी (ग्रे) और मेरुरज्जु होता है साथ में जुड़ा आइटिस का अर्थ शोथ होता है तीनो को मिला दने से बहुतृषा या पोलियोमेरुरज्जुशोथ का निर्माण होता है।

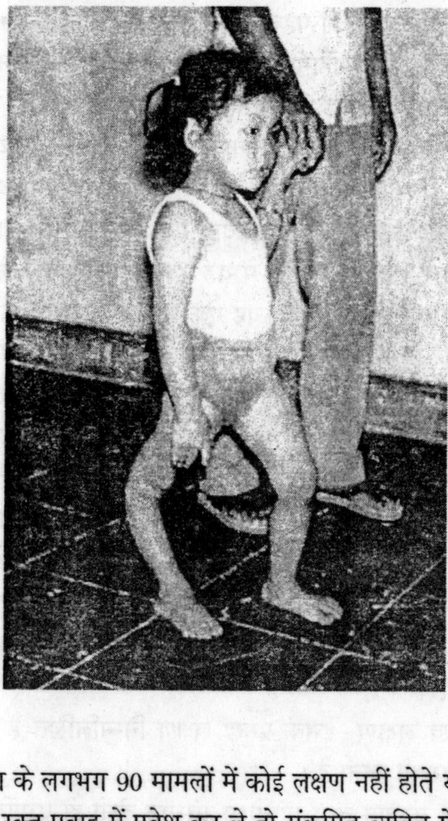

बहुतृषा संक्रमण के लगभग 90 मामलों में कोई लक्षण नहीं होते यद्यपि, अगर यह विषाणु व्यक्ति के रक्त प्रवाह में प्रवेश कर ले तो संक्रमित व्यक्ति में लक्षणों की एक पूरी श्रृंखला दिख सकती है। 1 से भी कम मामलों में विषाणु केंद्रीय तंत्रिका तंत्र में ये पाये जाते हैं एवं सबसे पहले मोटर स्नायु (न्यूरॉन्स) को संक्रमित और नष्ट करता है जिसके कारण मांसपेशियों में कमजोरी आ जाती है और व्यक्ति को तीव्र पक्षाघात हो जाता है। पक्षाघात के विभिन्न प्रकार इस पर निर्भर करते हैं कि इसमे कौन सी तंत्रिकायें शामिल हैं।

मेरुरज्जु का बहुतृषा का सबसे आम रूप है, जिसकी विशेषता असममित पक्षाघात होता है जिसमें अक्सर पैर प्रभावित होते हैं। बुलबर बहुतृषा से कपालीय तंत्रिकाओं द्वारा स्फूर्तित मांसपेशियों में कमजोरी का अनुभव होता है। बुलबोस्पाइनल बहुतृषा बुलबर और स्पाइनल (मेरुरज्जु) के पक्षाघात का सम्मिलित रूप है।

बहुतृषा को सर्वप्रथम 1840 में जैकब हाइन द्वारा एक विशिष्ट परिस्थिति के रूप में पहचान की गई थी, पर 1908 में कार्ल लैंडस्टीनर द्वारा इसके कारणात्मक एजेंट, पोलियोविषाणु की पहचान की गई थी। हालांकि 19 वीं सदी से पहले लोग बहुतृषा के एक प्रमुख महामारी के रूप से अनजान थे, लेकिन 20 वीं सदी में बहुतृषा बचपन की सबसे भयावह बीमारी बन के उभरा। बहुतृषा की महामारी ने हजारों लोगों को अपंग कर दिया जिनमें अधिकतर छोटे बच्चे थे और यह रोग मानव इतिहास में घटित सबसे अधिक पक्षाघात और मृत्युओं का कारण बना।

बहुतृषा हजारों वर्षों से चुपचाप एक स्थानिकमारी वाले रोगजनक के रूप में मौजूद था, पर 1880 के दशक में यह एक बड़ी महामारी के रूप में यूरोप में उदित हुआ और इसके के तुरंत बाद, यह एक व्यापक महामारी के रूप में अमेरिका में भी इसका प्रसार हो गया। 1910 तक, ज्यादातर दुनिया के हिस्से इसकी चपेट में आ गये थे और दुनिया भर में इसके शिकारों में एक नाटकीय बढ़ोत्तरी देखने को मिलती है। यह विशेषकर शहरों में गर्मी के महीनों के दौरान यह एक नियमित घटना बन गया। यह महामारी, जिसने हजारों बच्चों और बड़ों को अपाहिज बना दिया था, इसके टीके के विकास की दिशा में प्रेरणास्रोत बनी। जोनास सॉल्क के 1952 और अल्बर्ट साबिन के 1962 में विकसित बहुतृषा के टीकों की वजह से संसार भर में बहुतृषा के मरीजों में काफी गिरावट दर्ज की गयी। विश्व स्वास्थ्य संगठन, यूनिसेफ और रोटरी इंटरनेशनल के नेतृत्व में बढ़े टीकाकरण प्रयासों से इस रोग का वैश्विक उन्मूलन अब निकट ही है।

प्रमुख लक्षण—इसके प्रमुख लक्षण निम्नलिखित हैं—

1. बुखार भी रहता है।
2. नाड़ी संस्थान तथा मांसपेशी संस्थान दोनों ही प्रभावित हो जाती है।
3. बुखार में कमी आ जाती परंतु 6-7 दिन बाद एक या दोनों हाथ या पैर में कमजोरी की शिकायत रहती है। अधिकतर बच्चों में एक और का पक्षाघात होना शुरू हो जाता है।
4. गर्दन सख्त हो जाती है, बच्चा बिना हिले-डुले पड़ा रहता है। 2-3 दिन तक ऐसी ही स्थिति रहती है।

5. सबसे पहले जुकाम व सिरदर्द रहता है, शरीर में दर्द तथा कमर में दर्द भी होती है, जोड़ों व हाथ पैरों में तेजी से दर्द होता है।
6. तीव्र स्थिति में स्थायी बदलाव देखने को मिलता है एवं विकलाँगता पैदा होती है।

निरोधक प्रयास—इस रोग की रोक-थाम विभिन्न उपायों द्वारा की जा सकती है—

1. मल, मूत्र व कूड़े का सही निकास व निस्तारण, स्वच्छ जल पूर्ति का प्रबन्ध हो, मक्खियों को दूर करना, आहार का संरक्षण, स्वच्छता आदि से व्यक्ति इस रोग से अपना बचाव कर सकता है।
2. तीसरे, चौथे व पाँचवें महिन में शिशु को सैबिन वैक्सीन दिया जा सकता है। दो वर्ष की आयु में पुनः द्वितीयक डोज दे सकते हैं।
3. इस बीमारी के संबंध में अधिकारियों को सूचना दें तथा रोगी को घर या अस्पताल में अलग रखा जाना चाहिये।

जलसंत्रास

इस बीमारी को शीघ्र फैलने वाली संक्रामक बीमारी के रूप में देखा जा सकता है जो सदैव मनुष्यों तथा जानवरों में देखने को मिलती है। जानवरों में होने पर जिसे रेबीज व मनुष्यों में होने पर जल-संत्रास कहा जाता है। रेबीज रोग से प्रभावित जानवर मनुष्य को काटता है तब यह उसे व्यक्ति में जलसंत्रास के रूप में हो जाता है। इस बीमारी में नाड़ी संस्थान पर गलत प्रभाव पड़ता है जिससे तीव्र मस्तिष्क शोध या व्रण हो जाता है। निगलने की पेशियों पर कुपरिणाम पड़ने की वजह से उनमें पीड़ादायक संकुचन होता है।

वह पेय पदार्थों से डरने लगता है चूँकि पानी से भोजन नली की मांसपेशियों की ऐंठन बढ़ जाती है। उपचार की कमी से व्यक्ति की मृत्यु हो जाती है। जंगली जानवरों के काटने से घाव या चोट लगने की जगह पर घरेलू या जंगली जानवरों के लार के गिरने से, उनके चाटने से भी यह रोग मनुष्यों में हो जाता है।

कुत्ते, घोड़े, ऊँट, बाघ, हायेना आदि जानवरों में इस रोग के वायरस पाए जाते हैं। आवारा कुत्तों की संख्या, भारत में अन्य देशों की तुलना में अधिक है। इसलिए यहाँ यह एक विकट व भारी समस्या बनी हुई है। यह देखा गया है कि औसतन 2,00,000 लोगों को हर वर्ष कुत्ते के काटने पर एण्टी-रेबिक के टीके लगाये जाते हैं। यह रोग 'रेबीज' नामक वायरस से होता है जो कि नाड़ी तन्तुओं में ही अपनी

गुणनक्रिया कर सकते हैं। इस वायरस को फार्मेलीन, फीनोल, ताप, धूप आदि निसंक्रामक दवाइयों से निष्क्रिय बनाया जा सकता है। संक्रमित जानवर या मनुष्य के नाड़ी मूत्र, लार, संस्थान, लिम्फ, दूध तथा रक्त में ये वायरस ज्यादा संख्या में पाए जाते हैं। सबसे ज्यादा संख्या में यह नाड़ी तन्तुओं व लार ग्रंथियों में पाया जाता है। इसका प्रसार रोगी के द्वारा होता है।

घावयुक्त त्वचा को जब जानवर चाटता है तब वायरस उस खुले घाव के द्वारा शरीर में पहुँचता है। संक्रमण के 3 महीने तक इसके उद्भव काल हो सकती है। उद्भवन काल इस बात पर भी निर्भर होता है कि कुत्ते ने कहाँ पर, कितनी तीव्रता से, कितनी मात्रा में वायरस को प्रवेश कराकर काटा है। इनके अलावा कुत्ते की जाति और व उपचार सम्बन्धी तरीकों का भी असर पड़ता है। यदि उसने सिर, मुँह या छाती पर काटा है तो उत्पति काल छोटा होगा। घरेलू जानवरों की अपेक्षा जंगली जानवरों के काटने से बचाव किया जा सकता है।

प्रमुख लक्षण—इसके प्रमुख लक्षणों का नीचे उल्लेख किया जा सकता हैं—

1. सर्वप्रथम शरीर में दर्द होता है।
2. बुखार 100^0 101^0 F तक रहता है।
3. काटे हुए भाग में दर्द एवं जलन का अनुभव होता है।
4. चार दिनों के पश्चात् नाड़ी सम्बन्धी लक्षण देखने को मिलते हैं, उदाहरणार्थ—गर्म या ठण्डी वायु के प्रति चिढ़, घृणा, ज्यादा उत्तेजना, आवाज, तेज रोशनी, आँखों की पुतलियों का बढ़ जाना, अत्यधिक पसीना आना, आँखों से पानी बहना, मांसपेशियों का अनैच्छिक संकुचन, बड़बड़ाना, क्रोध, चिड़चिड़ापन मृत्यु का भय, निराशा की भावना, खाने-पीने की कठिनाई, पानी से डरना आदि लक्षण पैदा होते हैं। ऐसी दशा में वह 6 दिन से ज्यादा समय तक रोगी नहीं बच पाता है, औसतन 3-4 दिन के भीतर उसकी मौत हो जाती है।

उपचार—निम्नलिखित तरीके से इससे बचाव किया जा सकता है—

1. उसे ठोस या तरल पदार्थ देना संभव होता है तथा तरल पदार्थों से पेशीय संकुचन बढ़ने लगता है, इसलिए आहार नहीं दिया जाना चाहिए।
2. रोगी को कम रोशनी वाले, शान्त कमरे में रखें। उसे ठण्ड व गर्मी से बचाकर रखें। उसे उत्तेजना-शून्य स्थिति में रखना चाहिए चूँकि उत्तेजना से पेशियों में संकुचन होने लगता है।
3. मांसपेशियों के संकुचन को नियंत्रित करने हेतु मार्फिया देना चाहिए।

4. रोगी इस समय अत्यधिक बातूनी हो जाता है इसी तरह उससे अनावश्यक बातें न करें।

निरोधक उपाय

रोगी होने की सूचना शीघ्र ही सम्बन्धित स्वास्थ्य अधिकारियों को दी जानी चाहिए। रोगी को शान्त, अलग एकान्त कमरे में रखा जाना चाहिये। रोगी के स्राव से दूषित वस्त्र अथवा वस्तुओं को जला देना चाहिए। आवारा कुत्तों के बारे में नगरपालिका तथा सम्बन्धित अधिकारियों को समुचित कार्यवाही हेतु बढ़ावा दिया जाता है। पालतू कुत्तों को रेबीज का टीका लगवाया जाना चाहिए अथवा आक्रामक कुत्तों के मुँह पर, बाहर जाते समय, जाली बाँधनी चाहिए। जानवर के काटने के तुरंत बाद उस खरोंच को भली भांति निसंक्रामक घोल से साफ करना चाहिए। सबसे पूर्व साबुन व पानी से धोकर उस जगह का कॉटरीकरण करना चाहिए। कई बार टिंचर ऑफ आयोडिन को भी प्रयोग किया जाना चाहिये। कुत्ते के काटने के तुरन्त बाद घाव को धोना काफी आवश्यक होता है। यदि साबुन नहीं मिले तो साफ पानी से तुरन्त धोयें इससे लार साफ हो जाता है तथा इससे 30 प्रतिशत फायदा मिलता है। प्रतिरक्षात्मक टीका लगाना चाहिए। इस टीके का नाम एण्टीरेबिज वैक्सीन है। साधारण काट की स्थिति में बड़ों को 2 मिली लीटर तथा बच्चों को 1 मिली लीटर तक हर रोज एक-एक टीका लगाया जाता है। मुँह, पेट, छाती, सिर पर काटने से 14 टीके लगाए जाते हैं। इसे साधारणतया पेट की मांसपेशियों पर लगाते हैं।

उपचार के समय रोगी को सिर-दर्द, जी मिचलना, चक्कर आना, नींद न आना, दिल की धड़कन में बढ़ोत्तरी, टीके की जगह पर खुजलाहट, दर्द, सूजन, अतिसार जलन का अनुभव, लालिमा व जलन आदि लक्षण हो सकते हैं। किसी भी स्थिति में डॉक्टर के कहने के अनुसार, उतनी ही संख्या में टीके लगवाना आवश्यक होता है। 14 टीके से कम लगवाने से उसका प्रभाव नहीं बरकरार रह पाता है।

यौन रोग

लैंगिक बीमारियों को यौन रोग अथवा गुप्त रोग भी कहा जाता है। यौन रोगों में सिफिलिस, गोनोरिया, यूरेथाइटिस, गुप्तांगों का स्केबीज आदि प्रमुख रोग हैं। इनमें से दो रोगों की समाजिक समस्या हमारे यहाँ पर बहुत ही भयंकर है सिफिलिस के कारण अनेक नवजात शिशुओं की मृत्यु हो जाती है या अंधापन, मानसिक बीमारी,

हृदय रोग आदि भी हो जाते हैं। महिलाओं के लिए गोनोरिया एक खतरनाक रोग होता है।

उपर्युक्त दोनों रोग जीवाणुओं से होते हैं। सिफिलिस रोग एक खास प्रकार के जीवाणुओं से होता है जिन्हें ट्रेपोनीमा पैलीडम कहते हैं। गीनोरिया नीसेरिया गोनोरिया नामक जीवाणुओं से होता है। यह रोग मुख्य रूप से वेश्यावृत्ति की वजह से फैलता है। आवश्यकता से ज्यादा धन या आसानी से प्राप्त धन, अज्ञानता, मद्यपान, अंधविश्वास, स्व-उपचार आदि से इन रोगों को फैलने में व दृढ़ बनने में काफी बल मिलता है। ये रोग सीधे सम्पर्क से ही फैलते हैं।

प्रमुख लक्षण—सिफिलिस में पुरुष जननेन्द्रिय के आखिरी हिस्से के चर्म पर व पेडू पर दृढ़ व कठिन तल वाला व्रण पाया जाता है। उँगलियों के मध्य व्रण को पकड़ कर दबाने से बीच का भाग लकड़ी के समान कड़ा महसूस होता है। अरूप्राप्त की लसीका ग्रंथियों का आकार बढ़ जाता है। यह पीली स्थिति कही जाती है। दूसरी स्थिति डेढ़ महीने बाद प्रारंभ होती है। समस्त शरीर पर ताँबे के रंग के समान, भूरे रंग के बड़े-बड़े चकत्ते बन जाते हैं जिनसे कुछ दाने निकल आते हैं। शरीर की लसीका ग्रंथियों का आकार बढ़ जाता है।

गले में भी घाव बढ़ जाते हैं जिससे आवाज बदल जाती है। गला बैठ जाता है। सिर के बाल झड़ने लगते हैं, कुछ दिनों में ही गंजे हो जाते हैं। होंठ के किनारों पर घावयुक्त दाने पनपने लगते हैं। तृतीय स्थिति दो या तीन वर्ष पश्चात् होती है जिनमें दाने कैन्सर का रूप ग्रहण कर लेती हैं। अस्थियों व अन्य शारीरिक भागों में ट्यूमर या कैन्सर हो जाता है। शरीर पर दानों की संख्या बढ़ जाती है तथा वे फटने लगते हैं। उनसे बदबूयुक्त मटमैले रंग का तरल पदार्थ निकलता है। रोग का प्रभाव हृदय, धमनियों तथा नाड़ियों पर पड़ता है जिससे रोगी पागल हो जाता है। व्रणों से निकलने वाले स्राव में जीवाणुओं की संख्या काफी अधिक होती है।

गोनोरिया के प्रमुख लक्षण—गोनोरिया रोग में मूत्र मार्ग की श्लेष्मिक कला पर व्रण का उद्भव होता है। इन जीवाणुओं के आक्रमण से श्लैष्मिक कला सूख जाती है। मूत्र त्यागने में परेशानी होती है व जलन होती है। कुछ समय पश्चात् पीव निकलने लगता है एवं बुखार का भी अनुभव होता है। मूत्राशय व मूत्र मार्ग के आस-पास की ग्रंथियों पर जीवाणु आक्रमण करता है तथा उनकी सूक्ष्म नलिकाओं तक पहुँच जाता है। इसी वजह से मूत्र मार्ग से पतला स्राव लगातार बहाव लगता है।

निरोधक उपाय—इसके प्रमुख निरोधक उपाय निम्न हैं—

1. समय-समय पर डॉक्टरी-जाँच करवानी चाहिए।
2. कानून द्वारा वेश्यावृत्ति पर रोक लगानी चाहिए।
3. वेश्यागमन का निदान करना चाहिए।
4. स्वास्थ्य शिक्षा एवं यौन शिक्षा पर बल देना चाहिए।
5. पत्र-पत्रिकाओं, प्रदर्शनी, किताबों, फिल्म आदि प्रसार माध्यमों द्वारा यौन रोग के दुष्परिणामों के बारे में जन-जागृति उत्पन्न करनी चाहिए।
6. विवाह से पहले दोनों पक्षों की डॉक्टरी जाँच करवाएँ तथा डॉक्टरों की मदद, जहाँ पर जरूरत हो, लेनी चाहिए।
7. रहन-सहन का स्तर बढ़ान हेतु हर संभव प्रयास किया जाना चाहिए तथा यौन सम्बन्धी उत्तेजक पुस्तकों व फोटो की बिक्री पर कानून द्वारा रोक लगायी जानी चाहिये।
8. समुचित उपचार के साथ-साथ उनका निदान भी आवश्यक है। पेनिसिलिन का उपयोग, जीवाणुओं की वृद्धि की रोक-थाम हेतु की जा सकती है।
9. विद्यालयों में आवश्यक रूप से शरीर विज्ञान, यौन शिक्षा आदि का प्रबन्ध होना चाहिए।
10. सामूहिक, स्वस्थ मनोरंजन के साधनों में बढ़ोत्तरी करनी चाहिए तथा
11. वेश्याओं का पुनर्वास तथा उपचार का प्रबंधन किया जाना चाहिए।

उपदंश

यह प्रधानतः संक्रामक रोग है, परंतु जन्मजात रूप में भी देखने को मिलता है। प्रारंभिक अवस्था में यह सामान्यीकृत होता है और बाद में स्थानीकृत और प्रकीर्ण रूप में किसी अंग को आक्रांत कर सकता है। रोगजनक जीवाणु ट्रिपोनिमा पैलिडम, या स्पाइरोकीटा पैलिडम है। उपदंश के जीवाणु शरीर से बाहर कुछ घंटे तक ही जिंदा रह सकते हैं। शरीर की त्वचा या श्लेष्मल उपकला में प्रविष्ट होने के बाद इनकी वृद्धि त्वरित गति से होती है एवं इसका पूरे शरीर में प्रसार हो जाता हैं। भारत में विदेशियों के आ जाने पर यह यह रोग अधिक फैला, जिससे इसे फिरंग रोग नाम मिला। अमरीका में हब्शियों में तथा भारत में तराई के क्षेत्र में इस रोग का काफी प्रसार होता है। युद्धकाल में सैनिकों के माध्यम से प्रायः यह संक्रामक रूप से फैलता है। बड़े-बड़े बंदरगाह तथा नगरों में, जहाँ संसर्ग के साधन सुलभ होते हैं, उपदंश बहुत फैलता है। उपदंश की निम्नलिखित अवस्थाएँ होती हैं—

प्राथमिक उपदंश

प्राथमिक उपदंश अक्सर जननेंद्रियों पर प्रकट होता है। कभी-कभी गुदाद्वार, जिह्वा, ओंठ और स्तन तथा डाक्टर नर्स और दाँतसाजों की उँगलियों पर भी हो जाता है। इसका उद्भवन काल सामान्यतः 21 दिन का होता है परंतु यह 10 से 90 दिन तक का हो सकता है। प्रायः यह इतना कष्टदायी नहीं हुआ करता कि रोगी इसे बहुत महत्व दे। जननेंद्रिय पर या अन्यत्र कहीं, जीवाणु प्रवेश-स्थल पर, कड़ा, छोटा व्राण बनता है, जिस रतिज व्राण कहते हैं तथा उसके पास की लसिकाग्रंथि फूल जाती है।

द्वितीयक उपदंश या गितस्थायी उपदंश

प्राथमिक उपदंश व्राण के उत्पन्न होने के 48 घंटों के भीतर रोगजनक जीवाणु शरीर के सभी अंगों, त्वचा, श्लेष्मकला, नेत्र तथा तंत्रिकाओं में प्रवेश करने के पश्चात् तेजी से उसका प्रसार होने लगता है। रतिज प्राथमिक व्राण के होने के 6 सप्ताह बाद द्वितीयक उपदंश के लक्षण शरीर में उत्पन्न होते हैं। त्वचा या श्लेष्मकला का उद्भेदन होता है। गुदा तथा ओंठ के पास जहाँ आर्द्रता रहती है वहाँ उद्भेदन अधिक होता है, जिसे कॉन्डिलोमा कहते हैं।

साथ ही ओंठों का कटना, गले तथा टांसिल में प्रदाह, हाथ पाँव और जोड़ों में हल्का दर्द, हरारत, सुस्ती, आँखों में जलन आदि शिकायत रहती है। ये लक्षण कई महीनों तक देखने को मिलते हैं एवं उपचार के अभाव में भी स्वयं लुप्त हो सकते हैं। द्वितीयक उपदंशग्रस्त रोगी रोग के संचारण का काम करते हैं।

अंधक्षेत्र सूक्ष्मदर्शी द्वारा जीवाणुओं की परीक्षा द्वारा, या रक्त परीक्षा द्वारा परीक्षण होता है। ऋणात्मक प्रतिक्रिया सूचक फल प्राप्त होने पर भी उपदंश का न होना प्रमाणित नहीं होता। ऐसी दशा कुछ समय बाद पुनः परीक्षण करना चाहिए।

गुप्त उपदंश

उपदंश के लक्षणों के लुप्त हेने के पश्चात् रोगी को उपदंश का कोई कष्ट कुछ समय तक महसूस नहीं होता। ऐसे रोगियों को बहुधा गुप्त उपदंश हो जाता है। गुप्त उपदंशग्रस्त गर्भवती स्त्रियों का गर्भ सम्यक्ष उपचार के अभाव में गिर सकता है, या उत्पन्न शिशु को जन्मजात उपदंश होने की संभावना रहती है। प्रसवकाल में नीरोग रहने पर भी कुछ मास बाद शिशु में उपदंश के लक्षण देखने को मिलते हैं। उचित

चिकित्सा होने पर भी शिशु का भविष्य अरक्षित रहता है। सही वक्त पर ईलाज न करने पर शिशु विकारग्रस्त होगा, जैसे माथा ऊँचा नेत्र फूले हुए, चिपटी नाक, दंतविकार, बहरापन, मुखद्वार के करीब फटने तथा दरार पड़ने अथवा घाव भरने के चिह्न, धनुषाकार जंघास्थि। उपदंश की ठीक चिकित्सा न होने पर प्रायः 25 प्रतिशत लोगों को भावी जीवन में गुप्त उपदंश हो जाता है, जिससे उनकी मौत तक हो सकती है।

उपदंश चिकित्सा

1910 ई. में एरलिख द्वारा आविष्कृत सैलवारसन एवं हाल ही में पेनिसिलिन के अविष्कार से उपदंश की चिकित्सा में सफलता प्राप्त होने लगी। इसके पूर्व चिकित्सा में संखिया, विस्मथ, पोटैशियम आयोडाइड तथा पारद का प्रयोग होता था।

उपदंश एक प्रकार का गुह्य रोग है जो मुख्यतः लैंगिक संपर्क के द्वारा फैलता है। इसका कारक रोगाणु एक जीवाणु, ट्रीपोनीमा पैलिडम है। इसके लक्षण अनेक हैं एवं बिना सही परीक्षण के इसकी जानकारी प्राप्त करना सरल कार्य नहीं है। इसे सीरोलोजिकल परीक्षण द्वारा चिन्हित किया जाता है। इसका इलाज पेन्सिलिन नामक एण्टीबायोटिक से किया जाता है। यह सबसे प्राचीन एवं कारगर इलाज माना जाता है। यदि बिना चिकित्सा के छोड़ दिया जाये तो यह रोग हृदय, मस्तिष्क, आँखों एवं हड्डियों को क्षति पहुंचा सकता है।

इसका उद्‌भव के प्रमुख कारकों कारणों के मुख्य रूप से आघात, अशौच तथा प्रदुष्ट योनिवाली स्त्री के साथ संसर्ग को माना जाता है। इस प्रकार यह एक औपसर्गिक व्याधि है जिसमें शिश्न पर ब्रण पाए जाते हैं। दोष भेद से इनके लक्षणों में भेद मिलता है। उचित चिकित्सा न करने पर संपूर्ण लिंग सड़-गलकर गिर सकता है एवं बगैर शिश्न के अंडकोष रह जाते हैं।

आयर्वेद में उपदंश के पाँच भेद बताए गए हैं जिन्हें क्रमशः, वात, पित्त, कफ, त्रिदोष एवं रक्त की विकृति के कारण उत्पन्न होता है। वातज उपदंश में सूई चुभने या शस्त्रभेदन सरीखी पीड़ा होती है। पैत्तिक उपदंश में शीघ्र ही पीला पूय पड़ जाता है और उसमें क्लेद, दाह एवं लालिमा रहती है। कफज उपदंश में खुजली होती है पर पीड़ा और पाक का सर्वथा अभाव रहता है। यह सफेद, घन तथा जलीय स्रावयुक्त होता है। त्रिदोषज में विभिन्न प्रकार की व्यथा होती है और मिश्रित लक्षण मिलते हैं। रक्तज उपदंश में व्रण से रक्तस्राव बहुत अधिक होता रहता है और रोगी में काफी दुर्बलता आ जाती है। इसमें पैत्तृक लक्षण भी मिलते हैं। इस प्रकार आयुर्वेद में उपदंश

शिश्न की अनेक व्याधियों का समूह मालूम पड़ता है जिसमें सिफिलिस, सॉफ्ट शैंकर एवं शिश्न के कैंसर सभी सम्मिलित हैं।

एक विशेष प्रकार का उपदंश जो फिरंग देश में बहुत अधिक प्रचलित था और जब भारतवर्ष में वे लोग आए तो उनके संपर्क से यहाँ भी गंध के समान वह फैलने लगा तो उस समय के वैद्यों ने, जिनमें भाव मिश्र प्रधान हैं, उसका नाम फिरंग रोग रखा दिया। इसे आगंतुज व्याधि के नाम से जाना जाता हैं अर्थात् इसका कारण हेतु जीवाणु बाहर से प्रवेश करता है। निदान में कहा गया है कि फिरंग देश के मनुष्यों के संसर्ग से तथा विशेषकर फिरंग देश की स्त्रियों के साथ प्रसंग करने से यह रोग उत्पन्न होता है। यह दो प्रकार का होता है एक बाह्य एवं दूसरा अभ्यंतर।

बाह्य में शिश्न पर और कालांतर में त्वचा पर विस्फोट होता है। आभ्यंतर में संधियों, अस्थियों तथा अन्य अवयवों में विकृति हो जाती है। इस बीमारी के अत्यधिक फैल जाने पर दौर्बल्य, नासाभंग, अग्निमांद्य, अस्थिशोष एवं अस्थिवक्रता आदि लक्षण उत्पन्न हो जाते हैं। वस्तुतः फिरंग रोग उपदंश से भिन्न व्याधि नहीं है बल्कि उसी का एक भेद मात्र है। बहुत लोग इसे पर्याय भी मानने लगे हैं।

सुजाक

यह सबसे व्यापक रतिरोग है एवं इसका प्रसार गोनोकॉकस जीवाणु द्वारा किया जाता है। यौन संबंध द्वारा संक्रमण होने के दो दिन से लेकर दो सप्ताह के अंदर पुरुषों को पेशाब में जलन और बाद में तरल या गाढ़ा मवाद, या रक्तमिश्रित पेशाब, आना इसका प्रधान लक्षण है। स्त्रियों को पेशाब में जलन तथा सफेद तरल का स्राव, पेडू तथा कमर में दर्द, डिंबवाही नली में सूजन एवं बाँझपन की समस्या उत्पन्न हो जाती है इस दशा में यौन प्रसंग, मदिरा आदि का संयम बरता गया, तो अधिक जटिलता नहीं हो पाती।

नवजात शिशुओं की आँख में सिल्वर नाइट्रेट की बूँदे डालने के निरोधक उपाय के कारण नेत्रस्राव बहुत घट गया है। सुजाक की चिकित्सा में पेनिसिलिन तथा सल्फोनेमाइड का प्रयोग आधुनिक है और काफी लाभकारी भी है।

सुजाक के लक्षण

— वह व्यक्ति जिसे यौन संबंधी बीमारियां पहले से हो उसे सुजाक रोग होने की पूरी संभावना हो सकती है जबकि कई पुरुषों में सुजाक के कोई लक्षण दिखाई नहीं पड़ते तथा कुछ पुरुषों में संक्रमण के बाद दो से पांच दिनों के भीतर कुछ संकेत

या लक्षण दिखाई पड़ते हैं। कभी-कभी लक्षण दिखाई देने में 30 दिन भी लग जाते हैं। इनके लक्षण हैं- पेशाब करते समय जलन, लिंग से सफेद, पीला या हरा स्राव। यदा-कदा सुजाक वाले व्यक्ति को अंडग्रंथि में दर्द होता है या वह सूज जाता है। महिलाओं में सुजाक के लक्षण काफी कम होते हैं। शुरूआती दशा में महिला को पेशाब करते समय दर्द या जलन का अनुभव होता है, योनि से अधिक मात्रा में स्राव निकलता है या मासिक धर्म के बीच योनि से खून निकलता है।

प्रभाव

यदि गर्भवती महिलायें को सुजाक ग्रसित होती हैं तो बच्चे को भी सुजाक हो सकता है क्योंकि बच्चा प्रसव के दौरान जन्म नलिका से गुजरता है। इससे बच्चा अंधा हो सकता है, उसके जोड़ों में संक्रमण हो सकता है या बच्चे को रक्त का ऐसा संक्रमण हो सकता हो जिससे उसके जीवन को खतरा हो सकता है।

गर्भवती महिला को जैसे ही पता चले कि उसे सुजाक है तो उसका उपचार कराया जाना चाहिए जिससे इस प्रकार की जटिलताओं को घटाया जा सके। गर्भवती महिला को चाहिए कि वे स्वास्थ्य कार्यकर्ता से सलाह-मशिवरा करके करके सही परीक्षण, जाँच और आवश्यक उपचार करवाए।

सुजाक से बचने के उपाय

इस बीमारी से बचाव का सबसे उत्तम तरीका है कि संभोग से बचा जाए या फिर ऐसे साथी के साथ आपसी एक संगी संबंध रखा जाए जिसे यह बीमारी नहीं है।

लिंफोग्रेन्युलोमा वेनेरियम

यह विषाणुजन्य संक्रामक रोग की श्रेणी में रखा जाता है। इसमें जननेंद्रिय तथा गुदा की लसिका ग्रंथियों में प्रदाह हाता है। इसका संचारण मैथुन से होता है और उद्‌भवन काल तीन से 21 दिनों तक का होता है। यह छोटे से व्राण के रूप में आरंभ होता है, जो कष्टदायी न होने की वजह से अत्यधिक महत्त्वपूर्ण प्रतीत नहीं होते है। दो-तीन सप्ताह के भीतर गिल्टी उभर आती है, या लसिका ग्रंथि सूजती है। गिल्टी फूटती है और फूटकर नासूर बन जाती है। सिरदर्द, ताप तथा हरारत की शिकायत होती है। स्त्रियों को प्रायः गुदा प्रदाह, ज्वर, ठंड के साथ कँपकँपी, सिरदर्द और गाँठों में दर्द होता है तथा बाद में गिल्टी उभड़ती और फूटकर नासूर का रूप ले लेती है। गुदानलिका की सिकुड़न भी होती है। निदान के लिए त्वचा परीक्षण और

पूरक स्थिरीकरण परीक्षण किया जाता है। चिकित्सा में सल्फोनेमाइडों और टेट्रासाइक्लिन का उपयोग किया जाता है।

लिंफोगेन्युलोमा इंग्युनेल

इसमें रानों की लसिका ग्रंथियों में कणांकुर उत्तकों में बढ़ोत्तरी हो जाती है। यह रोग जननेंद्रियों पर आरंभ होता है और दोनों रानों तथा मूलाधार तक पहुँचकर लाल व्राण बन जाता है। रोगजनक प्रोटोजोआ हैं, या जीवाणु, यह अभी तक संदिग्ध है।

रतिज ब्रणाभ

इस रोग का उद्भव जननेंद्रियों की साफ-सफाई नहीं करने की वजह से होता है। संभोग के 2 से 14 दिनों के भीतर जननेंद्रिय पर दाने के रूप में यह उभरता है और क्रमशरू व्राण का रूप धारण करता है। रान की लसिका ग्रंथियों में गिल्टी पड़ जाती है। यह व्राण मृदु होता है। सल्फोनेमाइड से चिकित्सा की जाती है।

रोकथाम

रतिरोग के निरोध हेतु मैथुन के दौरान रबर की झिल्लियों का इस्तेमाल एवं मैथुन के पश्चात् साबुन से जननेंद्रिय की सफाई सर्वोत्तम उपाय माना जा सकता है। रतिरोग का परीक्षण और उपचार सर्वसुलभ होना चाहिए और सर्वसाधारण को इन रोगों के संबंध में उचित जानकारी देनी चाहिए, जिससे रतिरोगग्रस्त लोग भय, लज्जा, संकोच आदि त्याग कर चिकित्सक की सलाह ले सकें।

एस.टी.डी. से निम्न प्रकार से अपना बचाव किया जा सकता है।

(1) स्वयं एक वैवाहिक संबंध स्थापित करना एवं यह सुनिश्चित करना कि साथी भी उसे निभाये

(2) पुरूषों द्वारा लेटैक्स कंडोम के प्रयोग से छूत के भय का कम किया जा सकता है अगर सही प्रयोग किया जाए। ध्यान रखें, हमेशा सम्भोग के समय उसका उपयोग करें। महिलाओं के कंडोम उतने प्रभावशाली नहीं हैं जितने पुरूषों के यदि पुरूष न उपयोग करें तो स्त्री को अवश्य करना चाहिए।

एस.टी.डी. की आशंका होने पर

यदि आपको महसूस हो कि आप को एस.टी.डी. है ता सहयोग लेने से घबराना या शरमाना नहीं चाहिये। डाक्टर के पास जाना चाहिये एवं एस.टी.डी.

की जांच करवानी चाहिये अथवा यदि एस.टी.डी. की जाँच करवाओ या अगर आप पुरूष हैं तो त्वचा विशेषज्ञ के पास जाओ स्त्री हैं तो स्त्री रोग विशेषज्ञ के पास जाओ। रोग के लक्षण प्रतीत नहीं होने शीघ्र निदान का प्रयास किया जाना चाहिये, इंतजार नहीं किया जाना चाहिये। एस.टी.डी. रोग बहुत आम है और बहुत छूत फैलाने वाले होते हैं, अगर जल्दी पकड़ में आ जाए तो आसानी से ठीक भी हो सकते हैं।

गोनोरिया या प्रमेह

प्रमेह या गोनोरिया एक यौन संचारित बीमारी (एस.टी.डी.) है। गोनोरिया नीसेरिया गानोरिआ नामक जीवाणु जीवाणुओं की वजह से होता है जो महिलाओं तथा पुरुषों के प्रजनन मार्ग के गर्म तथा गीले क्षेत्र में आसानी और बड़ी तेजी से बढ़ती है। इसके जीवाणु मुंह, गला, आंख तथा गुदा में भी बढ़ते हैं। गोनोरिया शिश्न, योनि, मुंह या गुदा के संपर्क से फैल सकता है। गोनोरिया प्रसव के दौरान मां से बच्चे को भी फैल सकता है।

लक्षण

किसी भी यौन सक्रिय व्यक्ति में गोनोरिया की बीमारी फैल सकती है। जबकि कई पुरुषों में गोनोरिया के कोई लक्षण दिखाई नहीं पड़ते तथा कुछ पुरुषों में संक्रमण के बाद दो से पांच दिनों के भीतर कुछ संकेत या लक्षण दिखाई पड़ते हैं। कभी-कभी लक्षण दिखाई देने में 30 दिन भी लग जाते हैं। इनके लक्षण हैं- पेशाब करते समय जलन, लिंग से सफेद, पीला या हरा स्राव। कभी-कभी गोनोरिया वाले व्यक्ति को अंडग्रंथि में दर्द महसूस होता है या वह सूज जाता है। महिलाओं में गोनोरिया के लक्षण काफी कम होते हैं। आरंभ में महिला को पेशाब करने के दौरान दर्द या जलन का अनुभव होता है, योनि से अधिक मात्रा में स्राव निकलता है या मासिक धर्म के बीच योनि से खून निकलता है।

गर्भवती महिला और बच्चे पर प्रभाव

यदि गर्भवती महिला को गोनोरिया होने पर बच्चे को भी गोनोरिया (गानोरिया) हो सकता है क्योंकि बच्चा प्रसव के दौरान जन्म नलिका(बर्थ कैनाल) से गुजरता है। इससे बच्चे में संधापना हो जाता है, उसके जोड़ों में संक्रमण हो सकता है या बच्चे को रक्त का ऐसा संक्रमण हो सकता हो जिससे उसके जीवन को खतरा हो

सकता है। गर्भवती महिला को जैसे ही पता चले कि उसे गोनोरिया(गानोरिया) है तो उसका उपचार कराया जाना चाहिए जिससे इस प्रकार की जटिलताओं को कम किया जा सके। गर्भवती महिला को चाहिए कि वे स्वास्थ्य कार्यकर्ता से परामर्श करके सही परीक्षण, जाँच और आवश्यक इलाज करवाए।

रोकथाम

इस बीमारी से सुरक्षित रखने हेतु सबसे उत्तम तरीका अजनबियों या रोग से पीड़ित व्यक्ति से शारीरिक संबंध नहीं बनाना है। कोई भी व्यक्ति एक वफादार साथी का साथ पाकर और स्वयं अपने साथी के प्रति वफादार रह कर इस बीमारी से बच सकता है।

एड्स

उपार्जित प्रतिरक्षी अपूर्णता सहलक्षण या उ.प्र.अ.स. मानवीय प्रतिरक्षी अपूर्णता विषाणु मा.प्र.अ.स., (एच.आई.वी) संक्रमण के पश्चात् की दशा है, जिसमें मानव अपने प्राकृतिक प्रतिरक्षण क्षमता खो देता है। एड्स स्वयं कोई बीमारी नहीं है पर एड्स से पीड़ित मानव शरीर संक्रामक बीमारियों, जो कि जीवाणु और विषाणु आदि से होती हैं, के प्रति अपनी प्राकृतिक प्रतिरोधी शक्ति खो बैठता है क्योंकि एच.आई.वी (वह वायरस जिससे कि एड्स होता है) रक्त में उपस्थित प्रतिरोधी पदार्थ लसिका-कोशों पर आक्रमण करता है। एड्स पीड़ित के शरीर में प्रतिरोधक क्षमता के क्रमशः क्षय होने से कोई भी अवसरवादी संक्रमण, यानि आम सर्दी जुकाम से ले कर क्षय रोग जैसे रोग तक सहजता से हो जाते हैं और उनका इलाज करना कठिन हो जाता है।

एच.आई.वी. संक्रमण को एड्स का रूप लेने में 8 से 10 वर्ष या इससे भी अधिक समय लग सकता है। एच.आई.वी से ग्रस्त व्यक्ति अनेक वर्षों तक बिना किसी विशेष लक्षणों के बिना रह सकते हैं। एड्स वर्तमान युग की सबसे बड़ी स्वास्थ्य समस्याओं में से एक है यानी कि यह एक महामारी है। एड्स के संक्रमण के तीन मुख्य कारक हैं-असुरक्षित यौन संबंधों, रक्त के आदान-प्रदान तथा माँ से शिशु में संक्रमण द्वारा। राष्ट्रीय उपार्जित प्रतिरक्षी अपूर्णता सहलक्षण नियंत्रण कार्यक्रम और संयुक्त राष्ट्रसंघ उपार्जित प्रतिरक्षी अपूर्णता सहलक्षण, दोनों ही यह मानते हैं कि भारत में 80 से 85 प्रतिशत संक्रमण असुरक्षित विषमलिंगी/विषमलैंगिक यौन संबंधों से फैल रहा है।

माना जाता है कि सबसे पहले इस रोग का विषाणुः एच.आई.वी, अफ्रीका के खास प्रजाति की बंदर में देखने को मिलता है एवं वहीं से ये पूरे विश्व में फैल गया। अभी तक इसे लाइलाज माना जाता है लेकिन दुनिया भर में इसका इलाज पर शोधकार्य चल रहे हैं। 1981 में एड्स की खोज से अब तक इससे लगभग 30 करोड़ लोगों की मौत हो चुकी है।

एड्स और एच.आई.वी में अंतर

एच.आई.वी के जीवाणु काफी सूक्ष्म होते हैं जिसकी वजह से एड्स हो सकता है। एड्स स्वयं में कोई रोग नहीं है बल्कि एक संलक्षण है। यह मनुष्य की अन्य रोगों से लड़ने की नैसर्गिक प्रतिरोधक क्षमता को घटा देता है। प्रतिरोधक क्षमता के क्रमशः क्षय होने से कोई भी अवसरवादी संक्रमण, यानि आम सर्दी जुकाम से ले कर फुफ्फुस प्रदाह, टी.बी., क्षय रोग, कर्क रोग जैसे रोग तक सहजता से हो जाते हैं और उनका निदान करना कठिन हो जाता हैं और मरीज की मृत्यु भी हो सकती है। यही कारण है की एड्स परीक्षण महत्वपूर्ण है। सिर्फ एड्स परीक्षण से ही निश्चित रूप से संक्रमण की जानकारी प्राप्त की जा सकती है।

भारत में एड्स

ब्रिटिश मेडिकल जर्नल में हाल के एक अध्ययन के अनुसार, भारत में लगभग 14-16 लाख लोग एच.आई.वी. एड्स से ग्रसित पाये जाते है। हालांकि 2005 में मूल रूप से यह अनुमान लगाया गया था कि भारत में लगभग 55 लाख एच.आई.वी. एड्स से संक्रमित हो सकते थे। 2007 में और अधिक सटीक अनुमान भारत में एच.आई.वी. एड्स से प्रभावित लोगों कि संख्या को 25 लाख के आस-पास दर्शाती है। ये नए आंकड़े विश्व स्वास्थ्य संगठन और यू.एन.एड्स द्वारा समर्थन किया जाता है। संयुक्त राष्ट्र कि 2011 के एड्स रिपोर्ट के अनुसार, पिछले 10 वर्षों में भारत में नए एच.आई.वी. संक्रमणों की संख्या में 50ः प्रतिशत तक की गिरावट आई है।

भारत में एड्स से प्रभावित लोगों की बढ़ती आबादी के संभावित कारण आम जनता को एड्स के विषय में सही जानकारी न होना एड्स तथा यौन रोगों के विषयों को कलंकित माना जाना शिक्षा में यौन शिक्षण व जागरूकता में बढ़ोत्तरी करने वाले पाठ्यक्रम का अभाव कई धार्मिक संगठनों का गर्भ निरोधक के प्रयोग को अनुचित ठहराना आदि।

एड्स के लक्षण

अक्सर एच.आई.वी से ग्रसित लोगों में लम्बे समय तक एड्स के कोई लक्षण नहीं दिखते। दीर्घ समय तक (3, 6 महीने या अधिक) तक एच.आई.वी भी औषधिक परीक्षा में नही उभरते। आधिकांशतः एड्स के मरीजों को जुकाम या विषाणु बुखार हो जाता है पर इससे एड्स होने की पहचान नहीं होती। एड्स के कुछ प्रारम्भिक लक्षण हैं।

(1) बुखार—एड्स को एड्स को प्रमुख लक्षण माना जा सकता है। रोगी को विषाणु बुखार हो जाता है।

(2) सिरदर्द—एड्स के लक्षण है कि रोगी के सिर में तेज दर्द होने लगता है।

(3) थकान—एड्स में रोगी काफी थकान का अनुभव करता है।

(4) हैजा—एड्स में रोगी को लम्बे समय तक हैजा की बीमारी हो जाती है।

(5) मतली व भोजन से अरुचि—एड्स में रोगी को भूख का अनुभव नहीं होता है।

(6) लसिकाओं में सूजन—एड्स में लासिकायें सूज जाती हैं।

ध्यान रहे कि ये समस्त लक्षण साधारण बुखार या अन्य सामान्य रोगों के भी हो सकते हैं। अतः एड्स की निश्चित रूप से पहचान सिर्फ, औषधीय परीक्षण से ही संभव हो सकता है व की जानी चाहिये। एच.आई.वी. संक्रमण के तीन मुख्य चरण हैं—तीव्र संक्रमण, नैदानिक/विलंबता एवं एड्स।

तीव्र संक्रमण

एच.आई.वी. की प्रारंभिक अवधि जो कि उसके संक्रमण पश्चात् प्रारंभ होती है उसे तीव्र एच.आई.वी. या प्राथमिक एच.आई.वी. या तीव्र रेट्रोवायरल सिंड्रोम की संज्ञा दी जाती है। कई व्यक्तियों में 2 से 4 सप्ताह में इन्फ्लूएंजा जैसी बीमारी या मोनोंयुक्लिओसिस जैसी बीमारी के लक्षण प्रतीत होने लगते हैं एवं कुछ व्यक्तियों में ऐसे कोई विशेष लक्षण नहीं दिखते। 40 से 90 मामलों में इस बीमारी के लक्षण दिखने लगते हैं जिसमे सबसे प्रमुख लक्षण बुखार, बड़ी निविदा लिम्फ नोड्स, गले की सूजन, चक्कते, सिर दर्द या मुँह और जननांगों के घाव आदि हैं। चक्कते 20-50 मामलों में नजर आते हैं।

कुछ लोगों में इस स्तर पर अवसरवादी संक्रमण भी विकसित हो जाता है। कुछ लोगों में जठरांत्र कि बीमारियाँ जैसे उल्टी, मिचली या दस्त और कुछ में परिधीय

न्यूरोपैथी के स्नायविक लक्षण और जुल्लैन बर्रे सिंड्रोम जैसी बीमारियों के लक्षण दिखते हैं। लक्षण कि अवधि आम तौर पर एक या दो सप्ताह तक होती है। अपने विशिष्ट लक्षण न दिखने की वजह से लोग इन्हें अक्सर एच.आई.वी. का संक्रमण नहीं मानते। कई सामान्य संक्रामक रोगों के लक्षण इस बीमारी में दिखने के कारण अक्सर डॉक्टर और अस्पताल में भी इस बीमारी का गलत इलाज कर देते हैं। इसलिए यदि किसी रोगी को बिना किसी वजह के बार बार बुखार आता हो तो उसका एच. आई.वी. परीक्षण करा लिया जाना चाहिए क्योंकि यह एच.आई.वी. संक्रमण का एक लक्षण हो सकता है।

नैदानिक विलंबता

इस रोग के प्रारंभिक लक्षण के अगले चरण को नैदानिक विलंबता, स्पर्शोन्मुख एच.आई.वी. या पुरानी एच.आई.वी. की संज्ञा दी जाती हैं। उपचार के बगैर एच. आई.वी. संक्रमण का दूसरा चरण 3 साल से 20 साल तक रह सकता है (औसतन 8 साल) आम तौर पर इस चरान में कुछ या कोई लक्षण नहीं दिखते हैं जबकि इस चरण के अंत के कई लोगों को बुखार, वजन घटना, गैस्ट्रोइंटेस्टाइनल समस्याएं और मांसपेशियों में दर्द महसूस होता है। लगभग 50-70ः लोगों में 3-6 महीने के भीतर लासीका ग्रंथियों (जांघ कि बगल वाली लसिका ग्रंथियों के आलावा) में सूजन या विस्तार भी देखा जाता है। हालाँकि एच.आई.वी.-1 से संक्रमित अधिकतर व्यक्तियों में पता लगाने योग्य एक वायरल लोड होता है लेकिन इलाज के अभाव में वह अंततः बढ़ कर एड्स में बदल जाता है जबकि कुछ मामलों (लगभग 5) में बिना एंटीरेट्रोवाइरल थेरेपी (एड्स कि चिकित्सा पद्यति) के CD4+ T-कोशिकाएं 5 साल से अधिक शरीर में बनी रहती हैं।

जिन व्यक्तियों में इस प्रकार के मामले सामने आते हैं उन्हें एच.आई.वी. नियंत्रक या लंबी अवधि वृधिविहीन के रूप में वर्गीकृत किया जाता है और जिन व्यक्तियों में बिना रेट्रोवायरल विरोधी चिकित्सा के वायरल लोड कम या नहीं पता लगाने योग्य स्तर तक बना रहता है उन्हें अभिजात वर्ग का नियंत्रक या अभिजात वर्ग का दमन करने वाला कहते हैं।

एड्स की परिभाषा दो प्रकार से की जा सकती है या तो जब CD4-टी कोशिकाओं कि संख्या जब 200 कोशिकाएं प्रति–S से कम होती हैं या तो तब जबकि एच.आई.वी. संक्रमण की वजह से कोई बीमारी व्यक्ति के शरीर में

उत्पन्न हो जाता है। विशिष्ट उपचार के अभाव में एच.आई.वी. से संक्रमित आधे लोगों के अन्दर दस साल में एड्स विकसित हो जाता है। सबसे आम प्रारंभिक स्थिति जो कि एड्स की उपस्थिति को इंगित करती है वो है न्युमोसाईतिस निमोनिया (40), कमजोरी जैसे कि वजन घटना, मांसपेशियों में खिचाव, थकान, भूख में कमी इत्यादि (20) और सोफागेल कैंडिडिआसिस (ग्रास नली का संक्रमण) होती है। इसके अतिरिक्त आम लक्षण में श्वास नलिका में कई बार संक्रमण होना भी है।

अवसरवादी संक्रमण बैक्टीरिया, वायरस, कवक और परजीवी के कारण हो सकते हैं जो कि आम तौर पर हमारे प्रतिरक्षा प्रणाली द्वारा नियंत्रित किये जाते हैं। भिन्न-भिन्न व्यक्तियों में भिन्न-भिन्न प्रकार के संक्रमण होते हैं जो कि इस बात पर निर्भर करता है कि व्यक्ति के आस-पास वातावरण में कौन से जीव या संक्रमण आम रूप से पाए जाते हैं। ये संक्रमण शरीर के हर अंग प्रणाली को प्रभावित कर सकते हैं।

एच.आई.वी. का प्रसार

वर्तमान युग में संपूर्ण विश्व लगभग चार करोड़ अफ्रीकी 20 लाख लोग एच. आई.वी का शिकार हैं। इनमें से दो तिहाई सहारा से लगे अफ्रीकी देशों में रहते हैं और उस क्षेत्र में भी जिन देशों में इसका संक्रमण अत्यधिक है वहाँ हर तीन में से एक वयस्क इसका शिकार है। दुनिया भर में लगभग 14,000 लोगों के प्रतिदिन इसका शिकार होने के साथ ही यह डर बन गया है कि ये बहुत जल्दी ही एशिया को भी पूरी तरह चपेट में ले लेगा। जब तक कारगर इलाज खोजा नहीं जाता, एड्स से बचना ही एड्स का सर्वोत्तम उपचार है।

एच.आई.वीं. का प्रसार तीन मुख्य मार्गों से होता है

मैथुन या सम्भोग द्वारा (गुदा,योनिक या मौखिक)

शरीर के संक्रमित तरल पदार्थ अथवा ऊतकों द्वारा (रक्त संक्रमण या संक्रमित सुइयों के आदान-प्रदान)

माता से शीशु में (गर्भावस्था, प्रसव या स्तनपान द्वारा)

मल, नाक स्रावों, लार, थूक, पसीना, आँसू, मूत्र, या उल्टी से एच.आई.वी. संक्रमित होने का खतरा तबतक महसूस नहीं होता जब तक कि ये एच. आई.वी संक्रमित रक्त के साथ दूषित न हो।

मैथुन या सम्भोग द्वारा एच.आई.वी. संक्रमण

एच.आई.वी. संक्रमण की अत्यधिक विधा संक्रमित व्यक्ति के साथ यौन संपर्क के माध्यम से है। दुनिया भर में एच.आई.वी. प्रसार के मामलों के सबसे अधिक मामले विषमलैंगिक संपर्क (यानि विपरीत लिंग के लोगों के बीच यौन संपर्क जैसे कि पुरुष एवं स्त्री के बीच) के माध्यम से होते हैं। हालांकि, एच.आई.वी. प्रग्गर भिन्न-भिन्न देशों में भिन्न-भिन्न प्रकार से देखने को मिलता है। संयुक्त राज्य अमेरिका में 2009 तक, सबसे अधिक एच.आई.वी. प्रसार उन समलैंगिक पुरुषों में हुआ जो कि सभी नए मामलों की 64 आबादी के बराबर थी।

असुरक्षित विषमलिंगी यौन संबंधों के मालमे में अनुमानतः प्रत्येक यौन सम्बन्ध में एच.आई.वी. संक्रमण का जोखिम कम आय वाले देशों में उच्च आय वाले देशों कि तुलना से चार से दस गुना ज्यादा होता है। कम आय वाले देशों में संक्रमित महिला से पुरुष में संक्रमण का जोखिम 0.38 है जबकि पुरुषों से महिला में संक्रमण का जोखिम 0.30 है। उच्च आय वाले देशों में यही जोखिम महिला से पुरुष में 0. 04 तथा पुरुष से महिला में 0.08 है। गुदा सम्भोग द्वारा एच.आई.वी. संक्रमण का जोखिम विशेष रूप से ज्यादा होता है जो कि विषमलिंगी तथा समलिंगी दोनों प्रकार के यौन संबंधों में 1.4-1.7 तक होता है।

मुख मैथुन के द्वारा एच.आई.वी. संक्रमण का खतरा कम अवश्य होता है परंतु खत्म नहीं होता।

शरीर के संक्रमित तरल पदार्थ या ऊतकों द्वारा (रक्त संक्रमण या संक्रमित सुइयों के आदान-प्रदान)

एच.आई.वी. के संक्रमण का दूसरा सबसे बड़ा स्रोत रक्त और रक्त उत्पाद के द्वारा है। रक्त के द्वारा संक्रमण नशीली दवाओ के सेवन के दौरान सुइयों के साझा प्रयोग के द्वारा, संक्रमित सुई से चोट लगने पर, दूषित रक्त या रक्त उत्पाद के माध्यम से या उन मेडिकल सुइयों के माध्यम से जो एच.आई.वी. संक्रमित उपकरणों के साथ होते हैं।

दवा के इंजेक्शन आपस में बाँट कर लगाने से इसका प्रकार शीघ्रता पूर्वक होता है। जोखिम 0.63-2.4 होता है, जोकि औसतन 0.8 होता है। एच.आई.वी. संक्रमित व्यक्ति के द्वारा इस्तेमाल की हुई सुई के माध्यम से एच.आई.वी. होने का जोखिम 0.3 प्रतिशत होता है (333 में 1) और श्लेष्मा झिल्ली के खून से संक्रमित होने का जोखिम 0.09 होता है (1000 में 1)। संयुक्त राज्य अमेरिका में 2009 में 12 मामले

ऐसे लोगों आए हैं जो कि नसों में नशीली दवाओं का उपयोग करते थे और कुछ क्षेत्रों में नशीली दवाओं का सेवन करने वालों में से 80 प्रतिशत से ज्यादा लोग एच.आई. वी. पोजिटिव मिले।

एच.आई.वी. संक्रमित रक्त का प्रयोग करने से संक्रमण का जोखिम 93 तक होता है। विकसित देशों में संक्रिमित रक्त से एच.आई.वी. प्रसार का जोखिम बहुत ही कम है (5,00,000 बार में से 1 बार से भी कम) क्योंकि वह रक्त देने वाले व्यक्ति कि एच.आई.वी. जाँच उसका रक्त लेने के पहले कि जाती है। ब्रिटेन में जोखिम औसतन पचास लाख में से 1 से भी कम की है। हालांकि, कम आय वाले देशों में रक्त का इस्तेमाल करने के पहले केवल आधे रक्त कि उचित रूप से जाँच होती है(2008 के रिपोर्ट के अनुसार)।

यह अनुमान है कि इन क्षेत्रों में 15 एच.आई.वी. संक्रमण का आधार रक्त या रक्त उत्पादों से होता है, जो कि वैश्विक संक्रमण का 5-10 है। उप सहारा अफ्रीका में एच.आई.वी. के प्रसार में एक महत्वपूर्ण भूमिका असुरक्षित चिकित्सा सुइयां भी निभाती हैं। 2007 में इस क्षेत्र में संक्रमण (12-17) का कारण असुरक्षित चिकित्सा सुइयां ही थी। विश्व स्वास्थ्य संगठन के अनुमान के अनुसार चिकित्सा सुइयों के द्वारा एच.आई.वी. संक्रमण का जोखिम अफ्रीका में 1.2 मामलों में होता है। टैटू बनाने या बनवाने, खुरचने से भी सैद्धांतिक रूप संक्रमण का जोखिम बना रहता है लेकिन अभी तक किसी भी ऐसे मामले के पुष्टि नहीं हुई है। मच्छर या अन्य कीड़े कभी एच.आई.वी. संचारित नहीं कर सकते हैं।

माँ से बच्चे में एच.आई.वी. संक्रमण

एच.आई.वी. माँ से बच्चे को गर्भावस्था के दौरान, प्रसव के दौरान और स्तनपान के दौरान फैलाया जा सकता है। एच.आई.वी. के विश्व भर में फैलने का यह तीसरा सबसे आम कारण है। इलाज के आभाव में जन्म के पहले या जन्म के समय इसके संक्रमण का जोखिम 20 तक होता है और स्तनपान के द्वारा यही जोखिम 35 तक होता है। वर्ष 2008 तक बच्चो में एच.आई.वी. का संक्रमण 90 मामलों में माँ के द्वारा हुआ। उचित उपचार होने पर माँ से बच्चे को होने वाले संक्रमण को कम करके यह जोखिम 90 से 1 तक लाया जा सकता है।

माँ को गर्भावस्था और प्रसव के दौरान एंटीरेट्रोवाइरल दवा दे कर, वैकल्पिक शल्यक्रिया (आपरेशन) द्वारा प्रसव करके, नवजात शिशु को स्तनपान से न करा के तथा नवजात शिशु को भी एंटीरिट्रोवाइरल औषधियों कि खुराक देकर माँ से बच्चे

में एच.आई.वी. का संक्रमण रोका जाता है। हालांकि इनमें से कई उपाय अभी भी विकासशील देशों में नहीं हैं। यदि भोजन चबाने के दौरान संक्रमित रक्त भोजन को दूषित कर देता है तो यह भी एच.आई.वी. संचरण का जोखिम पैदा कर सकता है।

एड्स से कैसे बचें?

अपने जीवनसाथी के प्रति सदैव वफादार रहें। एक से अधिक व्यक्ति से यौनसंबंध न रखें। यौन संबंध(मैथुन) के समय कंडोम का सदैव इस्तेमाल करें। यदि आप एच.आई.वी संक्रमित या एड्स ग्रसित हैं तो अपने जीवनसाथी से इस बात का खुलासा अवश्य करें। बात छुपाये रखने तथा इसी स्थिति में यौन संबंध जारी रखनें से आपका साथी भी संक्रमित हो सकता है और आपकी संतान पर भी इसका दुष्प्रभाव पड़ सकता है। यदि आप एच.आई.वी संक्रमित या एड्स ग्रसित हैं तो रक्तदान से बचें।

रक्त ग्रहण करने से पूर्व रक्त का एच.आई.वी परीक्षण कराने पर बल दें।

यदि आप को एच.आई.वी संक्रमण होने का संदेह हो तो तुरंत अपना एच. आई.वी परीक्षण करा लें। यह जरूरी होगा है कि अक्सर एच.आई.वी के कीटाणु, संक्रमण होने के 3 से 6 महीनों बाद भी, एच.आई.वी परीक्षण द्वारा पता नहीं लगाये जा पाते। अतः तीसरे और छठे महीने के बाद एच.आई.वी परीक्षण की पुनरावृति अवश्य की जानी चाहिये।

यौन संपर्क

यौन संपर्क के दौरान कंडोम का सदैव इस्तेमाल एच.आई.वी. संक्रमण के जोखिम को लगभग 80% तक बढ़ा देता है। जब जोड़ी में से एक साथी एच.आई. वी. से ग्रसित है तब कंडोम का लगातार इस्तेमाल करने से असंक्रमित व्यक्ति को एच.आई.वी. संक्रमण होने कि संभावना प्रति वर्ष 1% तक घट जाती है। इन बातों के भी प्रमाण मिले है कि महिलाओं का कंडोम इस्तेमाल करना भी पुरूषों के कंडोम इस्तेमाल करने के सामान सुरक्षा प्रदान करता है। एक अध्ययन के अनुसार अफ्रीकी महिलाओं में सेक्स के तुरंत पहले तेनोफोविर नामक जेल का योनि पर इस्तेमाल करने से एच. ई.वी संक्रमण का जोखिम 40% तक कम हुआ। जबकि इसके विपरीत स्पेर्मिसईद नोंओक्स्य्नोल 9 संक्रमण के जोखिम को बढ़ा देते हैं क्योंकि योनि और गुदा में जलन बढ़ाना इसकी अपनी प्रवृत्ति है।

उप सहारा अफ्रीका में सुन्नत विषमलैंगिक पुरुषों में एच.आई.वी संक्रमण के दर को 38%-66% मामलों में 24 महीनां तक घटा देता है। इन अध्यानों के आधार पर वर्ष 2007 में विश्व स्वास्थ्य संगठन और यू.एन.एड्स ने महिला से पुरुष में एच. आई.वी. संक्रमण से बचने का उपाय पुरुष खतना बताया था। यधपि इससे पुरुष से महिला में संक्रमण को रोका जा सकता है यह विवादस्पद है और पुरुष खतना विकसित देशों में कारगर होगा या नहीं एवं समलैंगिक पुरुषों में इसका कोई प्रभाव पड़ेगा या नहीं ये बात अभी अनिर्धारित है। कुछ विशेषज्ञों को डर है कि खतना पुरुषों के बीच असुरक्षा कि कम धारणा यौन जोखिम में बढ़ोत्तरी दे सकती है जो कि अपने निवारक प्रभाव को कम कर देती है।

जिन महिलाओं का मादा जननांग कट चुका होता है उनमें एच.आई.वी. कि वृद्धि का जोखिम बढ़ जाता है। यौन संयम को बताने वाले कार्यक्रम भी एच.आई.वी. के बढ़ते जोखिम प्रभावित करते नहीं दिखाई देते। स्कूल में व्यापक रूप से यौन शिक्षा देने पर इसके व्यापकता में घट सकती है। युवा लोगों का एक बड़ा समूह एच.आई.वी. एड्स के बारे में जानकारी होने के बावजूद भी इस प्रथा में संलग्न है कि वह खुद अपने को एच.आई.वी. से संक्रमित होने के जोखिम को ये कम आँकता है।

एड्स इन कारणों से नहीं फैलता

एड्स का प्रसार जिन कारणों से नहीं होते वह निर्माण को कम करता है। एच. आई.वी संक्रमित या एड्स ग्रसित व्यक्ति से हाथ मिलाने से एच.आई.वी संक्रमित या एड्स ग्रसित व्यक्ति के साथ रहने से या उनके साथ खाना खाने से।

एक ही बर्तन या रसोई में स्वस्थ और एच.आई.वी संक्रमित या एड्स ग्रसित व्यक्ति का भोजन तैयार करने से।

प्रारंभिक अवस्था में एड्स के लक्षण

प्रारंभिक अवस्था में एड्स के प्रमुख लक्षण निम्न है—

एड्स के प्रमुख लक्षणों के अंतर्गत रोगी का तेजी से अत्यधिक वजन घटना सूखी खांसी लगातार ज्वर या रात रात्रि काल में अत्यधिक असाधारण मात्रा में पसीने छूटना जंघाना, कक्षे और गर्दन में लम्बे समय तक सूजी हुई लसिकायें एक हफ्ते से अधिक समय तक दस्त होना। लम्बे समय तक गंभीर हैजा। फुफ्फुस प्रदाह चमड़ी के नीचे, मुँह, पलकों के नीचे या नाक में लाल, भूरे, गुलाबी या बैंगनी रंग के धब्बे। निरंतर भुलक्कड़पन, लम्बे समय तक उदासी और अन्य मानसिक रोगों के लक्षण आदि समस्या उत्पन्न हो जाती हैं।

एड्स रोग का उपचार

औषधी विज्ञान में एड्स के इलाज पर लगातार बदलाव जारी हैं। भारत, जापान, अमरीका, युरोपीय देश और अन्य देशों में इस के इलाज व इससे बचने के टीकों की खोज जारी है। हालांकी एड्स के मरीजों को इससे लड़ने और एड्स होने के बावजूद कुछ समय तक साधारण जीवन जीने में सक्षम हैं परंतु अंत में मौत निश्चित हैं। एड्स एक लार्वलाज बीमारी हैं। इसी कारण आज यह भारत में एक महामारी का रूप हासिल कर चुका है।

भारत में एड्स रोग की यह बीमारी अत्यंत तीव्र गति से फैलती है, एड्स की दवाईयों की कीमत आम आदमी की आर्थिक पहुँच के परे है। कुछ विरल मरीजों में सही चिकित्सा से 10-12 वर्ष तक एड्स के साथ जीना संभव पाया गया है, किंतु यह आम बात नही है।

ऐसी दवाईयाँ अब उपलब्ध हैं जिन्हें प्रति उत्त्क्रम-प्रतिलिपि-किण्वक विषाणु चिकित्सा दवाईयों के नाम से जाना जाता है। सिपला की ट्रायोम्यून जैसी यह दवाईयाँ महँगी हैं, प्रति व्यक्ति सालाना खर्च तकरीबन 15000 रुपये होता है और ये हर जगह आसानी से भी नहीं मिलती। इनके सेवन से बीमारी को काफी हद तक रोका जा सकता है पर समाप्त नहीं होती। अगर इन दवाओं को नहीं लेने पर बीमारी फिर से बढ़ जाती है, इसलिए एक बार बीमारी होने के बाद इन्हें जीवन भर लेना पड़ता है। अगर दवा न ली जायें तो बीमारी के लक्षण बढ़ते जाते हैं और एड्स से ग्रस्त ग्रसित रोगियों की मौत तक हो जाती है।

एक अच्छी खबर यह है कि सिपला और हेटेरो जैसे प्रमुख भारतीय दवा निर्माता एच.आई.वी पीड़ितों के लिये शीघ्र ही पहली एक में तीन मिश्रित निधिक अंशगोलियाँ तैयार करते जा रहे हैं जो इलाज को सरल बना सकेगा (सिपला इसे वाईराडे के नाम से पुकारेगा)। इन्हें आहार व औषध मंत्रि-मण्डल FDA, से भी मंजूरी मिल गई है। इन दवाईयों पर प्रति व्यक्ति सालाना खर्च तकरीबन 1 लाख रुपये होगा, संबल यही है कि वैश्विक कीमत से यह 80-85 प्रतिशत सस्ती होंगी।

एड्स ग्रसित लोगों के प्रति व्यवहार

एड्स का एक बड़ा दुष्प्रभाव है कि समाज भी संदेह एवं भय की बीमारियों से ग्रसित हो जाता है। यौन विषयों पर बात करना हमारे समाज में वर्जना का विषय

रहा है। निःसंदेह शतुरमुर्ग की नाई इस संवेदनशील मसले पर रेत में सर गाड़े रख अनजान बने रहना कोई हल नहीं है। इस भयावह स्थिति से निपटने का एक महत्वपूर्ण पक्ष सामाजिक बदलाव लाना भी है। एड्स पर प्रस्तावित विधेयक को यदि भारतीय संसद कानून की शक्ल दे सके तो यह भारत ही नहीं विश्व के लिये भी एड्स के खिलाफ छिड़ी जंग में अहम् भूमिका निभायेगी।

टिटनेस

यह बीमारी अत्यंत तीव्र गति से फैलती है जो आज विश्व स्तर पर फैला हुआ है। इस रोग के प्रमुख जीवाणु का नाम क्लास्ट्रीडियम टिटनी है। ये जीवाणु बाह्यविष पैदा करते हैं। यह जीवाणु ऐसे स्थानों पर प्रहार करता है जिन पर चोट लगी हो, क्षत-विक्षत हुआ हो या उन पर दूषित मिट्टी, मल या खाद लगी हो तथा वहाँ से ये जीवाणु स्पोर के रूप में शरीर में प्रवेश करते हैं। ये नाड़ियों एवं पेशियों तक पहुँच कर विभिन्न प्रकार की समस्याये उत्पन्न करती हैं। ग्रामीण क्षेत्रों में इस रोग का प्रसार तुलनात्मक रूप से ज्यादा होता है। निम्न आर्थिक वर्ग में, पाँच साल तक के बच्चों में, चोट लगने पर, जंग लगे हुए उपकरणों से कट जाने पर इस रोग का होना निश्चित ही समझना चाहिए। प्रसव काल में अस्वच्छ वातावरण में, असुरक्षित दवाइयों द्वारा, गन्दे उपकरणों से नाभिरज्जु के काटने पर भी यह रोग हो जाता है। उचित उपचार के अभाव होने पर रोगी मर भी सकता है।

यह जीवाणु साधारणतया घोड़े, बैल, गाय आदि जानवरों के मल में या मिट्टी, धूल, खाद आदि में पाये जाते हैं। संक्रमण के करीब 4 से 10 दिन में यह रोग उत्पन्न होता है।

प्रमुख लक्षण—शरीर में प्रवेश पाने के पश्चात् जीवाणु एक बाह्य विष पैदा करते हैं जो कि नाड़ी संस्थान पर असर डालता है। इससे मांसपेशियों का अनैच्छिक संकुचन शुरू हो जाता है जो कि दर्दनाक भी होता है। सबसे पहले जबड़े की पेशियों की ऐंठन होती है जिससे रोगी मुँह नहीं खोल पाता है। इसके बाद गर्दन, कमर व पेट की मांसपेशियों में पीड़ादायक संकुचन का अनुभव होता है। ऐंठन की वजह से, शरीर पीछे की ओर धनुष के जैसा मुड़ जाता है। समुचित उपचार की कमी से 50-80 प्रतिशत व्यक्तियों की मृत्यु हो जाती है।

निरोधक उपाय—इसके प्रमुख निरोधक उपाय इस प्रकार हैं—

1. आजकल पेनिसिलिन का उपयोग किया जाता है चूँकि घाव में उपस्थित जीवाणुओं के नाश में यह सक्रिय रहता है।

2. प्रसव काल में प्रयुक्त उपकरणों का सही विसंक्रमण करना चाहिए। स्थान व हाथों को विसंक्रामक घोल से धोना चाहिए। इससे नवजात शिशु में होने वाले टिटनेस की रोक-थाम की जा सकती है।
3. किसी भी उम्र के व्यक्ति में टिटनेस टॉक्साइड के इन्जेक्शन द्वारा सुरक्षित रखा जा सकता हैं। बच्चे को तीसरे, चौथे व पाँचवें महीने में इसका टीका लगा सकते हैं। जब भी चोट लगे व उस पर मिट्टी, धूल आदि लग जाए या जल जाने पर भी एण्टी टिटनेस सीरम 0.5 लगाना चाहिए तथा महीने भर बाद पुनः उसे दुहराया जाना चाहिये। फौजी जवानों को नियमित रूप से यह टीका लगाया जाता है। दमकल के कर्मचारी, पुलिस सिपाही अन्य खतरनाक व्यवसायों में रहने वालों को प्रति 5 वर्ष में एक बार ATS लगवाना चाहिए।

प्लेग

प्लेग संसार की सबसे पुरानी महामारियों में एक मानी जाती हैं। इसे ताऊन, ब्लैक डेथ, पेस्ट आदि नाम भी दिए गए हैं। मुख्य रूप से यह कृतंक (तवकमदज) प्राणियों (प्रायः चूहे) का रोग है, जिसकी उत्पत्ति पास्चुरेला पेस्टिस नामक जीवणु से होती है। आदमी को यह रोग प्रत्यक्ष संसर्ग अथवा पिस्सू के दंश से लगता है। यह तीव्र गति से बढ़ता है, बुखार तेज और लसिका ग्रंथियाँ स्पर्शासह्य एवं सूजी होती हैं, रक्तपुतिता की प्रवृत्ति होती है और कभी-कभी यह न्यूमोनिया का रूप ग्रहण करता है।

भारी पैमाने पर तबाही मचाने की वजह पूरे इतिहास में प्लेग कुख्यात रही है आज भी विश्व के कुछ भागों में प्लेग महामारी बना हुआ है।

प्लेग महामारियों की कहानी

प्राचीन काल में किसी भी महामारी को प्लेग मान लिया जाता थे। यह रोग कितना पुराना है इसका अंदाज इससे किया जा सकता है कि एफीरुस के रूफुस ने, जो ट्रॉजन युग का चिकित्सक था, प्लेग के ब्यूबों का जिक्र किया है और लिखा है कि यह घातक रोग मिस्त्र, लीबिया और सीरिया में पाया जाता है। बुक ऑव सैमुअल में इसका उल्लेख है। ईसा पूर्व युग में 41 महामारियों के अभिलेख मिलते हैं। ईसा के समय से सन् 1500 तक 109 बढ़ी महामारियाँ हुईं, जिनमें 14वीं शताब्दी की ब्लैक डेथ प्रसिद्ध है।

सन् 1500 से 1720 तक विश्वव्यापी महामारियों का प्रसार हुआ। फिर 18वीं और 19वीं शताब्दी में शांति रही। सिर्फ एशिया में छिटफुट आक्रमण होते रहे। तब सन् 1894 में हांगकांग में इसने सिर उठाया और जापान, भारत, तुर्की होते हुए सन् 1896 में यह रोग रूस जा पहुँचा, सन् 1898 में अरब, फारस, ऑस्ट्रिया, अफ्रीका, दक्षिणी अमरीका और हवाई द्वीप तथा सन् 1900 में इंग्लैंड, अमरीका और ऑस्ट्रेलिया में इसने तांडव किया। सन् 1898 से 1918 तक भारत में इससे एक करोड़ जाने चली गईं। अब पुनः संसार में शांति है, केवल छिटपुट आक्रमण के समाचार मिलते हैं। प्लेग महामारियों के चक्र चलाते रहे हैं। छठी शताब्दी में पचास वर्षों तक यूरोप में इसका एक दौर चला।

समूचे रोमन साम्राज्य में प्लेग बदंरगाहों से आरंभ होकर दूरवर्ती नगरों की और फैला था। सातवीं शताब्दी में 664 से 680 तक जिन महामारियों का प्रसार हुआ, जिनका उल्लेख बेडे ने किया है, शायद प्लेग ही थी। 14वीं शताब्दी में ष्काली मौतष के नए दौर आरंभ हुए, जिनमें मृत्युसंख्या भयावह थी। प्रथम दौर में अनेक नगरों की दो-तिहाई से तीन-चौथाई आबादी तक साफ हो गई।

कहते हैं, इस चक्र में यूरोप में ढाई करोड़ (अर्थात् कुल आबादी के चौथाई) व्यक्ति मर गए। 1664-65 में इतिहासप्रसिद्ध ष्ग्रेट प्लेगष का लंदन नगर पर आक्रमण हुआ। लंदन की आबादी साढ़े चार लाख थी, जिसमें से दो तिहाई लोग भय की वजह से पलायन कर गये एवं शेष बचे लोगों में से 68,596 प्लेग का शिकार हो गए। कहते हैं, इसी के बाद हुए लंदन के बृहत् अग्निकांड ने नगर से प्लेग को निकाल बाहर किया। पर संभवतः यह चमत्कार सन् 1720 में लगाई गई कठोर क्वांरटीन का फल था। इसके बाद थी यूरोप में प्लेग के ग्रसित होते रहे और अंत में लगभग सन् 1720 में मार्सेई में 87,500 प्राणों की बलि लेकर यह शांत हुआ। सन् 1675 से 1684 तक उत्तरी अफ्रीका, तुर्की, पोलेंड, हंगरी, जर्मनी, आस्ट्रिया में प्लेग का एक नया उत्तराभिमुख दौरा हुआ, जिसमें सन् 1675 में माल्टा में 11,000 सन् 1679 में विएना में 76,000 और सन् 1681 में प्राग में 83,000 लोग काल का ग्रास बन गये। इस चक्र की भीषणता की कल्पना इससे की जा सकती है कि 10,000 की आबादी वाले ड्रेस्डेन नगर में 4,397 नागरिक इसके शिकार हो गए। सन् 1833 से 1845 तक मिस्त्र में प्लेग का तांडव होता रहा। परंतु इसी दौरान यूरोप में विज्ञान का सूर्योदय हो रहा था और मिस्त्र के प्लेग का प्रथम बार अध्ययन किया गया। फ्रेंच वैज्ञानिकों ने बताया कि वास्तव में जितना बताया जाता है यह उतना संक्रामक नहीं है। सन् 1878 में वोल्गा महामारी से में विनाश लीला देखने को मिलने

लगी एवं सभी राज्यों ने जाँच आयोग भेजे गये, जो महामारी समाप्त होने के बाद घटनास्थल पर पहुँचे।

प्लेग के स्थायी गढ़ अरब, मेसोपोटामिया, कुमाऊँ, हूनान (चीन) पूर्वी तथा मध्य अफ्रीका हैं। प्लेग की महामारियों की कहानी विश्व इतिहास के साथ पढ़ने पर यह पता चलता है कि इतिहास की धाराएँ मोड़ने में इस रोग ने कितना बड़ा भाग लिया है।

भारत में प्लेग

भारत में प्लेग के संबंध में एक पुरानी कहावत यद थी कि प्लेग सिंधु नद नहीं पार कर सकता। पर 19वीं शताब्दी में प्लेग ने भारत पर भी आक्रमण किया। सन् 1815 में तीन वर्ष के अकाल के बाद गुजरात, कच्छ और काठियावाड़ में इसने डेरा डाला, अगले वर्ष हैदराबाद (सिंध) और अहमदाबाद पर आक्रमण किया, सन् 1836 में पाली (मारवाड़) से चलकर यह मेवाड़ पहुँचा, पर रेगिस्तान की तप्त बालू में अधिक चल न पाया। सन् 1823 में केदारनाथ (गढ़वाल) में, सन् 1834 से 1836 तक उत्तरी भारत के अन्य स्थलों पर हमलै किये गये एवं 1849 में यह दक्षिण की तरफ बढ़ा। सन् 1853 में एक जाँच कमीशन नियुक्त हुआ।

सन् 1876 में एक और आक्रमण हुआ और तब सन् 1898 से अगले 20 वर्षों तक इसने बंबई और बंगाल को हिला डाला।

प्लेगकारक जीवाणु

वैसिलस पेस्टिस (पास्चुरेला पेस्टिस) का अन्वेषण सन् 1894 में हांगकांग के किटा साटो और यर्सिन द्वारा किया गया। आगे के अनुसंधानों ने सिद्ध किया कि यह मुख्यतः कृंतक प्राणियों का रोग है। पहले चूहे मरते हैं तब आदमी को रोग लगता है। प्लेग के जीवाणु सरलता से संवर्धनीय है और गिनीपिग तथा अन्य प्रायोगिक पशुओं में रोगों को जन्म दे सकते हैं। प्लेग भूमध्य रेखा के अत्यंत उष्ण प्रदेश को छोड़कर संसार के किसी भी प्रदेश में हो सकता है। कोई भी जाति, या आयु का नर-नारी इससे बचा नहीं है। प्लेग हमारे देश में सर्वप्रथम चूहों को होता है। पिस्सू इन कृंतकों का रक्तपान करता है। जब चूहे मरते हैं तो प्लेग के जीवाणुओं से भरे पिस्सू चूहे को छोड़कर आदमी की और दौड़ते हैं। जब आदमी को पिस्सू काटते हैं, तो देश में आपने अंदर भरा संक्रामक द्रव्य रक्त में उगल देते हैं। चूहों का मरना आरंभ होने के दो-तीन सप्ताह बाद मनुष्यों में प्लेग फैलता है।

न्युमोनिक प्लेग का संक्रमण श्वास से निकले जलकणों से लग जाता है और सबसे अधिक संक्रामक होता है। व्यापक अनुसंधान से यह पता चल चुका है कि लगभग 180 जाति के कृंतक, जिनमें मारमोट, गिलहरी, जरबीले, चूहे, आदि शामिल हैं, प्लेग से आक्रांत होते हैं और 1,400 में से 70 जातियों के पिस्सू प्लेग संवाहक होते हैं। प्लेग उन्मूलन की यही सबसे कठिन समस्या भी है कि यह जंगली कृंतकों का रोग है और मध्य एशिया, अफ्रीका तथा दक्षिण अमरीका के घने जंगलों में छिपा बैठा है, जहाँ से इसे निकालना कठिन हो रहा है।

प्लेग विकृति

जहाँ पिस्सू काटता है उस स्थल की लसिका ग्रंथि में सूजन आ जाता है। तब शरीर की और लसिका ग्रंथियाँ (गिल्टियाँ) सूजती हैं। कभी-कभी जीवाणु रक्त में पहुँच जाते हैं और रक्तपूतिता हो जाती है। भीषण प्लेग में गिल्टी निकलने का मौका ही नहीं आता। ये जीवाणु शरीर के प्रमुख अंगों में प्रदाह करते हैं और आहत रक्तवाहनियों से रक्तस्त्राव होता है।

प्लेग के लक्षण

प्लेग के लक्षण 1 से 12 दिनों में देखे जा सकते है। जाड़ा देकर बुखार आता है और अनियमित ढंग से घटता-बढ़ता है। मिचली, वमन, हृदयदौर्बल्य तथा अवसन्नता, तिल्ली बढ़ना और रक्तस्त्रावी दाने निकलना, जिससे शरीर काला पड़ जाता है एवं बीमारी को काली मौत कहना गलत प्रतीत नहीं होगा।

इस बीमारी का वर्गीकरण नौ प्रकार से किया जा सकता है–(1) गिल्टीवाला प्लेग, जिसमें अंगपीड़ा, सहसा आक्रमण, तीव्र ज्वर तथा त्वरित नाड़ी होती है, दो तीन दिन में गिल्टी निकलती है और दो सप्ताह में पक जाती है,

(2) रक्तपूतित प्लेग घातक प्रकार हैं जिसमें रक्त में जीवाणु वर्तमान होते हैं,

(3) न्यूमोनिक प्लेग, जिसमें रोग का आक्रमण केंद्र फेफड़ा होता है। यह अत्यंत घातक प्रकार है और तीन चार दिन में प्राण हर लेता है,

(4) आंत्रिक प्लेग,

(5) प्रमस्तिष्कीय प्लेग,

(6) कोशिका त्वचीय प्लेग, जिसमें त्वचा पर कारबंकल से फोड़े निकल आते हैं,

(7) स्फोटकीय प्लेग, जिसमें शरीर में दाने उत्पन्न हो जाते हैं,

(8) गुटिका प्लेग, जिसमें रोग कंठ में होता है एवं

(9) अवर्धित प्लेग तथा जो प्लेग का हल्का आक्रमण है और जिसमें सिर्फ गिल्टी निकलती है।

उपचार और रोकथाम

नई औषधियों के आगमन से पहले प्लेग का उपचार था, चूहों का विनाश और चूहे गिरने पर स्थान छोड़ देना। वर्तमान युग में रोकथाम हेतु प्लेग का टीका कारकार सिद्ध हुआ है। प्लेग की सवारी जीवाणु, पिस्सू और चूहे के त्रिकोण पर बैठकर चलती है और जीवावसादक से जीवाणु, कीटनाशक (10-डी.डी.टी.) से पिस्सू और चूहा विनाशक उपायों से चूहों को मारकर प्लेग को समाप्त किया जा सकता है। जीवावसादकों में स्ट्रेप्टोमाइसिन तथा सल्फा औषधियों में सल्फाडाजीन और सल्फामेराजीन इनके विरुद्ध कारगर है। आधुनिक चिकित्सा ने प्लेग की घातकता नष्टप्राय कर दी है।

रोहे

यह एक लंबे समय तक जलनयुक्त, संक्रमक बीमारी होती है। यह आँखों की श्लैष्मिक कला तथा फार्निया पर प्रभाव डालता है। इस रोग का प्रसार रोगी मनुष्य व उसके सम्पर्क में आए हुए पदार्थों द्वारा होता है। यह बीमारी मुसलमानों में अत्यधिक देखने को मिलती है।

यह रोग मक्खियों द्वारा फैलता है। यह रोग राजस्थान, हरियाणा, उत्तर प्रदेश, पंजाब, गुजरात में सर्वाधिक देखने को मिलता है। इसका प्रसार रोगी की आँखों के स्राव से, संदूषित या उँगली से सुरमा, काजल लगाने से होता है। अधिक समय तक तेज धूप में रहने से धूलभरी वायु या आँधियों में, धुएँ में लगातार रहने से रोहे हो जाते हैं। गर्मियों तथा वर्षा के दिनों में इसका प्रसार तेज गति से होता है। पुरुषों की तुलना में स्त्रियों में यह ज्यादा होता है। 5 से 12 दिन में यह रोग पैदा होता है।

प्रमुख लक्षण—इसके लक्षण दो प्रकार से नजर आते हैं। धीमी गति से व अचानक। सर्वप्रथम आँखों से पानी बहने लगता है। आँखों की श्लैष्मिक कला पर व्रण-सा हो जाता है जिससे बालू के समान कण बनने लगते हैं। कार्निया नर रक्त कोशिकायें बढ़ने लगती हैं जिसे पैनस का निर्माण होता है। पुतली के चारों तरफ लाल हो जाना कोपन का प्रथम लक्षण है। आँखों के भीतर, नीचे तथा ऊपर दाने निकलने लगते हैं। सबसे ज्यादा मात्रा में ऊपरी पलक के भीतर के भाग में दाने होते हैं। आँखों

में तीव्र खुजलाहट होती है तथा ऐसा अनुभव होता है कि आँखों में बालू के कण पड़े हुए हैं। ठोस उपचार की कमी में पुतलियों पर रक्त कोशिकाएँ आवृत्त होने लगती हैं जिससे पलकें स्थूलकाय हो जाती है एवं भीतर की तरफ मुड़ती हैं। इससे कार्निया पर दाग पड़ते हैं अर्थात् दर्शिता कम होती है तथा स्थायी अर्थात् न हो जाता है।

निरोधक उपाय–इसके लिए प्रयोग में लाये जाने वाले प्रतिरोधात्मक उपाय इस प्रकार हैं–

1. अधिसूचना दी जानी चाहिए चूँकि इस रोग पर राष्ट्रीय रोहे नियन्त्रण अभियान की खास रुचि है। इससे संक्रमित व्यक्ति की ज्ानकारी प्राप्त कर सही इलाज का प्रबन्ध किया जा सकता है।
2. इसके लिए किसी प्रकार का प्रतिरक्षी टीका नहीं तैयार किया गया है। उपचार से ही रोहे ठीक हो सकते हैं।
3. लोगों के स्वच्छता सम्बन्धी व राष्ट्रीय कार्यक्रमों से फायदा उठाने के संबंध में जानकारी प्रदान की जानी चाहिए।
4. सल्फोनमाइड आरियोमाइसिन टेट्रासाइक्लिन आदि के उपयोग से इस रोग से मुक्ति पायी जा सकती है।
5. रोगी की वस्तु एवं वस्त्रों को अर्थात् कर सांफ रखें।

पेचिश

पेचिश या प्रवाहिका, पाचन तंत्र का रोग है जिसके अंतर्गत गम्भीर अतिसार (डायरिया) की शिकायत होती है और मल में रक्त एवं म्यूकस (उनबने) आता है। यदि इसका उपचार समय रहते नहीं किया गया तो यह जानलेवा भी हो सकता है।

पेचिश के लक्षण

पेचिश के प्रमुख लक्षणों की चर्चा निम्न प्रकार की जा रही है–

1. बार-बार मलत्याग
2. मल में खून और म्यूकस आना
3. कभी-कभी खून की उल्टी

प्रकार

पेचिश या प्रवाहिका प्रायः दो प्रकार की होती है–

(1) अमीवा पेचिश तथा (2) दंडाणुज पेचिश।

अमीबा पेचिश

इस रोग का उद्भव विशेष प्रकार के सूक्ष्म जीवाणु एंटामीबा हिस्टॉलिटिका नामक उपसर्ग से होता है, जो दो रूपों में शरीर की वृहत् आंत्र में विद्यमान रहता है। इन रूपों को पुटी और अंडाणु कहते हैं। मनुष्य खाद्य एवं पेय पदार्थों द्वारा इस जीवाणु को पुटी रूप में शरीर के अंदर ग्रहण करता है और यह पुटी कभी-कभी वृहत् आंत्र में पहुँचकर अंडाणु का रूप ग्रहण कर लेती है और मल के साथ निष्कासित होती है तथा कभी-कभी पुटी के रूप में ही मल के साथ निकलती है। मक्खियाँ इस रोग के प्रसार में अत्यधिक सहायक होती हैं। पेचिश के मुख्य लक्षणों में रोगी को तीव्र स्वरूप के उदरशूल के साथ अतिसार होता है तथा गुदा के पास के भाग में तीव्र ऐंठन होती है। ऐसे रोगियों की परीक्षा करने पर अंधनाल तथा वाम श्रोणीय क्षेत्र में छूने से दाब वेदना होती है तथा कुछ ज्वरांश भी रहता है। दिन में 12 से लेकर 24 तथा उससे भी अधिक बार टट्टी होती है तथा मल में अधिकांश भाग श्लेष्मा (उनबने), पूय (चने) तथा गाढ़ा रक्त रहता है।

जब कभी-कभी यह अमीबा निर्वाहिका शिरा में पहुँच जाता है तो यकृतशोय तथा यकृत विद्रधि फोड़ा उत्पन्न करता है। यह तीव्र स्वरूप का घातक रोग है। जब यकृत विद्रधि फटती है, तो उपद्रव स्वरूप इसका पूय फुफ्फुस, आमाशय, बृहत् आंत्र, उदर कला तथा हृदयावरण में पहुँचकर अनेक घातक विकार उत्पन्न करता है। यकृत विद्रधि के मुख्य लक्षणों के अंतर्गत् रोगी के यकृत भाग में तीव्र शूल होता है, जो कभी-कभी दाहिने कंधे की और प्रसारित होता है। इसके अलावा शिर शूल, कंपन तथा ज्वर भी अपनी चरम सीमा पर रहता है। यकृत के भाग को छूने मात्र से रोगी को घोर कष्ट एवं वेदना होती है तथा उसके ऊपर की त्वचा शोधयुक्त हो जाती है।

यकृत विद्रधि के अलावा इस रोग से उत्पन्न होने वाले अन्य उपद्रवों में आंत्रछिद्रण तथा अवरोध, कोथ, मूत्राशयशोध इस रोग से बचने हेतु समस्त खाद्य एवं पेय पदार्थों को मक्खियों से दूर रखना चाहिए। जिस व्यक्ति के मल से इस रोग की पुटिया निकलती है, उस व्यक्ति को रसोइए का कार्य चाहिए जब तक मल के द्वारा रक्त एवं श्लेष्मा का निकलना बंद न हो जाए। रोगी को बार्ली का सेवन कराना चाहिए। जब श्लेष्मा का निकलना बंद हो जाए तब उसे पतला साबूदाना, अरारोट, चावल, दही इत्यादि का सेवन करा सकते हैं।

इसकी मुख्य औषधियों में डाइहाइड्रॉक्सि क्विनोलीन के योग, तथा इमेटीन की सुई योग्य चिकित्सक से मात्रा निर्धारित करके उपयोग करने पर आशातीत् लाभ होता है।

दंडाणुज पेचिश

यह रोग एक विशेष प्रकार के दंडाणुओं से उत्पन्न होता है। इसके तहत् रक्त और श्लेष्मा से युक्त अनेक बार मलत्याग हुआ करता है। यह रोग समशीतोष्ण जलवायु के स्थानों में अधिक होता है। भारत में यह रोग अधिकतर वर्षा ऋतु में हुआ करता है। स्त्री, पुरुष तथा समस्त आयुवाले व्यक्तियों को यह रोग समान रूप से होता है। इस रोग के दंडाणु बृहत् आंत्र की श्लैष्मिक कला तथा क्षुद्र आंत्र के अंतिम भाग की श्लैष्मिक कला को आक्रांत करके उनमें शोध पैदा कर देते हैं। इसके परिणामस्वरूप आगे चलकर उन स्थानों में व्रण उत्पन्न हो जाते हैं, जो गलाकर आँत के विकृत भाग को मल द्वारा निकालते हैं।

एक व्यक्ति जो इस रोग से आक्रांत होता है एकाएक तीव्र उदरशूल और अतिसार का शिकार हो जाता है। शरीर कृश होकर अत्यधिक कमजोर हो जाता है तथा ज्वरांश होने लगता है। इसकी तीव्रावस्था में रोगी में मलत्याग की प्रवृत्ति अनेक बार होती है, परंतु प्रत्येक बार बहुत कम मल निकलता है। मलत्याग के साथ-साथ वमन भी होता है तथा रोगी को अत्यधिक प्यास मालूम पड़ती है। ऐसे रोगियों की परीक्षा करने तथा रोगी के उदर के किसी भाग को छूने से दर्द होता है तथा वहाँ की मांसपेशियाँ कड़ी एवं संकुचित दिखाई देती हैं। जिह्वा शुष्क हो जाती है, शरीर में जलीय अंश के नितांत अभाव एवं विषाक्तता के लक्षण दिखाई देने लगते हैं। श्लेष्मा एवं रक्त का अंश अधिक रहता है। मूत्त की मात्रा बहुत कम हो जाती है। इसके अमीबा का पेचिश से भेद करते समय यह ध्यान रखना चाहिए कि दंडाणुज पेचिश का आक्रमण अत्यंत तीव्र स्वरूप का होता है, इसमें उच्च ताप हुआ करता है तथा स्तब्धता के लक्षण शीघ्र प्रकट हो जाते हैं। विशेष प्रकार के भेद मल परीक्षा के द्वारा जाने जाते हैं। अमीबा पेचिश के रोगी के मल में एंटामीबा हिस्टालिटिका मिलते हैं और दंडाणुज पेचिश की मलपरीक्षा में दंडाणु मिलते हैं।

इस रोग के प्रतिषेधात्मक उपचार में भी मक्खियों से खाद्य एवं पेय पदार्थों को दूर रखना बहद जरूरी है। मल का त्याग निश्चित स्थान पर करना चाहिए तथा उक्त स्थान पर फिनाइल का निरंतर प्रयोग अत्यंत आवश्यक है। जिन व्यक्तियों को इस रोग की शिकायत हो, उनको घर कार्यों से वंचित रखना चाहिए तथा उनके द्वारा छुए हुए खाद्य एवं पेय पदार्थों का व्यवहार नहीं करना चाहिए। इस रोग से आक्रांत व्यक्ति को गरम बिस्तर पर रखना चाहिए। उदर पर तारपीन का सेंक करना श्रेयस्कार है।

प्रथम 24 घंटे तक केवल उबले पानी का इस्तेमाल करना चाहिए। इसके उपरांत ऐल्ब्यूमिन जल, डेक्स्ट्रोज जल, पतला अरारोट तथा बार्ली का सेवन करना चाहिए, जिससे पर्याप्त मात्रा में पेशाब हो। इसके लिये 24 घंटे में कम-से-कम 2 पाइंट पानी पिलाना चाहिए। अन्य उपचार अमीबा पेचिश के समान हैं।

स्केबीज

यह एक विशेष प्रकार का संक्रामक रोग है जो अत्यधिक तीव्रता से फैलता है तथा एक व्यक्ति से दूसरे व्यक्ति में तीव्रता से प्रवेश कर जाता है। स्केबीज प्रत्यक्ष सम्पर्क सै बस्त्रों, चादर बिस्तर आदि के माध्यम से फैलता है। यह रोग माइट नामक कीटाणु सें पैदा होता है। इसके फैलने का महत्वपूर्ण कारण है—गरीबी, अस्वच्छता, वातावरण व निम्न रहन-सहन का स्तर, व्यक्तिगत स्वच्छता की कमी, अज्ञानता आदि। यह रोग संक्रमण के 1 से 2 सप्ताह के बीच उत्पन्न होता है।

प्रमुख लक्षण—सर्वप्रथम यह माइट त्वचा के नीचे अर्थात् एपीडर्मिस में अपने को धँसा लेती है व उस उसी गड्ढे में अण्डा देती है। इससे तीव्र खुजली होने लगती है। माइट के शरीर पर चारों ओर सींक जैसे उभार होते हैं जिनकी सहायता से वह चूसती है। प्रत्यक्ष सम्पर्क के द्वारा वह एक व्यक्ति से दूसरे व्यक्ति में आसानी से प्रवेश कर जाती है। यह माइट अक्सर कलाई, हाथ, खुले भाग में 63 प्रतिशत व्यक्तियों में पाई जाती है। छाती, जननेन्द्रिय आदि भागों में भी यह पाई जा सकती है। रात के वक्त, खुजली ज्यादा होती है, खुजलाने के कारण घाव तथा रक्तस्राव भी हो जाते हैं। दाने उभर आते हैं। जो पैप्यूल व पस्टूल कहलाते हैं।

निदानात्मक उपाय—निम्नवत् उपाय करके इसकी रोकथाम की जा सकती हैं—

1. 2.5 से 10 प्रतिशत सल्फर मरहम का प्रयोग 4 दिनों तक लगातार करना चाहिए। इसे पूरे शरीर पर लगाकर 12 घण्टे बाद स्नान करना चाहिए।
2. 5 प्रतिशत टेटमोसोल के घोल को हर रोज 3 बार उपयोग में लाना चाहिए। एक दिन के प्रयोग से ही खुजली ठीक हो जाती है। लिण्डेन या एच. सी. एच को नारियल के तेल के साथ मिलाकर, लेप बनाकर 3 दिन तक दिन में 2 बार त्वचा पर रगड़ने से भी यह रोग खत्म हो जाता है।
3. इसके लिए कोई प्रतिरक्षी टीका नहीं है, पर उपचार के द्वारा इस रोग को दूर कर सकते हैं।

4. साबुन तथा गर्म पानी से प्रभावित भाग की सफाई करनी चाहिए। उसके बाद 25 प्रतिशत बेन्जाइल बेन्जोएट की लेई बनाकर पेंट ब्रश की सहायता से ठुड्डी से नीचे वाले शरीर के सभी भागों पर लगानी चाहिए। एक घण्टे तक उसे सूखने दिया जाना चाहिए। उसके पश्चात् स्नान करना चाहिए। 12 घण्टे पश्चात् इस प्रक्रिया की पुनरावृत्ति करनी चाहिए।

डायरिया

अतिसार या डायरिया से ग्रस्त व्यक्ति बार-बार मल त्याग को मजबूर हो जाता है या मल बहुत पतले होते हैं या दोनों ही स्थितियां हो सकती हैं। पतले दस्त, जिनमें जल का भाग अधिक होता है, थोड़े-थोड़े समय के अंतर से आते रहते हैं।

लक्षण

अतिसार का मुख्य लक्षण और कभी-कभी अकेला लक्षण, विकृत दस्तों का बार-बार आना होता है। तीव्र दशाओं में उदर के समस्त निचले भाग में पीड़ा तथा बेचैनी प्रतीत होती है अथवा मलत्याग के कुछ समय पूर्व मालूम होती है। धीमे अतिसार के बहुत समय तक बने रहने से, या उग्र दशा में थोड़े ही समय में, रोगी का शरीर कृश हो जाता है और जल ह्रास (डिहाइड्रेशन) की भयंकर दशा उत्पन्न हो सकती है। खनिज लवणों के तीव्र ह्रास से रक्तपूरिता तथा मूर्छा (कॉमा) उत्पन्न होकर मृत्यु तक हो सकती है।

डायरिया के कारण

यह अंतड़ियों में अधिक द्रव के जमा होने, अंतड़ियों द्वारा तरल पदार्थ को कम मात्रा में अवशोषित करने या अंतड़ियों में मल के तेजी से गुजरने की वजह से होता है।

प्रकार

डायरिया के दो प्रकार की स्थितियां उत्पन्न होती हैं—एक, जिसमें दिन में पांच बार से अधिक मल त्याग करना पड़ता है या पतला मल आता है। इसे डायरिया की गंभीर स्थिति कहा जा सकता है। आनुपातिक डायरिया में व्यक्ति सामान्यतः जितनी बार मल त्यागता है उससे कुछ ज्यादा बार और कुछ पतला मल त्यागता है।

उग्र अतिसार- उग्र (ऐक्यूट) अतिसार का कारण प्रायः आहारजन्य विष, खाद्य विशेष के प्रति असहिष्णुता या संक्रमण होता है। कुछ विषों से भी, जैसे संखिया या पारद के लवण से, दस्त होने लगते हैं।

जीर्ण अतिसार- जीर्ण (क्रॉनिक) अतिसार के कई कारण हो सकते हैं। आमाशय अथवा अग्न्याशय ग्रंथि के विकास से पाचन विकृत होकर अतिसार उत्पन्न कर सकता है। आंत्र के रचनात्मक रोग, जैसे अर्बुद, संकिरण (स्ट्रिक्चर) आदि अतिसार के कारण हो सकते हैं। जीवाणुओं द्वारा संक्रमण तथा जैव-विषों (टौक्सिन) द्वारा भी अतिसार उत्पन्न हो जाता है। इन जैव-विषों के उदाहरण हैं, रक्तविषाक्तता (सेप्टिसीमिया) तथा रक्तपूरिता (यूरीमिया)। कभी निःस्रावी (एंडोक्राइन) विकार भी अतिसार के रूप में प्रकट होते हैं, जैसे ऐडीसन के रोग और अत्यवटुकता (हाइपर थाइरॉयडिज्म)। भय, चिंता या मानसिक व्यथाएँ भी इस दशा को उत्पन्न कर सकती हैं। तब यह मानसिक अतिसार कहा जाता है।

चिकित्सा

डायरिया का उग्र या जीर्ण होना संभव है और प्रत्येक प्रकार के डायरिया के भिन्न-भिन्न कारण और इलाज होते हैं। डायरिया से उत्पन्न जटिलताओं में निर्जलीकरण (डी-हाइड्रेशन), इलेक्ट्रोलाइट (खनिज) असामान्यता और मलद्वार में जलन, शामिल हैं। निर्जलीकरण (डी-हाइड्रेशन) को पीनेवाले रिहाइड्रेशन घोल की सहायता से कम किया जा सकता है और आवश्यक हो तो अंतःशिरा द्रव्य की मदद भी ली जा सकती है।

चिकित्सा के लिए रोगी के मल की परीक्षा करके रोग के कारण का निश्चय कर लेना आवश्यक है, क्योंकि चिकित्सा उसी पर निर्भर है। कारण को जानकर उसी के अनुसार विशिष्ट चिकित्सा करने से लाभ हो सकता है। रोगी को पूर्ण विश्राम देना तथा क्षोभकं आहार बिल्कुल रोग देना आवश्यक है। उपयुक्त चिकित्सा हेतु किसी विशेषज्ञ चिकित्सक का परामर्श उचित है।

कृमिरोग

(1) एण्टामीबा हिस्टालिटिका या एमीबियासिस—यह प्रोटोजोआ एमीबिक पेचिश का कारण है। मनुष्य की बड़ी आँत इसका निवास-स्थान होता है। यह पराश्रयी जीव, आँतों की श्लैष्मिक झिल्लयों को छेद करके घाव पैदा करते हैं। तीव्र

पेचिश में, यह जीव रोगी के मल में ज्यादा पाया जाता है। इस जीव की दो उपजातियाँ हैं—ट्रापिक तथा वानस्पतिक, रूप।

ट्रापिक रूप के जीव का एक स्पष्ट एक्टोप्लाज्म होता है, एक केन्द्रक व लाल रक्त कण (आर.बी.सी.) भी होते हैं। यह एक निश्चित दिशा में गमन करता है व चलते वक्त शरीर से उँगलियों जैसा अंकुर निकलकर सामने आता है। वानस्पतिक रूप में यह कमजोरी होती है कि अगर उसे मलयुक्त वातावरण से अलग किया जाए तो वह मर जाता है जिससे वह रोग के प्रसार में समर्थ रहते हैं। दीर्घकालीन एगीबियासि रोगी में यह जीव एक पुटी के रूप में वर्तमान रहता है। इस पुटी की एक स्पष्ट, निश्चित, कोशीय भित्ति होती है, जीवद्रव्य भी स्वच्छ होता है तथा 2 या 4 केन्द्रक भी हो सकते हैं।

प्रसार—परिपक्व, चार केन्द्रक वाली पुटी हानिकारक है, जिसका प्रमुख कारण संक्रामक होना है। पानी, भोजन पेय पदार्थ, दूषित गन्दे हाथों के माध्यम से रोग का प्रसार होता है। संक्रमण के तीन से चार सप्ताह के मध्य यह रोग पैदा होता है।

निरोधक उपाय—प्रमुख निरोधक उपाय निम्नलिखित प्रकार से हैं—

1. जहाँ पर खाद बनाने के लिए मल का उपयोग किया जाता है, वहाँ पर कच्ची सब्जियों की कृषि पर रोक लगाना।
2. व्यक्तिगत स्वच्छता पर जोर देना तथा स्वास्थ्य शिक्षा का प्रचार करना।
3. कूड़े तथा मलमूत्र का ठीक तरह से निस्तारण करना।
4. आहार की तैयारी से सम्बन्धित व्यक्तियों का नियमित परीक्षण।
5. पीड़ित व्यक्तियों का शीघ्र निदान एवं समुचित उपचार किया जाना चाहिए।

(2) अंकुश कृमि या एंकिलोस्टोम—अंकुश कृमि की भारत में उपजातियां देखने को मिलती हैंः— एंकिलो स्टोमा डियोडिनेल तथा निकेटेट एमेरिकैनस। इन दोनों में से प्रथम उपजाति का प्रचलन अधिक है। एकिलो स्टोमा डियाडिनेल में नर तथा मादा कृमि पाई जाती है, मादा की लम्बाई 12 मिलीमीटर तथा नर की 8 मिलीमीटर है। इस कृमि के सिर पर मुड़ा हुआ भाग होता है जो कि हुक की तरह दिखाई देता है। इसलिए इसका नाम हुक वर्म पड़ा है। यह कुछ चपटे आकर की गोल कृमि होती है, जिसका रंग सफेद होता है। यह मनुष्य की छोटी आँत में पाई जाती है जहां घर अपने हुक को आँतों की दीवारों में गड़ाकर रक्त पीती रहती है। यह छोटी आँत में 4-5 साल तक उपस्थित रहती है। यह बच्चों, महिलाओं तथा गर्म प्रदेशों में ज्यादा पाई जाती है। इसका रोग, रोगी मनुष्य के मल द्वारा, भोजन, पानी-दूध आदि के दूषित होने पर होता है।

प्रमुख लक्षण—जहाँ से लार्वा शरीर में प्रवेश करता है। उस जगह पर तेज तथा भयंकर खुजली होती है व घाव या व्रण भी हो जाता है। फेफड़ों से लार्वा की उपस्थिति के कारण खाँसी होती है। आँतों से कृमि द्वारा खून चूसने के कारण व्यक्ति में खून की कमी हो जाती है। जितनी ज्यादा संख्या में कृमि होंगे उतनी तीव्र रक्त की कमी पाई जाती है। सफेद, लाल, होठ गुलाबी रंग से रहित, शरीर पीला होना, जीभ, आँखें, सफेद नाखून आदि लक्षण पैदा होते हैं। शारीरिक सूजन भी होती है। भूख की कमी, कमजोरी, जी मिचलाना, उल्टी आना आदि लक्षण प्राथमिक होते हैं।

निदानात्मक उपाय—इसकी रोकथाम निम्न प्रकार से की जा सकती है—

1. स्वास्थ्य शिक्षा अनिवार्य रूप से देनी चाहिए।
2. मल-मूत्र व कूड़े के निकास व निदान का समुचित प्रबन्ध होना चाहिए।
3. खेत, खादयुक्त जगहों पर नंगे पैर नहीं चलना चाहिए।
4. पीड़ित व्यक्तियों का तुरंत निदान व समुचित उपचार कराना चाहिए।
5. भोजन व जलापूर्ति के स्थानों का संरक्षण व उनकी सुरक्षा करनी चाहिए।
6. पर्यावरण की शुद्धता व व्यक्तिगत स्वच्छता पर बल देना चाहिए।

(3) गोल कृमि या राउण्ड वर्म—यह कृमि गोल आकार का होता है जिसका रोग सफेद होता है, जिसकी लम्बाई नर तथा मादा कृमियों में भिन्न-भिन्न होती है। नर 15 से 25 सेण्टीमीटर तथा मादा 25 से 40 सेण्टीमीटर तक लम्बी होती है। मादा कृमि करीब रोजाना 2 लाख अण्डे देती है। इस कृमि का निवास स्थान मनुष्यों की छोटी आँत होता है जिसमें यह लगभग एक वर्ष तक रहती है। यह कृमिरोग समस्त विश्व में पाया जाता है। इसका एक प्रमुख कारण व्यक्तिगत स्वच्छता का अभाव होता है। गर्म प्रदेशों में तथा बालकों में यह रोग ज्यादा पाया जाता है। भारत में यह देखा गया है कि करीब-करीब 50 प्रतिशत लोग इस रोग से पीड़ित रहते हैं। यह संक्रमण के 2 मास के अन्दर उत्पन्न होता है।

लक्षण—पाचन सम्बन्धी विकार इसके प्रमुख लक्षण हैं। उदाहरण के लिए भूख न लगना, जी मिचलाना, कमजोरी का अनुभव, उल्टी आना, पेट में हल्का-सा दर्द, उदर के निचले भाग में पीड़ा जो कि अनेक बार इतनी तीव्र कि एपेण्डीसाइटिस की पीड़ा से मिलती-जुलती है। अनेक व्यक्तियों में इससे दमा भी हो जाता है चूँकि फेफड़े में लार्वे पहुँचकर घाव बना देते हैं तथा निमोनिया की स्थिति भी पैदा हो सकती है। ज्यादा मौकों पर मल के साथ मादा तथा नर कृमि बाहर निकल आते हैं। जब आँतों में पचास-साठ की संख्या में कृमि बन जाते हैं तब वे आपस में उलझकर आँतों में अवरोध पैदा करते हैं। इससे पेट में असहनीय दर्द होने लगता है।

निदानात्मक उपाय—इसकी रोकथाम निम्न उपायों द्वारा की जा सकती है—

1. प्रतिरक्षण के लिए किसी प्रकार का टीका नहीं है।
2. लोगों को स्वास्थ्य तथा स्वच्छता सम्बन्धी ज्ञान प्रदान करना चाहिए।
3. मक्खियों का निराकरण हो। भोजन को अशुद्ध होने से बचाना चाहिए।
4. रोग से आक्रान्त व्यक्तियों का शीघ्र निदान व समुचित उपचार का प्रबन्ध करना चाहिए।
5. मल-मूत्र, कूड़े का सही निष्कासन एवं निस्तारण व्यवस्था हो।

(4) डोरे कृमि या ऑक्सीयूरिस वर्मिक्युलेरिस—ये कृमि बहुत छोटे-छोटे तथा सफेद रंग के होते है—इनमें भी नर तथा मादा कृमि पाए जाते हैं। नर की लम्बाई 2 से 4 मिलीमीटर व मादा की 8 से 12 मिलीमीटर होती है। ये कृमि अधिकतर छोटे बच्चों को आक्रान्त करते हैं। ये कृमि मनुष्य की बड़ी आँत में रहते हैं। इनके जीवन-चक्र का समय 2-4 सप्ताह तक रहता है।

लक्षण—रात के समय गुदा द्वार के आस-पास भयंकर खुजली होती है। खुजलाने के कारण रक्त भी निकल जाता है। बच्चा रात को सो नहीं पाता है, रोने लगता है। बार-बार खुजलाने से गुदा द्वार पर व्रण या घाव हो जाता है। कई बार त्वचा के रोग जैसे एक्जीमा भी हो जाता है।

निरोधक उपाय—निम्नवत् उपाय करके इसकी रोकथाम की जा सकती है—

1. शीघ्र निदान व समुचित उपचार की जरूरत होती है।
2. माता-पिता एवं बच्चों को समुचित स्वास्थ्य शिक्षा प्रदान करनी चाहिए।
3. बच्चों की स्वच्छता पर ध्यान देना चाहिए। उनके वस्त्रों को उबाल कर प्रयोग में लाना चाहिए। कपड़े, चादर, खिलौने एवं अन्य वस्तुओं को विसंक्रमित करना चाहिए। बच्चे के हाथों को बार-बार साफ करना चाहिए। नाखूनों को छोटा रखना चाहिए। भोजन से पहले साबुन व पानी से बच्चे के हाथ धो देने चाहिए। मुँह में हाथ डालने व दाँतों से नाखून काटने की बच्चे की आदतों को छुड़ाना चाहिए।
4. मल-मूत्र व कूड़े का उचित निकास होना चाहिए।

खसरा

यह एक खतरनाक रोग है जो वायरस नामक किटाणु से फैलता है। इसके सम्प्रेषण का माध्यम बिन्दु संक्रमण है। इसका उद्भवन काल दस दिन होता है।

चिकित्सकीय विशिष्टताएँ

निम्नवत् चिकित्सकीय विशेषताओं के आधार पर इस रोग की पहचान की जा सकती है—

(1) स्फुटन या विस्फोट की अवस्था : बीमारी के लगभग चौथे दिन, सर्वप्रथम चेहरे पर एवं तत्पश्चात गर्दन एवं शरीर के अन्य हिस्सों पर चकत्ते प्रकट हो जाते हैं, ये धब्बों एवं पिटिकाओं युक्त, लाल अथवा चमकीले गुलाबी रंग के होते हैं तथा 5-6 दिन तक रहने के बाद धीरे-धीरे विलुप्त हो जाते हैं।

(2) विस्फोट पूर्वावस्था : प्रारम्भिक लक्षण तेज सर्दी के समान ही होते हैं, जिनमें ज्वर, नाक बहना, आंखों में लालपन एवं पानी आना तथा छींकें आना सम्मिलित है। ये सभी लक्षण 3-4 दिन तक बने रहते हैं। इसी दौरान मुख गुहा में विशिष्ट कॉपलिक धब्बे प्रकट होते हैं।

जटिलताएँ

खसरा रोग की कुछ जटिलताओं को नीचे बताया गया हैं—

1. मध्यकर्ण शोथ,
2. आक्षेप या झटके,
3. श्वसननिका शोथ,
4. निमोनिआ,
5. अतिसार एवं मृत्यु,
6. नेत्र सम्बन्धी जटिलताएँ।

उपचार एवं नर्सिंग देखभाल

निम्नवत् प्रकार से खसरा रोग से ग्रस्त मरीज का उपचार एवं नर्सिंग देखभाल की जा सकती है।

1. सहवर्ती विसंक्रमण किया जाना चाहिए
2. आंखें नॉर्मल सैलाइन से धोएं एवं उनमें एन्टिबायोटिक आई ड्रॉप्स डालें,
3. रोग प्रतिरोधन हेतु प्रतिजैविक औषधियाँ दी जाती हैं।
4. पर्याप्त तरल, विशेषकर नारियल पानी देता अत्यंत आवश्यक है।
5. हर दो घंटे में तापक्रम, नाड़ी एवं श्वसन दर रिकॉर्ड करें।
6. मल-मूत्र उत्सर्जन सम्बन्धी क्रियाएं सामान्य रूप से जारी रहें इसका ध्यान रखें।

7. ठंडे पानी की पट्टियों एवं ज्वरनाशक औषधियों द्वारा ज्वर को नियंत्रित किया जाता है।
8. रोज हल्के गर्म पानी से स्पंज करना चाहिए।

रोग-से बचाव

9-12 माह की आयु के दौरान शिशु को ख़सरे का टीका लगवाना चाहिए। 250-750 कि.ग्रा. की इम्यूनोब्यूलिन की खुराक देकर खसरे के विरूद्ध निष्क्रिय रोग-रोधन किया जा सकता है। संक्रमण की शंका होने पर रोग से सम्पर्क होने के 5 दिन के भीतर इस खुराक को देकर रोग की रोकथाम या तीव्रता में कमी करना संभव है।

नियंत्रण

खसरा रोग पर नियंत्रण विभिन्न प्रकार से हो सकता है जैसे बच्चे की आंखों पर तेज प्रकाश न पड़ने दें, नाक एवं गले के स्रावों का सुरक्षित विसंक्रमण करें, टीकाकरण, खसरे के चिन्ह प्रकट होते ही बच्चे को विसम्पर्कित कर दें आदि।

रक्त कैंसर

यह रक्तकोशाओं का निर्माण करने वाले अस्थिमज्जा, प्लीहा एवं लसिका ग्रन्थि को प्रभावित करने वाला प्राणघातक रोग है। बच्चे में रक्त कैंसर के विभिन्न कारक पाये जाते हैं जिसमें एक्यूट लिंफेटिक ल्यूकीमिया। एक्यूट नॉन लिम्फेटिक ल्यूकीमिया तथा क्रॉनिक माइलॉइड ल्यूकीकिया आदि प्रमुख हैं।

चिकित्सकीय लक्षण

कुछ प्रमुख लक्षणों के प्रकट होने पर बच्चे में रक्त कैंसर की पहचान होती हैं जिनमें कमजोरी, बैचेनी, क्षुधानाश, रक्तचित्तिता या परप्यूरा, नासा रक्तस्राव या नाक से खून बहना नकसीर फूटना, रक्तल्पता, रक्तबिंबाणु न्यूनता, लसिका ग्रंथियों की सूजन, प्लीहा या तिल्ली के आकार में वृद्धि, बार–बार संक्रमण होना, अस्थियों एवं जोड़ों में दर्द तथा श्वेत कोशा बहुलता आदि प्रमुख हैं।

निदान

निश्चयात्मक निदान परिधीय रक्त की फिल्म बना कर उसके परीक्षण द्वारा किया जा सकता है।

उपचार

तीव्र लसिकाभ रक्त कैंसर

त्वरित नियंत्रण हेतु कीमोथैरेपी दी जाती है।

विनक्रिस्टीन, प्रेडनिसोलोन, मीथोट्रीक्सेट उपयोग में आने वाली दवाएं हैं।

औषधियां भी संयुक्त रूप से दी जाती हैं। मीथोट्रीक्सेट प्रारम्भ में अन्तः आवरणी इंजेक्शन द्वारा एवं बाद में मुख द्वारा दी जाती है।

जो रक्त कैंसर शेष रह जाते हैं उनको केन्द्रीय तंत्रिका तंत्र से नष्ट करने हेतु विकिरण चिकित्सा दी जाती है। निर्वहन चिकित्सा मरकेप्टोप्यूरीन, मीथोट्रोक्सेट या साइक्लो फास्फेमाइड द्वारा प्रदान की जाती है। पुनरावर्तन होने पर उपचार विनक्रिस्टीन एवं प्रड्निसोलोन, साइटेराबिन या डानोमायसिन द्वारा किये जाते हैं।

तीव्र मायलोब्लास्टिक रक्त कैंसर

डॉक्सोर्‌यूबिसिन + साइटेराबिन + प्रेड्निसोलोन

झिल्ली बढ़ी होने पर एलोप्यूरिनॉल देते हैं।

दीधंकालिक मायलोसायटिक रक्त कैंसर

मायलेरॉन सर्वाधिक उपयुक्त औषधि मानी जाती है। इसके अतिरिक्त एल्केरान, प्रेडनिसोलोन, मरकेप्टोप्यूरीन, विन क्रिस्टीन एवं विकिरण चिकित्सा पद्धति भी अपनायी जाती है।

शल्यक्रियात्मक उपचार

शल्य क्रियात्मक उपचार हेतु निम्न प्रणाली अपनायी जाती है–

1. अस्थि मज्जा प्रत्यारोपण।
2. रक्तधान।
3. संक्रमण होने पर एन्टिबायोटिक्स।

नर्सिंग प्रबंधन

अपरिपक्व, असामान्य एवं रोगमुक्त श्वेत रक्ताअणुओं के विनाशकारी विस्तार की रोक-थाम एवं रोग को नियंत्रित रखना।

कार्य

रक्त कैंसर से बचाव हेतु निम्न प्रयास किये जाने चाहिये–

1. पर्याप्त आहार एवं तरल अन्तर्ग्रहण।
2. पर्याप्त विश्राम।
3. संक्रमणों का उपचार, नियंत्रण व रोकथाम।
4. मानसिक सम्बल प्रदान करना।
5. कैंसर रोधी चिकित्सा के अवांछित प्रभावों को घटाना तथा कष्ट को कम करना।
6. रक्तस्राव व एनीमिआ का आकलन व नियन्त्रण।

संक्रमण की रोकथाम व नियंत्रण

संक्रमण का उपचार निम्न प्रकार किया जा सकता है–

1. बच्चे को एक अलग कमरे में रखा जाना चाहिए।
2. केवल पूर्ण स्वस्थ संक्रमण रहित व्यक्तियों द्वारा मरीज़ की देखभाल की जानी चाहिए।
3. जिन लोगों को बीमारी है उनसे बच्चों को दूर रखा जाना चाहिये।
4. निरीक्षण : तापक्रम, नाड़ी दर एवं श्वसन दर हर चार घंटे में हफ्ते में दो बार रक्त कोशाओं की गणना एवं हीमोग्लोबिन प्रतिशत की जांच-पड़ताल करनी चाहिये। इससे संक्रमण एवं रक्तस्राव की तीव्रता का पता लगाया जा सकता है।
5. संक्रमण सर्वप्रथम मुँहसे ही शुरू होता है। इस प्रकार मुख की आरोग्यकारी देखभाल नियमित रूप से की जानी आवश्यक है।
   - (i) नर्म मुलायम, कपास लगे लागकों द्वारा हर दो घंटे में मुँह की सफाई करें। बाद में होठों पर वैसलीन लगा दें।
   - (ii) मुँह की सफाई करें। बाद में होठों पर वैसलीन लगा दें।
   - (iii) मुख का नियमित एवं बार–बार निरीक्षण करें एवं कोई भी नया प्रविकार दिखने पर उसका तत्काल उपचार करें।
   - (iv) मुख में चोट न पहुँचे इसलिए मुलायम टूथब्रश का प्रयोग करने के साथ-साथ गोलियां दी जानी चाहिये।
   - (v) तेज बुखार होने परः बर्फ के पैक्स ठंडे पानी की पट्टियां एवं एस्पिरिन रहित ज्वरनाशक औषधियों द्वारा ज्वर की रोक-थाम की जा सकती है।
   - (vi) शरीर की प्रतिरोधक क्षमता में बढ़ोत्तरी हेतु ग्रेन्यूलोसाइट्स रक्ताधान किया जाता है।

(vii) यदि बच्चे में संक्रमण के स्पष्ट लक्षण दिखाई देने पर उनका शीघ्र-अति शीघ्र इलाज शुरू कर देना चाहिये।

रक्तस्राव व रक्ताल्पता का आकलन व नियन्त्रण

रक्ताल्पता का आकलन एवं रोकथाम निम्न प्रकार से किये जा सकते हैं–

1. यदि रक्त में बिम्बाणुओं की संख्या कम हो तो सदैव मल, मूत्र त्वचा एवं मुख का रक्तस्राव की जानकारी प्राप्त करने हेतु निरीक्षण करें।
2. अन्तःशिरीय इंजेक्शन सावधानीपूर्वक देना चाहिए।
3. रक्तल्पता का उपचार पूर्ण रक्त या संघनित रक्त कोशा ;च्बामक बमससध्ध रक्तधान द्वारा किया जाता है।
4. सिरदर्द एवं दृष्टि तीव्रता में परिवर्तन की शिकायतों पर तत्काल ध्यान दिया जाना आवश्यक है।
5. कब्ज़ियत नहीं होने देना चाहिए।

पर्याप्त विश्राम एवं निद्रा का प्रावधान

मरीज हेतु दस घंटे की निद्रा लेना आवश्यक होता है। दिन में अतिरिक्त निद्रा की आवश्यकता होती है क्योंकि रक्ताल्पता के कारण ऑक्सीजन अल्पता भी हो जाती है। यदि बच्चा सामान्य रूप से नहीं सो पा रहा तो एक तन्द्राकारी औषधि भी दी जा सकती है। दर्द का उपचार एस्पिरिन रहित पीड़ाहारी औषधियों से किया जाता है।

पर्याप्त भोजन तथा तरल अन्तर्ग्रहण का प्रावधान

इस सम्बन्ध में निम्न प्रावधान द्वारा ध्यान केंद्रित करना अत्यंत आवश्यक होगा–

1. मुँह एवं गले में छाले होने की वजह से भोजन के पहले पूर्व किसी मंद संवेदनाहारी घोल से कुल्ले गरारे करवाना लाभकारी होता है।
2. यदि गले की समस्या अधिक गंभीर हो तो शीतल पेय ठंडा भोजन दिया जाना चाहिए, भोजन उच्च प्रोटीन व विटाामिन युक्त होना चाहिए।
3. उल्टी–मतली होने पर अन्तः शिरीय द्रव देना लाभकारी हो सकता है।
4. क्षुब्धनाश यह प्रमुख समस्या इन रोगियों में होती है। इस कारण इन्हें सादा, सुपाच्य भोजन थोड़ी–थोड़ी मात्रा में बार–बार दिया जाता है।

रक्त कैंसर रोधी चिकित्सा के अवांछित प्रभावों को एवं कष्टों को घटाना

उल्टी, मितली, अतिसार आदि सामान्य अवांछित प्रभाव हैं जिनका उपयुक्त औषधियों से इलाज करना उपयोगी सिद्ध होगा क्योंकि इस क्षेत्र के संक्रामणग्रस्त होने का खतरा अधिक रहता है। कैंसर रोधी अन्तःशिरीय दवाइयां शिरा से बाहर नहीं रिसना चाहिए। यदि ऐसा हुआ तो यह त्वचा एवं आस-पास के ऊतकों में जलन होने पर शिराओं के भागों में बाधा उत्पन्न हो जाती है इसलिए इन औषधियों का सावधानी पूर्वक उपयोग करना चाहिए।

व्यक्तिगत आरोग्य का निर्वाह

बच्चे को प्रतिदिन स्पंज स्नान कराया जाना चाहिए, मुखारोग्य, मल-मूत्र की नियमितता, कब्ज एवं अतिसार आदि का पर्याप्त ध्यान रखें एवं किसी प्रकार की समस्या होने पर इसका इसका शीघ्रता पूर्वक इलाज कराया जाना चाहिये।

मानसिक सम्बल प्रावधान

ये बच्चे प्रायः अवसाद से ग्रसित होते हैं। अतः इन्हें जीवन भर मानसिक सम्बल प्रदान किया जाना आवश्यक है। बच्चे की हालत में सुधार होने पर उसके लिए मनोरंजक साधनों एवं क्रीड़ा-चिकित्सा की व्यवस्था करें। रक्त कैंसर के इलाज के लिए प्रति अवसाद औषधियों का उपयोग किया जाता है। रक्त कैंसर का कोई सुनिश्चित उपचार उपलब्ध नहीं है। अभिभावकों को बच्चों के चारों तरफ प्रसन्नता का माहौल बनाये रखने में अहम् भूमिका निभानी चाहिये। अभिभावकों को बच्चे की देखभाल करने दें। उन्हें भी बच्चे की बीमारी, उसके संभावित परिणाम एवं जटिलताइों की जानकारी दे एवं उन्हें आश्वस्त करें, हौंसला प्रदान करें।

रक्त कैंसर से ग्रसित बच्चे में संभावित नर्सिंग निदान

रक्त कैंसर के मरीज के नर्सिंग निदान का लक्ष्य रोग अथवा रोगावस्था से आंशिक या पूर्णरूप से छुटकारा दिलाना तथा कीमो एवं रेडियो थैरेपी की जटिलता का शीघ्रता पूर्वक इलाज करना है।

नर्सिंग हस्तक्षेप

रक्त कैंसर के रोगी के निदान हेतु नर्सिंग हस्तक्षेपक सम्बन्धी निम्नलिखित बातों पर ध्यान देना पड़ता है।

1. आधान के आधे घंटे के तुरंत बाद बच्चे का तीव्रग्राहिता हेतु अवलोकन करें - देहनीलता, न्यूनरक्त दाब, शीतपित्त, खरखराहट।
2. यदि प्रतिक्रिया का संदेह हो तो औषधियों के साथ आधान बंद कर दें तथा सामान्य सेलाइन के साथ अंतःशिरीय आधान बनाए रखें।
3. आकस्मिकता की अवस्था में रक्तचाप बनाए रखें, बैग तथा मास्क से शिशु को पुनरूज्जीवित करें तथा ऑक्सीजन दें एवं पिनोफ्रिन, एंटिहिस्टामिन, एंमिनोफायलिन, कॉर्टिकोस्टीराफइड तथा वेसोप्रेसिन दवाइयों को बनाना चाहिए।
4. जैसे ही चिकित्सक आदेश दे शिशु को पुनरूज्जीवन देने हेतु औषधियां दे सकते हैं।
5. रोग या रोगावस्था से आंशिक या पूर्णरूप से छुटकारा।
6. कीमो और रेडियोथैरेपी में सहयोग करें।
7. अंतःशिरीय तथा अंतःआवरणी औषधियां देने में योगदान दें।
8. अंतःशिरीय स्थान पर रिसाव के चिन्हों, दर्द, घाव या लालपन का अवलोकन करना।
9. यदि ऊतकों के करीब रिसाब होने पर आधान बंद कर देना चाहिए।

II. उदेदश्य : बच्चों में सक्रंमण की रोकथाम तथा कम करना

नर्सिंग हस्तक्षेप

निर्सिंग हस्तक्षेप होने पर निम्न प्रकार के क्रियाकलाप अपनाये जाने चाहिये—

1. बच्चे को उच्च प्रोटीन, उच्च कैलोरीयुक्त सुपाच्य आहार प्रदान किया जाना चाहिये। उदाहरण अंडा, सूप, हार्लिक्स, बोर्नवीटा, फलों के रस के साथ अर्धठोस तथा अच्छी तरह पकाई हुई मछली, मांस तथा सब्जियाँ।
2. सुई छेदने स्थानों, श्लेष्मा तथा दाँतों का संक्रमण हेतु अवलोकन करें।
3. प्राणमूलक चिन्हों का रिकॉर्ड तैयार रखना चाहिये।
4. संक्रमणों की रोकथाम तथा उपचार हेतु एन्टिबायोटिक औषधियां दी जानी चाहिये।
5. बच्चे की देखरेख के पूर्व एवं तुरंत बाद, परिवार के सदस्यों तथा स्टॉफ को अच्छी तरह हाथ धोने की तकनीकों का पालन करने की सलाह दें।
6. रक्त कैंसर से ग्रस्त बच्चे को निजी कक्ष में रखना चाहिए।

7. ऊपरी श्वसन मार्ग के संक्रमण या अन्य संक्रमणों से ग्रस्त व्यक्तियों को बच्चे के संपर्क में न आने दिया जाना चाहिये।
8. समस्त आक्रामक शल्यचिकित्सकीय प्रक्रियाओं हेतु अपूतिदूषित तकनीकों को बनाए रखना चाहिए।

नर्सिंग हस्तक्षेप

1. बच्चे के हीमोग्लोबीन की जाँच करें।
2. बिंबाणु संख्या का निरीक्षण करें। अगर यह कम है तो पुनः गतिविधियाँ कम करें।
3. बार-बार मूत्र निष्कासन को प्रोत्साहन करें।
4. वस्तिकोप के उपचार हेतु आदेशानुसार औषधियां दें।
5. अगर यह 8 प्रतिशत से कम है तो रक्ताल्पता के उपचार की सावधानियों के साथ रक्ताधान कराएँ।
6. रोगी को त्वचा का छेदन नहीं करना चाहिए।
7. शिराछेदन के पश्चात् रक्तस्राव हेतु अवलोकन करें।
8. रक्तस्राव की स्थिति में रक्तस्राव के स्थान पर, दबाव तथा बर्फ का प्रयोग करें।
9. संक्रमण की रोकथाम हेतु समस्त उपाय करें।
10. बिंबाणुओं की संख्या में बढ़ोत्तरी हेतु आदेशानुसार बिंबुसार आधान दें।
11. वस्तिकोप तथा मूत्ररक्तता के चिन्हों हेतु अवलोकन करें।
12. क्षति पहुंचाने वाली उग्र गतिविधियों को रोकें।
13. मुख तथा मलाशयी व्रण की रोकथाम करें।
14. एस्प्रिन युक्त औषधियों के प्रयोग से बचे।
15. नासारक्तस्राव की स्थिति में बच्चे को सीधी बैठी हुई अवस्था में, सिर को कुर्सी से टिकाकर पीछे रखने हेतु पालकों को निर्देशित करें तथा नाक को दबाकर बर्फ का प्रयोग करें।
16. प्रतिदिन 300 मि.ली. के लगभग द्रव्य दें।
17. दाब व्रण की रोकथाम हेतु प्रत्येक दो घंटे में परिवर्तन करें एवं पीठ एवं त्वचा की देखरेख करें।

अतिसार

अतिसार में मरीज को पानी जैसे पतले दस्त बार-बार लगते हैं। इसके फलस्वरूप पानी पोषक तत्वों एवं लवणों का अवशोषण दुष्प्रभावित होता है।

शिशुओं में प्रायः यह विषाणुज संक्रमण के परिणामस्वरूप एवं अत्यधिक संसर्गजन्य होता है।

कारण

इस रोग के निम्नलिखित कारण हैं–

जीवाणु, शिगेला, इ.कोलाइ, सालमोनेला, स्टेफिलोकॉकस, प्रोटीयस, कॉलरा, विषाणु, इन्फलूएन्जा, खसरा, गलसुए, संक्रामक यकृतशोध, परजीवी, हेलमिन्थिआसिस, गियार्डिएसिस, एमीबिएसिस, कवक, केन्डिडा एलबिकन्स, आहरीय, क्षुब्धजन्य अतिसार, भोजन विषाक्तता, भोजनाधिक्य, भोजन एलर्जी (तीव्रग्रहिता)।

शल्य चिकित्सा

शल्य चिकित्सा निम्न प्रकार की अपनानी चाहिये–

1. आंत चढ़ जाना या अन्त्रात्र प्रवेश।
2. विपुटप्रदाह।
3. एपेन्डिक्युलर व्रण।
4. बहु पॉलिपता।

बार-बार होने वाला

1. कुपोषण।
2. कुअवशोषण संलक्षण।
3. अल्सरेटिव कोलाइटिस।
4. आंत्रशोथ।
5. उदरीय तपेदिक।

आंत्र की बीमारियाँ

ये निम्न प्रकार हैं–

1. दीर्घकालीन।
2. उदरीय तपेदिक।
3. अमीबिक डीसेन्ट्री।
4. अल्सरेटिव कोलाइटिस।
5. कुपोषण।

चिकित्सकीय लक्षण

इसके लक्षण इस प्रकार हैं–

1. दस्त (मलोत्सर्ग) वेगपूर्वक एवं पीड़ा के साथ होता है।
2. मल में श्लेष्म, पूय (पस) एवं रक्त उपस्थित हो सकता है।
3. ज्वर।
4. व्यवहारगत परिवर्तन जैसे–चिड़चिड़ापन, बैचैनी, अत्यधिक थकावट या अवसन्नता, कमजोरी एवं थकावट का उत्पन्न होना।
5. तेज नाड़ी दर।
6. निर्जलीकरण।
7. तीव्र श्वसन।
8. निम्न रक्तचाप।
9. क्षुब्धानाश।
10. वमन।
11. पतले दस्त 2-20 प्रतिदिन।

अन्वेषण

इस बीमारी का अन्वेषण निम्न प्रकार से किया जा सकता है–

1. सीरम-पीएच।
2. रक्त यूरीआ।
3. सीरम इलेक्ट्रोलाइट्स।

यकृत का सूत्रण रोग

यकृत का सिरोसिस या सूत्रण रोग एक दीर्घकालिक अपजनक रोग है जिसमें यकृत के पेरेन्कायमा का विनाश होता है एवं यकृत कोशाओं का अपजनन हो जाता है इनके स्थान पर संयोजी ऊतकों की वृद्धि होती है एवं तन्तुकरण हो जाता है, साथ ही यकृत शिराओं एवं साइनोसाइडल मार्गों का अंत हो जाता है जिसकी परिणति पोर्टल उच्च रक्तचाप में होती है।

प्रकार

सिरोसिल ऑफ लिवर के विभिन्न प्रकारों का नीचे उल्लेख किया जा रहा है–

1. जिन कारकों का पता हो उससे होने वाला यकृत सिरोसिस।
2. अज्ञात कारण से होने वाले यकृत सिरोसिस।

कारण

इसके प्रमुख कारण इस प्रकार हैं—

1. किसी अज्ञात विषाक्त कारक की लम्बे समय तक यकृत में उपस्थिति।
2. दीर्घकालिक विषाणुज यकृत शोध।
3. जन्मजात आन्तर यकृतीय अवरोध जो पित-यन्त्र में उत्पन्न होता है।
4. इरिथ्रब्लटोसिस या सिकल सेल व्याधि।
5. कोलेन्जिओलिक विषाणुज या जीवाणुज संक्रमण।
6. पित जनित सिरोसिस।

चिकित्सकीय लक्षण

इस बीमारी को निम्न अवस्थाओं में बाँटा जा सकता है—

प्रथम अवस्था

प्रथम अवस्था के प्रमुख लक्षणों की चर्चा निम्न प्रकार की जा रही है—

1. पेट भरा हुआ होने की अनुभूति।
2. उदारीय आध्मान पेट बड़ा हो जाना एवं भारीपन।
3. बार-बार दस्त लगना व कब्ज़ हो जाना।
4. वृद्धि रुक जाना।
5. चिढ़चिढ़ापन व निढालता।
6. यकृत के आकार में बढ़ोत्तरी।
7. यकृत के ऊतक परीक्षण में सिरोसिस से जुड़े बदलाव ज्ञात होना।
8. हल्का ज्वर।

द्वितीय अवस्था

द्वितीय अवस्था के प्रमुख लक्षण निम्न प्रकार हैं—

5. फूला हुआ पेट जिस पर उभरी हुई शिराएं नजर आती हैं।
2. प्लीहा वृद्धि।
3. यकृत के आकार में आसामान्य बढ़ोत्तरी।

4. मंद नाड़ी दर, वॉटर हेमर प्रकार की।
5. हथेलियों की लालिमा।

तृतीय अवस्था

इसके प्रमुख लक्षण इस प्रकार हैं–

1. मुग्दरवत नाखुन।
2. पोर्टल रक्तचाप में बढ़ोत्तरी।
3. जलोदर।
4. पीलिया।
5. असामान्य एस. जी. पी. टी. व एस. जी ओ. टी. स्तर।
6. नासा रक्तस्राव।
7. रक्त-वमन।

चतुर्थ अवस्था

चतुर्थ अवस्था के प्रमुख लक्षण निम्न है–

1. हाथ-पाव में एंठन।
2. आक्षेप या ऐंठन।
3. यकृत कोमा।
4. पीलिया में वृद्धि।

उपचार व नर्सिंग प्रबंध

इसका निदान निम्न प्रकार से किया जा सकता है–

1. जलोदर की दशा में मूत्रवर्धक औषधियां दी जानी चाहिए।
2. तापक्रम, नाड़ीदर एवं श्वसन दर एवं रक्तचाप हर दो घंटे में रिकॉर्ड किया जाना चाहिये।
3. अन्तर्ग्रहरण व निष्कासन चार्ट बनाऐं।
4. मुख व त्वचा की आरोग्यकारी देखभाल अत्यंत सावधानीपूर्वक करनी चाहिए। मसूड़ों से रक्तस्राव एवं रक्तचित्तिता पर निगरानी रखें। खुजली होने पर केलेमाइन लोशन लगाएं।
5. प्रत्येक दस्त का रंग, मात्रा एवं ठोसता हेतु उनपर नजर रखना आवश्यक है। वमन में रक्त की उपस्थिति पर नज़र रखें।

6. सदैव मुलायम ब्रुशों द्वारा ही दांत एवं मुंह की सफाई की जानी चाहिये।
7. नासा रक्तस्राव, रक्त वमन व रुधिरजमल का ध्यान रखें।
8. बालक की मानपसिक दशाओं का मूल्यांकन करें।
9. आगंतुकों की भीड़ एकत्रित न होने दें।
10. रक्तमन होने पर रक्तधान की जरूरत पड़ सकती है।
11. पर्याप्त शारीरिक व मानसिक विश्राम प्रदान करें।
12. बच्चे को विभिन्न परीक्षणों के दौरान मानसिक सम्बल दें एवं उनका सहयोग भी किया जाना चाहिये।
13. पेन्क्रिएटीन दे कर आहार के प्रति स्वीकार्यता बढ़ायें।
14. ईडीमा होने पर नमक नहीं दिया जाना चाहिये।
15. विटामिन 'बी' 'सी' व 'के' की अतिरिक्त मात्रा दी जानी चाहिये।

अमीबिएसिस

एन्टअमीबा हिस्टोलिटिका नामक जीव द्वारा होने वाली यह एक आन्त्रिय प्रोटोजोआ कृमि जन्तुबाधा है।

चिकित्सकीय लक्षण

रोगी में निम्न लक्षण उत्पन्न होने पर उनका इलाज किया जा सकता है–

1. मल में रक्त एवं श्लेष्म की उपस्थिति।
2. मलोम्सर्ग पीड़ा।
3. उदर कम्प या मरोड़।
4. हल्का ज्वर एवं अतिसार या पेचिश।

सीलिएक रोग

सीलिएक रोग के प्रमुख लक्षण निम्न हैं–

1. व्यवहार परिवर्तन जैसे चिड़चिड़िपन, क्रोध उदासीनता तथा व्यवहार सहयोगात्मक नहीं होगा।
2. उदरगुहीय संकटावस्था, तीव्र गंभीर अतिसार एवं वमन से पहचाना जाता है, जो संक्रमण तथा भावनात्मक व्यवधानों में निस्सादित होती है।
3. वसा के अवशोषण में रूकावट जिससे वसाजनित अतिसार जाता है।

4. पोषकतत्त्वों के अवशोषण में कमी से उत्पन्न कुपोषण, पेशीयक्ष, रक्ताल्पता, क्षुधानाश तथा उदरीय आध्मान।
   गेहूँ में उपस्थित ग्लूटेन प्रोटीन के प्रति असहनशीलता रोग का लक्षण है।

नर्सिंग हस्तक्षेप

नर्सिंग हस्तक्षेप के अंतर्गत निम्न तथ्यों पर ध्यान केंद्रित करना आवश्यक होगा–

1. कुछ रोगियों को लेक्टोजयुक्त आहार की सलाह दी जानी चाहिए।
2. उच्च कैलोरी तथा प्रोटीन युक्त आहार फलों तथा सब्जियों के साथ दिया जाना चाहिये।
3. शोध के कारण, उच्च रेशेयुक्त भोजन कच्ची सब्जियां तथा कच्चे फल न दें।
4. बच्चे की सख्त आहार तालिका के पालन में सहयोग करें।
5. बच्चे तथा परिवार को ग्लूटेनमुक्त आहार की आवश्यकता के बारे में बताएं।

एन्केफेलाइटिस

मस्तिष्क एवं मस्तिष्कावरण के प्रदाह को मस्तिष्क शोथ या एन्केफेलाइटिस कहते हैं इस बीमारी की प्रमुख वजह उपदंश या सिफिलस, कार्बन मोनोऑक्साइड तुरंत आर्सेनिक विषाक्ता, आन्त्रिय ज्वर, खसरा एवं चिकन पॉक्स, टीकाकरण के बाद संक्रमण तथा विषाणु संक्रमण का होना है।

लक्षण

इन्केफेलाइटिस के प्रमुख लक्षण निम्न हैं–

1. शरीर में ऐंठन होती है तथा बार-बार झटके लगते हैं।
2. पक्षाघात।
3. प्रारम्भ में ज्वर काफी तेज होता है।
4. सिरदर्द बना रहता है।
5. गर्दन में ऐंठन उत्पन्न होता है।
6. रोगी अर्द्धमूर्छा या कोमा में चला जाता है।
7. चक्कर आता है।

उपचार

इस बीमारी का निदान निम्न प्रकार किया जाता है–

1. ऐंठनरोधी औषधियां जैसे फीनोबारबिटोन एवं डायलेन्टिन दिये जाते हैं।
2. जीवरोधी या प्रतिजैविक औषधियां देना है।
3. इस बीमारी में कार्टिकोस्टेरॉइड्स देना लाभकारी होगा।
4. रसाकर्षी मूत्रवर्धक औषधि दी जाती है।

नर्सिंग प्रबंधन

इसके नर्सिंग प्रबंध में निम्नलिखित कार्य किए जाते हैं–

1. शय्या व्रण की रोकथाम करते हैं।
2. चोट से रक्षा करते हैं।
3. हाथ पांवों, आंखों, आहार-तंत्र एवं मूत्राशय की भली-भांति देखभाल करते हैं।
4. प्रेरक कमजोरी हेतु फिजियोथेरेपी दी जाती है।
5. कोमा की स्थिति उत्पन्न होने पर मूर्छित मरीज की तरह ही रोगी की देखभाल की जाती है।
6. प्राणमूलक चिन्हों को प्रत्येक चार घंटो में नोट करते हैं तथा तन्त्रिकीय स्थिति का आकलन करते हैं।
7. ज्वर होने पर चिकित्सक के निर्देशानुसार ज्वर रोधी औषधियां देते हैं एवं ठंडे पानी की पट्टियां करते रहते हैं, ताकि शरीर के ताप को नियंत्रित रखा जा सके।
8. अन्तः शिरीय घोल एवं मुख द्वारा तरल देकर द्रव एवं विद्युतविश्लेष्यों को संतुलित बनाए रखते हैं।

मेनिनजाइटिस

यह तंत्रिका तंत्र की वह बीमारी है जो सुषुम्ना रज्जुद्रव या सौषुम्निक द्रव में जीवाणुओं के संक्रमण की वजह से होती है। यह एक प्रकार का मस्तिष्कावरण का प्रदाह है।

मेनिनजाइटिस के कारक

विभिन्न आयु वर्गों में सामान्यतया जीवाणुज मस्तिष्कावरण शोध निम्न जीवाणु संक्रमणों की वजह से होता है–

1. जन्म से 2 माह तक इ. कोलाई स्ट्रेप्टोकॉकस, समूह बी
2. 2 माह से 3 वर्ष हीमोफिलस इन्फ्लुएन्जी निसेरिया मेनिन्जाइटिसडिस

प्रमुख प्रकार

मेनिनजाइटिस के सात प्रकारों की चर्चा निम्न प्रकार की जा रही है–

1. स्ट्रेप्टोकॉकल मेनिन्जाइटिस।
2. मेनिन्गोकॉकल मेनिन्जाइटिस।
3. तपेदिक युक्त मस्तिष्कावरण शोध।
4. पूयजनक मस्तिष्कावरण शोध।
5. विषाणुज मस्तिष्कावरण शोथ।
6. इन्फ्लुएन्जल मेनिन्जाइटिस।
7. न्यूमोकॉकल मेनिन्जाइटिस।

चिन्ह एवं लक्षण

मेनिनजाइटिस के प्रमुख लक्षण निम्न हैं–

1. मरीज गंभीर रूप से बीमार एवं ज्वराक्रांत रहता है, नाड़ी दर तापक्रम के अनुपात में तुलनात्मक रूप से कम रहती है।
2. घुटने पर से टांग सीधा करने की असमर्थता, जब जांघ धड़ से समकोण (90^0) पर मुड़ी हुई हो।
3. जब गर्दन को झुकाया जाता है तो घुटने एवं नितम्ब भी मुड़ जाते हैं।
4. बढ़ा हुआ अन्तः कपालीय दबाव एवं ऐंठन या आक्षेप की स्थिति उत्पन्न हो जाती है।
5. उसे स्पर्श करने या जरा-सा भी छेड़ने पर वह व्याकुल हो उठता है एवं जोरों से रोने लगता है।
6. बच्चा अर्धमूर्छित, तन्द्रामग्र, चिड़चिड़ा तथा प्रायः सन्निपातग्रस्त रहता है। वह एक खास ढंग से लेटा रहता है बिस्तर में प्रकाश से दूर, सिकुड़ कर लेटा रहता है, उसे प्रकाशभित्ति होती है।
7. ट्यूबरक्यूलस मेनिन्जाइटिस को छोड़कर शरीर के शेष में रोग की शुरूआत अचानक ही होती है।
8. वह लगातार सिरदर्द से पीड़ित रहता है।

निदान

निश्चयात्मक निदान लम्बर छेदन तथा सी.एस.एफ. या प्रमस्तिष्कीय सौषुम्निक द्रव के परीक्षण द्वारा, पूयजनक मस्तिष्कावरण शोध में सी.एस.एफ. धनीभूत एवं पूयमुक्त होता है।

उपचार

शरीर में उत्पन्न होने वाले अकड़नों एवं भटकों का इलाज करने हेतु कम्पोज एवं फीनाबॉराबिटान जैसी ऐंठनरोधी औषधियों का प्रयोग किया जाना चाहिये। इस बीमारी के अंतर्गत स्टोराइड़ो का प्रयोग भी लाभकारी होता है। सी.एस.एफ. का संवर्धन एवं प्रतिजैविक संवेदनशीलता परीक्षण उपरांत उपयुक्त प्रतिजैविक औषधियों की सहायता से उसका इलाज करते हैं। मस्तिष्कीय तपेदिक या यक्ष्मायुक्त मस्तिष्कावरण शोथ में यक्ष्मारोधी उपचार दिया जाता है। तीव्र अवस्था के दौरान अन्तः शिरीय घोलों द्वारा जल एवं लवणों का संतुलन बनाए रखा जाता है।

नर्सिंग हस्तक्षेप

बच्चों के शरीर पर कम बल पड़े इसके लिये उन्हें निष्क्रिय व्यायाम कराया जाना चाहिये।

मेनिनजाइटिस से ग्रसित रोगियों को शरीर के प्रमुख अंगों जैसे आंख, नाक, मुहँ, त्वचा एवं मूलाधार पर ध्यान केंद्रित करते हुए आरोग्यकारी परिचर्या दी जानी चाहिये। शरीर में किसी भी आसामान्य लक्षण एवं दशा उत्पन्न होने पर होने रिकॉर्ड किया जाना चाहिये एवं सूचित किया जाना चाहिये। झटकों या ऐंठन के दौरों की आवृत्ति, प्रकार एवं समयावधि नोट करें। अन्तर्ग्रहण-निष्कासन चार्ट बनाएं। बच्चे की देखभाल में पालकों का भी समावेश किया जाना चाहिये। बच्चे की परिचर्या के तुरंत बाद तथा पूर्व हाथ अच्छी तरह से धोने का महत्व समझें एवं समझाएं। इस दौरान बच्चों को अलग कमरे में रखना लाभकारी होगा एवं पानी की पट्टियों एवं ज्वरोधी औषधियों के प्रयोग से शरीर का तापमान सामान्य बनाया जा सकता है। बच्चों के पालकों को आश्वासन एवं मानसिक सम्बल प्रदान करें। नाक, मुंह एवं गले से निकलने वाले स्रावों का जीवाणुनाशन करें। ठंडे पानी की पट्टियों एवं ज्वरोधी औषधियों द्वारा शरीर के तापक्रम को सामान्य बनाएं रखें। बच्चे को अलग कमरे में रखें। कमरा ऐसा होना चाहिए जो रोशनीयुक्त हो क्योंकि इस रोग में प्रकाशभित्ति भी होती है। प्रत्येक 2 घंटे में तापक्रम नाड़ीदर, श्वसन दर एवं रक्तचाप रिकॉर्ड करें।

4

संक्रामक बीमारियों से बचाव

पिछले अध्यायों में हम पढ़ चुके है कि किस प्रकार संक्रामक रोग अपने पांव भारत में पसार रहे हैं और लोगों को कितनी तीव्रता से अपनी चपेट में ले लेते है। सभी आयु वर्ग के लोगों पर विभिन्न प्रकार के संक्रामक रोगों का आक्रमण होता है जिसका व्यक्तियों के स्वास्थ्य पर विपरीत अथवा हानिकारक प्रभाव पड़ता है। अतः इन संक्रामक रोगों से बचाव ही इनसे बचने का एकमात्र रास्ता दिखाई देता है। प्रस्तुत अध्ययन में किस प्रकार इन रोगों से बचा जा सकता है, पर विस्तृत प्रकाश डाला गया है।

स्वच्छता या साफ-सफाई

(1) सफाई से जुड़े कार्यक्रम—गाँवों में सफाई से जुड़े कार्यक्रम बनाते समय निम्नवत् बांतों को ध्यान में रखना चाहिए—

1. कुछ कम क्षेत्र में सबसे पहले लागू करना चाहिए तथा उसके बाद उसमें जरूरत के अनुरूप बदलाव करते हुए अन्य क्षेत्रों में लागू करना चाहिए। इसके लिए कार्य का चुनाव उचित सर्वेक्षण और उनसे उपलब्ध आँकड़ों के आधार पर किया जाना चाहिए।
2. सफाई से जुड़े कार्यक्रम को लागू करने के उद्देश्य से अनुभवी और सुनिश्चित कार्यकर्त्ता होने चाहिए और उन्हें उचित आय दी जानी चाहिए।

3. अन्य विभागों को भी इसको लागू करते वक्त शामिल किया जाना चाहिए जिससे किसी विभाग के किसी भी काम में रुकावट न आये और समुचित समन्वय स्थापित हो सके।
4. ऊपर किए गए उल्लेख विधि के जरिये काम करने से, गन्दगी से होने वाले रोगों में कमी आयेगी व जनता भी इस काम में सहायता देने के लिए उत्प्रेरित होगी।

(2) आवास—ज्यादातर गाँवों में घर बनवाने के कोई निश्चित नियम आदि नहीं होते हैं। स्थिति और जरूरत के अनुरूप गृह आधार कराया जाता है और किसी भी प्रकार के मानदण्डों का पालन नहीं होता है। गाँवों के लोग सुविधा के अनुरूप मकान बनवाते हैं न कि स्वास्थ्य को ध्यान में रखते हुए। वे शुद्ध हवा का महत्त्व नहीं समझते जिसके कारण अधिकतर घरों में खिड़कियों की कमी रहती है। रसोईघरों में धुआँ निकलने की जगह नहीं होती और घरों में मुँहबन्द पाइप होते हैं जिनसे कोठरियाँ ठण्डी रहती हैं। स्वस्थ माहौल वाले घरों के लिए अग्रलिखित बातों को ध्यान रखना चाहिए—

1. घर में नालियों का अच्छा प्रबन्ध होना चाहिए।
2. कूड़े-कचरे और गोबर को उचित ढंग से एक ओर एकत्रित करना चाहिए।
3. घर में आंगन के कोने में एक तरफ सेनेटरी पाखाना होना चाहिए।
4. घर में आमने-सामने खिड़कियाँ न्यूनतम दो होनी चाहिए जिसमें शुद्ध व स्वच्छ हवा आती-जाती रहे।
5. एक अलग रसोईघर होना चाहिए जिसमें धोने व संग्रहण इत्यादि की सुविधायें भी हों।
6. पशुओं को बाँधने का बाड़ा मनुष्य के रहने वाली जगह से करीब 25 फीट की दूरी पर होना चाहिए।
7. घर में कम-से-कम दो कमरे खासतौर पर रहने के लिए होने चाहिए। बरामदे में प्रचुर स्थान होना चाहिए और फर्श तथा दीवारों को गोबर से नहीं लीपना चाहिए।

(3) मल-मूत्र एवं कूड़े का निस्तारण—गाँवों में ज्यादातर घरों में पाखाना नहीं होता और लोग खुले स्थानों में अथवा नदी-नहरों व खेतों में जाकर मल परित्याग करते हैं। इन गन्दी आदतों के कारण जमीन और पानी दोनों ही दूषित हो जाते हैं, जिससे आँतों से जुड़े रोग भी फैलते हैं। ऐसे ही घरों का कूड़ा-करकट गलियों के किनारे फेंक दिया जाता है या रास्ते के कोने में एकत्र कर दिया जाता है। इनकी वजह से

धूल-मिट्टी के कण और कीटाणु हवा के साथ घरों में आते हैं और घर के पानी भोजन और हवा को दूषित कर देते हैं।

गाँवों में बोर होल व सेप्टिक टैंक वाले पखाने उचित हैं। घरों का कूड़ा-करकट और मल-मूत्र त्यागने हेतु कम्पोस्टिंग सबसे उत्तम तरीका है।

(4) अहितकर पदार्थों पर्याप्त निष्कासन—गाँवों में मृत जानवरों का सही तथा उचित निस्तारण अत्यंत आवश्यक है। गाँवों में मृत जानवरों और कुछेक मृतकों के शरीर ऐसे ही नदी में बहा दिए जाते हैं जिससे पानी दूषित हो जाता है। कभी-कभी जानवरों के शरीर ऐसे ही खुले क्षेत्र खुले छोड़ दिये जाते हैं व उनकी तरफ ध्यान नहीं दिया जाता जिनसे बीमारियों के फैलने का डर बना रहता है।

(5) कीटों पर नियंत्रण—इन्हें घरों में उत्पन्न या पैदा नहीं होने देना चाहिए वरन् हैजा, पेचिश इत्यादि बीमारियाँ होने की आकांक्षा बनी रहती है।

(6) भोजन सम्बन्धी सफाई—खाने-पीने की वस्तुएँ ग्रामीण क्षेत्रों में लापरवाही या असावधानीवश खुली छोड़ दी जाती हैं जो धूल-मिट्टी के कणों और मक्खियों की वजह से दूषित हो सकती हैं। खाद्य वस्तुओं को जितने कम लोग छूएंगे उतना ही अच्छा है। इसके साथ-साथ घर में रसोई में मक्खियों और कीट-पतंगों पर नियन्त्रण करना चाहिए वरना इनके द्वारा फैलाये गये संक्रमण से पूरा परिवार पीड़ित हो सकता है।

(7) स्वास्थ्य शिक्षा—गाँवों में सफाई के लिए ग्रामीणों को स्वास्थ्य के सम्बन्ध में शिक्षा देनी चाहिए।

(8) उचित पेयजल की व्यवस्था—जनस्वास्थ्य विभाग और नलकूप विभाग का दायित्व होना चाहिए कि वे ग्रामीण जनता को पीने के लिए शुद्ध व स्वच्छ पानी उपलब्ध कराने का व्यवस्था करें। सामान्य रूप से पीने और घर के अन्य कार्यों के लिए ग्रामीण जनता कुएँ, नहर और नदियों व हैण्डपम्प के जल का उपयोग करती है।

मजबूत और साफ पेयजल के लिए सुरक्षित कुएं और उत्तम नलकूपों की व्यवस्था होनी चाहिए इस तरह से पेयजल की समस्या का निवारण हो सकेगा।

मेले और त्योहारों के आयोजन से पूर्व सफाई

मेले एवं त्योहारों में आयोजन से पूर्व ही सेनीटेशन व स्वास्थ्य सुविधाओं का प्रबंध किया जाना चाहिए। इस काम के लिए एक क्रियान्वयन समिति या स्थानीय निकाय की स्थापना की जानी चाहिए। इसमें प्रयाप्त अधिकारीगण, सामुदायिक

प्रतिष्ठित व्यक्ति और गैर-सरकारी संगठनों को सम्मिलित किया जाना चाहिए। ये लोग त्योहारों के उद्देश्य से कार्य का क्रियान्वयन और निरीक्षण कर सकते हैं तथा चिकित्सकीय व सेनीटरी सुविधायें दे सकते हैं। सफाई कर्मचारियों, स्वास्थ्य व सेनीटरी निरीक्षकों की संख्या अनुमानित भीड़ और मेले-त्योहारों की समय के अनुरूप निश्चित की जानी चाहिए। आयोजन स्थल पर ठहरने की जगह, दुकान, खाने-पीने की कैन्टीनों तथा होटलों को चलाने हेतु लाइसेंस लेना अनिवार्य कर देना चाहिए। आयोजन स्थल का निरीक्षण करते वक्त यह निश्चित किया जाना चाहिए कि ठहरने की, जलापूर्ति व्यवस्था की प्रचुर मात्रा, वायु संवातन और कूड़े-करकट तथा मल-मूत्र के सही निस्तारण का उचित प्रबंध कर लिया है या नहीं। प्रबंधों को पूरा करने के बाद आयोजन की स्वीकृति देनी चाहिए।

मेले और त्योहारों हेतु निम्नवत् बांतों को ध्यान में रखना चाहिए।

(1) निवास का उचित प्रबन्ध—बाहर से आये यात्रियों के लिए रुकने का उत्तम प्रबंध होना चाहिए जिससे कोई असुविधा न हो और सभी गतिविधियां समय के अनुरूप और सरलतापूर्वक जारी रह सकें। इसके लिए विशाल अस्थायी शेड्स थी संरचना की जानी चाहिए ताकि किसी भी मौसम में आवासीय सुविधा मौजूद रहे। हर शेड में जलापूर्ति, बिजली व भोजन पकाने की अलग व्यवस्था होनी चाहिए। तीर्थस्थानों में जगह की उपलब्धता को मद्दे-नजर रखते हुए धर्मशालाओं का आधार किया जाना चाहिए।

(2) गंदगी का उचित निस्तारण—त्योहारों और मेलों के वक्त धार्मिक स्थानों पर कूड़ा-करकट और मल-मूत्र निस्तारण की सही व्यवस्था की जानी चाहिए। यह जनस्वास्थ्य के दृष्टिकोण से बहुत ही महत्वपूर्ण कदम है। ऐसे में यात्रियों की संख्या के हिसाब से 1 फीट चौड़े 3-4 फीट गहरे व 100 फीट लम्बे ट्रेंच शौचालयों की व्यवस्था की जानी चाहिए। इनमें अस्थायी विभाजन का भी प्रबंध किया जाना चाहिए। हर बीस व्यक्तियों के लिए एक सीट का प्रावधान होना चाहिए। शौचालय प्रयोग के बाद मल को मिट्टी से ढकने हेतु खुदी हुई मिट्टी रखवानी चाहिए। शौच के बाद हाथ धोने के लिए प्रचुर पानी का व्यवस्था के लिए के लिए हर 50 फीट की दूरी पर दो या तीन नल लगे होने चाहिए। जल स्रोत व भोजन की दुकानों, होटलों से पखाने न्यूनतम 100 फीट की दूरी पर स्थित होने चाहिए। खाइयों और ट्रेंचों में दो दिन में एक बार डी.डी.टी. का छिड़काव होना चाहिए। शौचालयों के लिए उचित रोशनी की व्यवस्था का भी होना अत्यंत जरूरी है। यह गंदगी दो प्रकार से फैलती है—

(*i*) मूत्रालय—मेले के स्थानों पर सुविधा के अनुरूप मूत्रालयों की स्थापना की जानी चाहिए। मूत्रालय में उचित स्वच्छ प्रबंध तथा निस्तारण हेतु नालियों आदि का आधार करना चाहिए। दुर्गन्ध आदि से बचाव हेतु ब्लीचिंग पाउडर अथवा चूने के मिश्रण का छिड़काव किया जाना चाहिए।

(*ii*) कूड़ा-करकट—उत्सव स्थलों का सम्पूर्ण क्षेत्र निश्चित रूप से बुहारा तथा साफ किया जाना चाहिए। दिन में कम-से-कम एक बार कूड़ा-करकट इकट्ठा कर किसी दूर के कूड़ाघर में ले जाकर जला देना चाहिए। आम तौर पर प्रति एक हजार व्यक्तियों पर एक सफाईकर्मी का प्रबंध किया जाना चाहिए। कूड़ा डालने हेतु अनेक जगहों पर कूड़े के डिब्बे रखे होने चाहिए।

(3) भोजन संबंधी सफाई—मेलों तथा त्योहारों के वक्त भोजन सम्बन्धी सफाई के अभाव में आमाशय-आन्त्र के रोग तथा संक्रमण का प्रकोप रहता है। ऐसा देखा गया है कि कुछ यात्री अपना भोजन साथ लेकर आते हैं, कुछ वहीं भोजन बनाते हैं और कुछ स्थानीय होटलों तथा भोजनालयों में ही खाते हैं। यात्रियों के भोजन बनाने हेतु आवासीय सुविधा के करीब ही रसोई स्थल का भी व्यवस्था किया जाये तो उचित रहता है। रसोई स्थल पर भी भोजन बनाने के प्रयोग में आने वाला पानी तथा पेयजल की उपलब्धता भी होना जरूरी है। मेले के स्थानों पर भोजनालयों, होटल तथा खाद्य सामग्री बेचने वालों हेतु पंजीकरण करके लाइसेंस जारी किये जाने चाहिए। भोजन पकाने, पूर्ति व व्यवस्था की मेले में विद्यमान स्वास्थ्य खाद्य निरीक्षकों को बेहतर निरीक्षण और नियन्त्रण रखना चाहिए। सन् 1954 के 'भोज्य मिलावट अधिनियम' के अनुरूप बासी सब्जियों, सड़े हुए या अपक्षय हुए सारे भोजनों, फलों को किसी के उपयोग में नहीं आने देना चाहिए। यदि कोई भोजनालय या अन्य विक्रेता इसका पालन न करें तो उसका लाइसेंस समाप्त कर देना चाहिए। भोज्य खाद्य सामग्री में अपमिश्रण और संक्रमण से अनेक रोग लग सकते हैं।

(4) चिकित्सकीय सलाहकार की व्यवस्था—स्थानीय तथा जिला स्तरीय ज्यादारीकरण मेलों आदि में विद्यमान और इकट्ठा जनता की स्वास्थ्य सम्बन्धी गतिविधियों के लिए उत्तरदायित्व होते हैं। इस काम में उस क्षेत्र के कर्मचारियों को सक्रिय योगदान देना चाहिए। मेले के आयोजन के समय एन.सी.सी. राष्ट्रीय सेवा योजना, स्काउट्स व गाइड्स, रेडक्रॉस, दूसरे स्वास्थ्य से जुड़ी स्वयंसेवी गैर-सरकारी सगठनों की सहायता भी लेनी चाहिए। इनके द्वारा जनचेतना जागरण कार्यक्रम भी चलाया जा सकता है। एक स्थायी स्वास्थ्य इकाई की स्थापना करना आयोजन स्थल

पर सराहनीय कदम होगा जिससे आपात्- कालीन स्थिति में शीघ्र ही चिकित्सा मदद मौजूद कराई जा सके। आपात्- कालीन परिस्थिति हेतु शिविर लगाकर अस्थायी रूप से बिस्तरों की भी व्यवस्था करनी चाहिए। प्राथमिक उपचार की सभी सुविधाएँ प्राप्त होनी चाहिए। यदि एम्बूलेंस की भी व्यवस्था हो तो टीकाकरण और ओ.आर.एस. के घोल का प्रबन्ध भी करना चाहिए।

राज्य सरकारों और केन्द्र सरकारों के स्वास्थ्य सम्बन्धी दिशा-निर्देशों और प्रदान किये गये निरोधक उपायों की मदद से संक्रामक रोगों की रोकथाम में बहुत मदद मिली है।

(5) भौगोलिक स्थिति—भौगोलिक स्थितियों का भी ध्यान मेले और त्योहारों के आयोजन स्थल को निश्चित करते वक्त रखना चाहिए। आयोजन के दौरान होने वाली गतिविधियों और भीड़ को देखते हुए कुछ स्थान पहले से ही नियत कर देने चाहिए। वहाँ सेनीटरी व्यवस्था, स्वास्थ्य से जुड़ी सेवाएँ और सुरक्षा व्यवस्था सुचारु होनी चाहिए। आगन्तुकों हेतु आने-जाने के लिए सम्पर्क मार्ग भी अलग होने चाहिए और प्रमुख प्रवेश द्वार पर पूछताछ और चिकित्सा सेवा केन्द्र स्थापित किये जाने चाहिए।

(6) पर्याप्त जल की व्यवस्था—साधारण तौर पर आयोजित जगहों पर जलापूर्ति अपर्याप्त और जल प्रदूषण की समस्या रहती है। सन् 1955 में सार्वजनिक अधिनियम द्वारा यह प्रस्तावित किया गया कि पचास हजार या उससे अधिक जनता हेतु आयोजन स्थल पर ही स्थायी जलापूर्ति का प्रबंध होना चाहिए और पानी का निश्चित रूप से क्लोरीनीकरण होना पानी की आवश्यकता है। आवश्यकता पड़ने पर विसंक्रमित जल को आयोजन जगह तक ट्रकों/टैंकरों के माध्यम से पहुँचाये जाने का प्रबंध होना चाहिए। कम समय के लिए तीर्थयात्रियों के लिए नलकूप तथा नल सुविधा के अनुरूप लगाये जा सकते हैं। जहाँ एकत्र पानी की सुविधा हो वहाँ किसी को भी नहाने, कपड़े धोने या बर्तन साफ करने की अनुमति नहीं दी जानी चाहिए।

शिविरों की स्वच्छता

शिविरों की सफाई के लिए निम्नलिखित बातों पर विशिष्ट रूप से ध्यान देना आवश्यक है—

(1) गंदगी का उचित निस्तारण—कूड़ा-करकट इकट्ठा करने हेतु शिविरों में डिब्बे रखने चाहिए जो दिन में एक बार शिविर से कुछ दूरी पर बनाये कूड़ाघर जाकर खाली किये जाने चाहिए और वहाँ उसे जला देना चाहिए। दिन में कम-से-कम दो

बार शिविर में साफ-सफाई और जगह को झाड़ू दी जानी चाहिए। शिविर से भिन्न हटकर एक तरफ ट्रेंच-शौचालयों या डग-वैल शौचालयों का निर्माण कराना चाहिए तथा उसके निस्तारण का समुचित प्रबन्ध होना चाहिए। गन्दे पानी को बहा ले जाने के लिए खुली नालियाँ होनी चाहिए जिससे गंदा पानी इकट्ठा न हो।

(2) भोजन बनाने का स्थान—भोजन बनाने का स्थान एकदम पृथक् होना चाहिए और भोजन बनाने वाले लोगों की जाँच होनी चाहिए। भोजन बनाने वाले स्थान पर मक्खियाँ नहीं होनी चाहिए और धुआँ न उत्पन्न करने वाला चूल्हा होना चाहिए। इस स्थान को पाखानों से दूर होना चाहिए। भोजन बनाने के लिए व बर्तन इत्यादि को साफ करने के लिए प्रर्याप्त पानी होना चाहिए।

(3) विशेष व्यवस्थाएँ—शिविर में प्राथमिक चिकित्सा, मेटरनिटी केन्द्र सुविधायें, एक औषधालय, संक्रामक रोगों से बचाव के उपाय व प्रशिक्षित चिकित्सक की विद्यमता भी होनी चाहिए। संक्रामक रोगों से बचने हेतु टीकाकरण की सुविधाएँ भी प्राप्त होनी चाहिए। शिविर की अवधि तक के लिए सन्दर्भ सेवाओं के लिए एम्बूलेंस की प्रबन्ध हो सके तो ज्यादा उचित होगा।

(4) स्वास्थ्य शिक्षा—त्योहारों, मेलों, शिविरों में सभी जगह जनता में चेतना जागरण हेतु स्वास्थ्य शिक्षा का प्रसार करने वाले होर्डिंग, पोस्टर आदि लगाये जा सकते हैं। कुछ स्थान पर फिल्म, कठपुतली के नाच, डॉक्यूमेन्ट्री आदि के माध्यम से जनता को आकृष्ट किया जा सकता है। हिन्दी में साहित्य और पुस्तकें भी बांटी जा सकती हैं।

(5) शिविर का स्थान—शिविर जिस जगह लगाया जा रहा है वह जगह सूखी और ऊँची होनी चाहिए। यह स्थान सड़क के नजदीक होनी भी जरूरी है।

(6) आवास—शिविरों में कुटी या तम्बू एक क्रम में लगाने चाहिए। उचित व्यवस्था के लिए सोने, रहने, खाने-पीने, भोजन पकाने के भिन्न-भिन्न स्थान कुछ जगह छोड़कर होने चाहिए। सेनीटेशन की सबसे उत्तम व्यवस्था होनी, चाहिए।

(7) उचित जल व्यवस्था—शिविर स्थल पर पेयजल की सही ढंग से व्यवस्था होनी चाहिए। शिविर का समय लम्बा हो तो जलापूर्ति के लिए पृथक् पाइप लाइन का प्रबंध कर भिन्न-भिन्न जगहों पर सुविधा दी जा सकती है। पुरुषों तथा महिलाओं के स्नानघरों को भिन्न-भिन्न दिशा में बनाया जाना चाहिए। यदि शिविर आयोजन के इलाके में जल का अभाव हो तो गाड़ियों से जलापूर्ति की जा सकती है। ऐसे में जल प्रदूषण रोकने के उचित उपाय होने चाहिए और निरंतर क्लोरीनीकरण होना चाहिए।

जल की स्वच्छता

पानी का वितरण वाटर वर्क्स के जरिए किया जाता है चूँकि पानी का असर सार्वजनिक जीवन पर प्रत्यक्ष रूप से पड़ता है। इसी तरह जल का शुद्धीकरण उसका एक प्रमुख उत्तरदायित्व है। पानी को शुद्ध करने के दो प्रमुख तरीके हैं—प्राकृतिक तथा कृत्रिम। प्राकृतिक तरीके के अंतर्गत प्राकृतिक संघनन तथा वाष्पीकरण आते हैं। इसके अलावा संग्रह, हवा, नदी, तलछटीकरण, सूर्य की किरणों, ऑक्सीजन आदि का स्वयं शुद्ध होना, मिट्टी द्वारा निस्यंदन आदि भी जल की शुद्धी के प्राकृतिक संघनन से ही प्राप्त होता है। तनूकरण के द्वारा जलाशय के पानी का स्वतः ही शुद्धीकरण हो जाता है।

आसवन एवं संघनन तलछटीकरण, उबालना, स्कंदन वातन अधिचूषण गंध तथा स्वाद से रिक्त करके, लवणांश तथा कठोरता दूर करना, निस्पंदन तथा विसंकरण आदि जल को शुद्ध करने के कृत्रिम तरीके हैं।

दो पैमानों पर जल का शुद्धीकरण किया जाता है जो इस प्रकार हैं—

(1) बड़े पैमाने पर जल का शुद्धीकरण

वाटर वर्क्स द्वारा जल शोधन के तीन तरीके मान्य हैं—संग्रह, निस्यंदन तथा क्लोरीनीकरण जिनका उपयोग सामान्य वितरण के लिए उपयोग में आने वाले जल के शुद्धीकरण के लिए बड़े पैमाने पर किया जाता है। इन पर नीचे विस्तृत प्रकाश डाला गया है—

(i) संग्रह

जल शुद्धी करण के चरण में पानी को उसके स्त्रोत से प्राप्त कर बड़े परिबद्ध जलाशयों में इकट्ठा किया जाता है जिससे उद्‌गम पर होने वाले संदूषण से पानी बचा रहता है। केवल इकट्ठा करने मात्र से ही पानी गुण कुछ सीमा तक बढ़ जाता है। उससे 90 प्रतिशत निलम्बित अशुद्धियाँ नीचे तली में बैठ जाती हैं। अपने ही वजन के कारण से अन्य ठोस अशुद्धियाँ 24 घण्टें में तले में इकट्ठा हो जाती हैं, पानी कुछ साफ हो जाता है और सूर्य की रोशनी उससे होकर नीचे तक प्रवेश करती हैं जिससे निस्पंदकों का कार्य कुछ आसान हो जाता है। संग्रह के समय कुछ रासायनिक परिवर्तन भी आते हैं उदाहरणार्थ—वायवीय जीवाणु, अकार्बनिक पदार्थों को पानी में उपस्थित ऑक्सीजन की मदद से ऑक्सीकृत करने लगते हैं। इससे पानी में विद्यमान

स्वतंत्र अमोनिया कम होकर नाइट्रेट की मात्रा बढ़ने लगती है। पानी के संग्रह की वजह से जैविक बदलाव भी होता है यथा–जीवाणुओं की संख्या घटने लगती है। पाँच–सात दिनों में हानिकारक जीवाणु धीरे–धीरे मरने लगते हैं। यह पता लगाया गया है कि नदी के पानी में 90 प्रतिशत जीवाणुओं की संख्या नदी के जल को संग्रह करने से कम हो गई। यह संग्रह का सबसे प्रमुख लाभ है और इसी वजह से नदी के पानी को 10 से 5 दिन तक संग्रहित किया जाता है। इससे ज्यादा समय तक संग्रह रखने से उसमें एल्गी आदि जीव पैदा हो जाते हैं, जिससे बदबू आने लगती है।

(ii) *निस्पंदन*

इस चरण में 98–99 प्रतिशत जीवाणुओं का नाश हो जाता है। व्यवहार में दो तरह के निस्पंदक प्रचलित हैं जो कि इस प्रकार हैं–

(क) धीमे जैविक निस्पंदक–इस तरह के निस्पंदक का उपयोग सबसे पहले स्कॉटलैण्ड में 1804 में किया गया था। आज भी इस निस्पंदक को पानी के शोधन हेतु एक आदर्श उपकरण माना ज़ाता है। यह निस्पंदक एक एकड़ भूमि पर आयताकार बनाया जाता है। इसकी दीवार सीमेन्ट और कंक्रीट से पक्की बनाई जाती है। इसकी गहराई 12 से 14 फुट होती है। नीचे की तरफ शुद्ध पानी के निकलने हेतु छेदयुक्त नल लगा रहता है। इस नल के ऊपर कंक्रीट का एक स्तर होता है जिस पर बारीक बालू तथा बजरी होती है। कंक्रीट की सतह 6 से 12 फुट तक होती है और उस पर 3 से 5 फुट बालू की तह होती है। इस बालू पर 6 फुट पानी भरा रहता है। पानी के ऊपर का शेष भाग खाली रहता है। करीब 2-3 दिन में बालू पर काई जमने लगती है जो कि एक कार्बनिक पदार्थ होता है। यह सतह 3'' मोटी हो जाती है तब इसको जैव स्तर कहते हैं। इस पर हानिरहित जीवाणु पैदा होकर अनेक कारक जीवाणुओं का नाश करने लगते हैं। इसके बाद छने पानी में जीवाणुओं का अंश बहुत कम रह जाता है। जैविक तह की वजह से निस्पंदन ही नहीं अपितु कार्बनिक पदार्थों का ऑक्सीकरण, अवलम्बित पदार्थों का निराकरण, रोगोत्पादक कीटाणुओं का नाश भी होता है।

बड़े संग्रहालयों में घने पानी का संग्रह किया जाता है और वाटर वर्क्स द्वारा सामान्य वितरण के लिए भेजा जाता है। इस निस्पंदक द्वारा एक घण्टे में एक वर्ग फुट के हिसाब से 2 गैलन पानी का शुद्धीकरण होता है। जैविक स्तर के मोटा हो जाने से निस्पंदन की दर मंद हो जाती है, इसलिए उसके जैविक स्तर को 18'' से

ज्यादा मोटा नहीं होने देना चाहिए। इससे ज्यादा मोटा होने पर खुरच कर पुनः कम कर दिया जाता है। अब इस निस्पंदक के निर्माण में ज्यादा खर्च आता है और स्थान की भी ज्यादा जरूरत होती है। इसके अलावा निस्पंदन की गति भी मन्द होती है लेकिन इससे छना पानी 99 प्रतिशत जीवाणु-रहित होता है और इसके लिए क्लोरीनीकरण की जरूरत नहीं होती। इस निस्पंदक में जैव सतह का महत्त्व ज्यादा होती है। यह फिसलने वाला, धागे के आकर के एल्गी से बना रहता है। इसके बनने की क्रिया को 'परिपक्व होना' कहते हैं यानि इसके निर्माण के बाद ही निस्पंदक को परिपक्व माना जाता है। इस निस्पंदक द्वारा पानी में 99.9 प्रतिशत तक जीवाणविक कोलाई अनुपस्थित रहता है। इसलिए त्वरित यान्त्रिक निस्दपंक की तुलना में इसका जल ज्यादा शुद्ध होता है।

(ख) तेज गति के यान्त्रिक निस्पंदक—इसका निर्माण सर्वप्रथम 1885 ई. में अमेरिका में हुआ। ये दो तरह के होते हैं—गुरूत्व वाला, इसे पीटरसन का निस्पंदक कहते हैं तथा दबाव वाला इसे कैण्डी का निस्पंदक कहते हैं।

यह निस्पंदक 1/10 एकड़ क्षेत्र में बनाया जाता है। इसमें भी शोधन क्रिया द्वारा पहले जल को इकट्ठा किया जाता है। नदी या पानी के स्त्रोत से पम्प द्वारा, पानी को कृत्रिम जलाशय तक पहुँचाया जाता है। पानी के साथ रासायनिक स्कंदन के लिए फिटकिरी की ठोस मात्रा मिलाई जाती है। फिटकिरी की मात्रा पानी के गंदलेपन, तापमान तथा अम्लीयता या क्षारीयता के अनुरूप घटाई अथवा बढ़ाई जाती है। इसके बाद मिश्रण कक्ष में कुछ समय हेतु यह प्रचण्ड वेग से पानी के हर कण के साथ प्रतिक्रिया करने लगती है। उसके बाद कक्ष में आने तक धीरे-धीरे मिश्रण को आधे घंटे हिलाया जाता है। इससे सफेद, मोटा व ज्यादा मात्रा में अवक्षेप बनने लगता है जो कि शुद्ध एल्यूमीनियम हाइड्रोक्साइड होता है। इसके पश्चात् स्कंदित पानी को तल छटीकरण की टंकियों में बहाया जाता है जिसमें वह 2 से 6 घण्टे तक रहता है और इस प्रक्रिया के तहत् अवक्षेप, अशुद्धियाँ तथा जीवाणु टंकी के निचले भाग में बैठ जाते हैं। लगभग 95 प्रतिशत अवक्षेप के टंकियों के नीचे बैठे जाने के बाद उसे त्वरित निस्पंदक में बहाया जाता है।

करीब 900 वर्ग फुट त्वरित निस्पंदक का क्षेत्रफल होता है। इसमें मुख्यतः बालू द्वारा ही निस्पंदन होता है। बालू का आकार 2 मीटर होता है। यह स्तर 2 से 3 फुट होता है। इसके ऊपर महीन बालू (1 से 1 फुट) होता है और बालू पर 5 से 6 फुट तक पानी होता है। निस्पंदन के दौरान फिटकिरी का अवक्षेप बालू पर ही

ठहर जाता है। यह धीमी जैविक निस्पंदक में उपस्थित जैव तह के समान कार्य करने लग जाता है। यह एक फिसलने वाला स्तर बनाता है जिसके द्वारा वह अधिचूषण की क्रिया से जीवाणुओं को रोकता है। इसके अलावा अमोनिया का ऑक्सीकरण हो जाता है। जैसे-जैसे निस्पंदन की क्रिया चलती है, अवलम्बित पदार्थ तथा जीवाणु निस्पंदक के कार्य में बाधा पैदा कर सकते हैं। इससे फिल्टर भी गन्दा हो जाता है व अपनी क्षमता धीरे-धीरे खोने लगता है। एक ऐसा समय आता है जब निस्पंदन की क्रिया पूर्ण रूपेण रुक जाती है। इस स्थिति में फिल्टर को पूरी तरह साफ किया जाता है।

पानी के प्रवाह को पश्चधावन की क्रिया में बालू के स्तर से उल्टी से चलाया जाता है। इससे अशुद्धियों का स्तर बिखर जाता है व बालू की तह साफ हो जाती है। तब तक पश्चधावन चलता है जब तक स्वच्छ बालू दिखाई नहीं देती है तथा पानी साफ व निर्मल नहीं हो जाता है। इस क्रिया के लिए करीब (15 मिनट) की आवश्यकता होती है। कई फिल्टरों के लिए संपीड़ित वायु को भी पश्चधावन हेतु इस्तेमाल करते हैं।

त्वरित यान्त्रिक फिल्टर से अनेक लाभ हैं। यह कच्चे पानी पर जल्दी ही काम कर सकता है। इसमें पानी को पहले से संग्रहित करने की आवश्यकता नहीं रहती है। यह कम स्थान घेरता है। निस्पंदन तेज गति से होता है। धीमी गति निस्पंदक की तुलना में यह 40 से 50 गुना ज्यादा पानी का निस्पंदन कर सकता है। इसमें फिल्टर का पश्चधावन भी सुगमता से किया जा सकता है। इस निस्पंदक से प्राप्त जल सिर्फ 95 प्रतिशत ही कीटाणुरहित रहता है इसलिए क्लोरीनीकरण करने की जरूरत रहती है। इसके लिए इसमें प्रचुर मात्रा में क्लोरीन मिलाते हैं यानी ब्लकेग पाउडर, क्लोरीन गैस अथवा क्लोरामिन आदि में से किसी का भी प्रयोग कर सकते हैं। साधारणतया करीब-करीब 0-2 PPM क्लोरीन की आवश्यकता होती है।

(iii) क्लोरीनीकरण

यह जल के शुद्धीकरण की अनुपूरक क्रिया होती है लेकिन उसको स्थानान्तरित नहीं किया जा सकता यानि निस्पंदकों द्वारा शुद्ध हुए पानी को ज्यादा साफ तथा उपयोग हेतु उचित बनाने के लिए क्लोरीनीकृत किया जाता है। क्लोरीन हानिकारक जीवाणुओं का नाश करता है परन्तु कुछ के वायरस या कुछ स्पोर पर इसका असर

नहीं हो पाता है। क्लोरीनीकरण के विभिन्न लाभ हैं। यह लोहे के साथ-साथ मैंग तथा हाइड्रोजन सल्फाइड को भी ऑक्सीकृत करता है। जल में उपस्थित बदबू उत्पन्न करने वाले तथा स्वाद बिगाड़ने वाले कारकों का भी क्लोरीनीकरण हो जाता है। पानी के साथ जब क्लोरीन को मिश्रित किया जाता है तब हाइड्रोक्लोरिक अम्ल तथा हाइपोक्लोरस अम्ल का निर्माण होता है। जल में विद्यमान क्षारोयता को उदासीन बना देता है जबकि केपोक्लोरस अम्ल दो आयन में बदलता है, हाइड्रोजन और टाइपोक्लोराइड। टाइपोक्लोराइड विसंक्रमण में मदद प्रदान करता है।

क्लोरीनीकरण हेतु अलग प्रकार के उपकरण की आवश्यकता होती है चूँकि क्लोरीन गैस आँखों में जलन पैदा करने वाली तथा जहरीली होती है। इसी तरह हर वाटर वर्क्स में उपर्युक्त उपकरण इस उद्देश्य के होते हैं। क्लोरीन के दुष्परिणामों को देखते हुए आजकल इसके स्थान पर ओजोन का उपयोग किया जाता है। इससे बदबू, बिगड़े स्वाद व रंग ठीक हो जाते हैं। आकेन वायरस को निष्क्रिय करने में कुछ क्षण लगता है, जबकि क्लोरीन को कुछ समय लग जाता है। ओजोन गैस के साथ एक कठिनाई यह है कि अपना कार्य करने के पश्चात् यह विघटित होकर उड़ जाती है। इससे कीटाणुनाशक प्रभाव शेष नहीं रह पाता है। अतः क्लोरीन और ओजोन दोनों का ही प्रयोग करने से सफल क्लोरीनीकरण हो सकता है। कुछ लोग सूर्य की पराबैंगनी किरणों को जल के शुद्धीकरण के लिए प्रयोग में लाने का सुझाव देते हैं। यह रासायनिक विधि की तुलना में ज्यादा व्यय-साध्य होता है।

(2) घरेलू स्तर पर जल का शुद्धीकरण

घरेलू उपयोग हेतु जल का शोधन तीन प्रकार से किया जाता है जिन पर नीचे प्रकाश डाला गया है—

(i) पानी को उबालकर

घरेलू उपयोग हेतु पानी को उबालकर स्वच्छ करने का तरीका सबसे अच्छा है। पानी का पूरा लाभ पाने के लिए आवश्यक है कि पानी को 5-10 मिनट खौलने दिया जाए। इससे सभी जीवाणु, स्पोर (Spore) अण्डे, लार्वा आदि का अन्त हो जाता है। इससे स्टरलाइज्ड किया गया पानी प्राप्त होता है। पानी की अस्थायी कठोरता भी उबालने से दूर हो जाती है, कैल्शियम कार्बोनेट नीचे बैठ जाता है तथा कार्बनडाईआक्साइड (CO_2) उड़ जाती है, लेकिन पानी का स्वाद बदल जाता है। यह पानी हानिरहित होता है। उबालने के पश्चात् उसी बर्तन में पानी को ठण्डा होने देना चाहिए। इससे

जल के दूषित होने की सम्भावना नहीं होती है। उत्तम विधि के कारण प्रयोगशाला में इस विधि से जल का शोधन किया जाता है।

(ii) रासायनिक विसंक्रमण

रासायनिक विसंक्रमण अग्रलिखित हैं–

(क) ब्लीचिंग पाउडर–यह एक सफेद चूर्ण होता है जिसमें क्लोरी होता है जो स्वाद में तीखा होता है। यह एक अस्थिर पदार्थ होता है जो कि हवा, रोशनी अथवा नमी की उपस्थिति में अपनी क्लोरीन की मात्रा को कुछ हद तक त्याग देता है लेकिन चूने के साथ मिश्रित कर देने से स्थिर हो जाता है। इस प्रकार के मिश्रण को शक्तिशाली ब्लीच कहते हैं। इस पदार्थ को अन्धेरे, ठण्डे और शुष्क स्थान में बोतलों में कस कर बन्द करके संग्रहित करना चाहिए। आधा चम्मच ब्लीचिंग पाउडर को 500 ग्राम पानी में घोल कर इस घोल के एक चम्मच को 10 गैलन पानी में मिलाकर 10-12 घण्टे तक रखना चाहिए।

(ख) तरल क्लोरीन–यह ब्लीचिंग पाउडर का एक उत्पाद है। 4 किलोग्राम ब्लीचिंग पाउडर को 20 लीटर पानी के साथ मिलाने से 5 प्रतिशत क्लोरीन द्रव्य पदार्थ मिलता है।

(ग) उच्च परीक्षण टाइपोक्लोराइड–यह एक कैल्शियम का यौगिक है जिसमें 70 प्रतिशत तक क्लोरीन होता है। यह एक स्थिर यौगिक है, जिसको ज्यादा दिनों तक इकट्ठा कर सकते हैं।

(घ) क्लोरीन की गोलियाँ–यह हेलजोन गोली के नाम से प्रसिद्ध है। कम मात्रा में पानी के शोधन हेतु इसका उपयोग किया जाता है। 20 लीटर पानी के शोधन हेतु 0.5 ग्राम मात्रा काफी है।

(ङ) आयोडीन–इसका प्रयोग आपातकालीन शुद्धीकरण हेतु किया जाता है लेकिन इसके उपयोग के कारण थाइराइड ग्रन्थि की सक्रियता बढ़ने की सम्भावना ज्यादा रहती है। इसीलिए इसका उपयोग सोच समझ कर करना चाहिए।

(च) पोटाशियम परमैग्नेट–हालाँकि यह एक शक्तिशाली ऑक्सीकरण का कारक होता है फिर भी यह पानी के पूरी प्रकार शोधन के लिए सन्तोषजनक नहीं है। चूँकि यह केवल हैजे के जीवाणुओं को नष्ट करता है तथा अन्य जीवाणुओं पर किसी प्रकार का प्रभाव नहीं डालता है। यह पानी के गन्ध, रंग तथा स्वाद में भी परिवर्तन कर देता है।

(iii) निस्पंदन

घरेलू स्तर पर पेस्चर चेम्बरलैण्ड फिल्टर बर्कफेल्ड तथा केटाडिन फिल्टर निस्पंदन में लाए जा सकते हैं। ये निस्पंदक विशेष प्रकार की चीनी मिट्टी की नलिकाओं के बने होते हैं। एक या एकाधिक नलिकाओं को लम्बे पात्र में फिट किया जाता है, जिनसे होकर पानी नीचे स्थित कक्ष में एकत्र हो जाता है। पात्र के नीचे नल भी लगा होता है। यह कीटाणुओं से स्वतंत्र तथा अवलम्बित वस्तुओं से रहित होता है। चेम्बरलैण्ड फिल्टर में चीनी मिट्टी होती है, जबकि बर्कफेल्ड में किसलगूर होती है। केटाडिन फिल्टर में नलिका पर चाँदी के लेप जिसमें जीवाणुओं का नाश चाँदी के सम्पर्क से जल्दी से हो जाता है। फिल्टर की सफाई भी समय-समय पर की जानी चाहिए चूँकि छिद्रों पर अशुद्धियों या जीवाणु जम जाते हैं। सफाई करने हेतु कड़ा ब्रश इस्तेमाल में लाया जा सकता है।

वातावरणीय स्वच्छता

पर्यावरण में उपस्थित वायु तथा मानव के बीच घनिष्ठ संबंध होता है। वायु एक ऐसा कारक है जिस पर सभी प्रकार के जानवर व वृक्ष आश्रित हैं। वायु सिर्फ जिन्दा रहने हेतु आवश्यक ऑक्सीजन ही नहीं देती बल्कि शरीर को ठण्डा करती है तथा प्राण तथा श्रवणोन्द्रियां भी वायु के कारण उत्तेजित होकर अपना कार्य करती हैं, लेकिन वायु द्वारा कुछ रोग के कारणों वायु प्रदूषण की प्रमुख वजह से धुआँ, धूल, विषाक्त गैस, जीवाणु, रासायनिक वाष्प, वायरस आदि हैं।

हवा गैसों का यान्त्रिक मिश्रण है। बाहर के वातावरण में स्थित वायु में नाइट्रोजन 78.1 प्रतिशत, ऑक्सीजन 20.93 प्रतिशत तथा कार्बन डाइ-ऑक्साइड 0.03 प्रतिशत होती हैं। कुछ अंश में निष्क्रियता का भी संचरण होता है। गैस भी पाई जाती है, जैसे आर्गन, Ar जेनोन ×e तथा हीलियम He। इसके अलावा जल वाष्प, अमोनिया आदि भी पाए जा सकते हैं। जीवाणु, धूल, स्पोर, कार्बनिक सूक्ष्म पदार्थ आदि भी निलम्बित रहते हैं। वायु जानवर, पेड़ तथा मानव की श्वसन क्रिया से कोयला, गैस, तेल आदि के जलाने से; यातायात औद्योगिक संस्थानों के कारण; कार्बनिक पदार्थों के सड़ने तथा विघटन से हवा अशुद्ध होती हैं।

बाह्य वायुमण्डल का संगठन साधारणतया स्थिर बना रहता है, चूँकि कुछ स्वचालित प्राकृतिक प्रतिक्रियाएँ, जैसे हवा की गति, वातावरण का तापमान, वर्षा, धूप, ऑक्सीजन के रासायनिक प्रभाव तथा पौधे आदि होते हैं, जिनकी वजह वायुमण्डल का संगठन स्थिर रहता है। जब प्राकृतिक साधनों की क्षमता घट जाती

है तथा वायुमण्डल में अशुद्धियाँ तेजी से फैलने लगती हैं, तब सार्वजनिक स्वास्थ्य पर नकारात्मक प्रभाव पड़ने लगता है।

आदर्श शुद्ध वायु मिलना संभव नहीं है यह एक कल्पनामात्र है। हवा में सदैव कुछ न कुछ अशुद्धी रहती ही है। जब विदेशी या विजातीय पदार्थों की मात्रा वायुमण्डल में बढ़ती है, उसे प्रदूषण कहते हैं। प्रदूषण के स्रोत इस प्रकार हैं–

(1) उद्योग–रासायनिक धातु सम्बन्धी, तेल शुद्धीकरण तथा फर्टिलाइजर उद्योगों के कारण वातावरण में प्रदूषण फैलता है।

(2) यातायात के साधन–गाड़ियाँ, ट्रक, मोटर, ट्रेन, हवाई जहाज आदि के चलने से हाइड्रोकार्बन, सीसा, कार्बन-मोनो-ऑक्साइड, नाइट्रोजन आदि निकलते हैं। धूप की उपस्थिति में यदी गैसें एक संवेदनशील रसायन में बदलती हैं, तो भी वायु प्रदूषण फैलाते हैं। डीजल इन्जन से भी काला धुआँ तथा दुर्गन्धयुक्त वायु आदि निकलते हैं।

(3) ज्वलन या दाह से–उद्योग तथा घरेलू दाह जिसमें तेल, कोयला आदि ईंधन को जलाने से धुआँ, धूल तथा सल्फर-डाइऑक्साइड (S_2) पैदा होते हैं। इससे भी वायु में प्रदूषण फैलता है।

(4) अन्य–फसलों पर, कूड़ा जलाने से, अलग-अलग रसायनों का छिड़काव करने से, कीड़े-मकोड़ों के नियन्त्रण हेतु दवाइयों के प्रयोग से और परमाणु कार्यक्रमों से भी वायु प्रदूषण फैलता है।

स्वास्थ्य पर अशुद्ध वायु का प्रभाव

स्वास्थ्य पर अशुद्ध वायु निम्नवत् हानिकारक प्रभाव छोड़ती है–

(1) दीर्घावधि प्रभाव–दीर्घ समय तक दूषित वायु में रहने से ब्राकाइटिस तथा प्राथमिक फेफड़े का कैन्सर हो जाता है।

(2) तत्काल प्रभाव–अशुद्ध वायु व्यक्ति की मृत्यु या बेहोशी का कारण बन सकती है। श्वसन सम्बन्धी लक्षणों के अलावा नाड़ी सम्बन्धी नतीजे भी आ सकते हैं।

अशुद्ध वायु की शुद्धिकरण विधियाँ

अशुद्ध वायु को निम्नवत् विधियों द्वारा शुद्ध किया जा सकता है–

1. वृक्षों द्वारा कुछ जहरीली गैसों का शोषण शीघ्र हो जाता है इसलिए औद्योगिक स्थानों व मकानों के आस-पास हरियाली हो तो विषाक्त वायु का पौधों द्वारा अवशोषण तनुकरण द्वारा हो जाता है।

2. धुएँ के उत्पात पर नियन्त्रण के लिए कानून बनाना।
3. प्रदूषण के अध्ययन सम्बन्धी प्रयोगशालाओं का अन्तर्राष्ट्रीय नेटवर्क बना हुआ है, जिसका केन्द्र लन्दन तथा वाँशिगटन में है तथा शाखाएँ नागपुर मास्को तथा टोकियो में हैं। यह समय-समय पर वायु प्रदूषण सम्बन्धी चेतावनी देता रहता है।
4. उचित संधान एवं वायु के स्वच्छीकरण से जहरीली वायु को दूर कर।
5. कोयले के स्थान पर विद्युत् तथा प्राकृतिक गैस का उपयोग करके नई वैज्ञानिक एवं तकनीकी प्रक्रियाओं की सहायता से ईंधन के नए तरीकों के अपनाकर।

निष्कर्ष—इस अध्याय के विस्तृत अध्ययन से यह ज्ञात होता है संक्रामक बीमारियों तीव्रता से फैलकर लोगों को अपना शिकार बना लेती हैं। सभी आयु वर्ग के लोग इन बीमारियों से ग्रस्त हो जाते है जिनका यदि सही समय पर इलाज नहीं कराया जाए जो हालत बीगड़ने की पूरी-पूरी संभावना रहती है। अतः इन रोगों से बचाव आवश्यक है। यह बचाव पर्यावरण को अपने पास-पड़ोस को साथ करके ही किया जा सकता है। जल शुद्धिकरण से इन रोगों को फैलने से रोका जा सकता है।

5

संक्रामक बीमारी रोकने के सामुदायिक प्रयास

जिस प्रकार व्यक्तिगत स्वास्थ्य का अपना महत्व है उसी प्रकार सामुदायिक स्वास्थ्य की अपनी अलग महत्ता है। सफाई अथवा स्वच्छता होने पर ही किसी व्यक्ति या समुदाय का स्वास्थ्य अच्छा हो सकता है। अतः यह कहा जा सकता है कि सामुदायिक स्वास्थ्य स्वच्छता पर निर्भर करता है। मेले में सफाई, शिविर में सफाई, गाँवों की सफाई आदि। ये ऐसे पहलू हैं जिन्हें समझ कर सामुदायिक स्वास्थ्य में मदद पहुँचाई जा सकती है। प्रस्तुत है कुछ सामुदायिक सफाई का संक्षिप्त विवरण।

ग्रामीण स्वच्छता

भारत के गांवों में भारत की कुल जनसंख्या का 80 प्रतिशत भाग निवास करता है। इसीलिए जब तक गाँवों की स्थिति में उचित सुधार नहीं किया जायेगा तब तक देश की उचित प्रगति और विकास नहीं हो पायेगा। गाँवों में रहने वाले मनुष्य जब तक पूर्ण रूप से स्वस्थ नहीं होंगे तब तक वे देश के लिए खाद्य सम्बन्धी आवश्यकताओं की सुचारु रूप से पूर्ति को कैसे पूरा करेंगे। इसके लिए जरूरी है–गाँवों में उचित सफाई व्यवस्था हो जिसके लिए स्वास्थ्य विभाग की सजगता, कार्यकुशलता और ईमानदारी से दायित्व का निर्वाह जरूरी है। गाँवों की सफाई से जुड़ी कुछ जरूरी बातें हैं जिन पर ध्यान दिया जाना बहुत ही आवश्यक है जैसे–

(1) कीटों पर नियंत्रण--घरों को इनसे बचाना चाहिए वरना हैजा, पेचिश इत्यादि बीमारियाँ होने की आकांक्षा बनी रहती है।

(2) अहितकर पदार्थों पर्याप्त निष्कासन—गाँवों में मृत जानवरों का सही तथा उचित निस्तारण बहुत ही आवश्यक है। गाँवों में मृत जानवरों और कुछेक मृतकों के शरीर ऐसे ही नदी में बहा दिया जाता है। जिससे पानी दूषित हो जाता है। कभी-कभी जानवरों के शरीर ऐसे ही खुले क्षेत्र खुले छोड़ दिये जाते हैं व उनकी तरफ ध्यान नहीं दिया जाता। जिनसे बीमारियों के फैलने का डर बन रहता है।

(3) सफाई से जुड़े कार्यक्रम—गाँवों में सफाई से जुड़े कार्यक्रम बनाते समय अग्रलिखित बातों का ध्यान रखा आवश्यक है—

1. सफाई से जुड़े कार्यक्रम को लागू करने के उद्देश्य से अनुभवी और सुनिश्चित कार्यकर्त्ता होने चाहिए और उन्हें उचित आय दी जानी चाहिए।
2. कुछ कम क्षेत्र में सबसे पहले लागू करना चाहिए तथा उसके बाद उसमें जरूरत के अनुरूप बदलाव करते हुए अन्य क्षेत्रों में लागू करना चाहिए। इसके लिए कार्य का चुनाव उचित सर्वेक्षण और उनसे उपलब्ध आँकड़ों के आधार पर किया जाना चाहिए।
3. ऊपर किए गए उल्लेख विधि के जरिये काम करने से, गन्दगी से होने वाले रोगों में कमी आयेगी व जनता भी इस काम में सहायता देने के लिए उत्प्रेरित होगी।
4. अन्य विभागों को भी इसको लागू करते वक्त शामिल किया जाना चाहिए जिससे किसी विभाग के किसी भी काम में रुकावट न आये और समुचित समन्वय स्थापित हो सके।

(4) स्वास्थ्य शिक्षा—गाँवों में सफाई के लिए ग्रामीणों को स्वास्थ्य के सम्बन्ध में शिक्षा देनी चाहिए।

(5) आवास—घर बनवाने के ज्यादातर गाँवों में कोई निश्चित नियम आदि नहीं होते हैं। स्थिति और जरूरत के अनुरूप गृह आधार कराया जाता है और किसी भी प्रकार के मानदण्डों का पालन नहीं होता है। गाँवों के लोग सुविधा के अनुरूप बनवाते कराते हैं न कि स्वास्थ्य को ध्यान में रखते हुए। वे शुद्ध हवा का महत्त्व नहीं समझते जिसके कारण अधिकतर घरों में खिड़कियों की कमी रहती है। रसोईघरों में धुआँ निकलने की जगह नहीं होती और घरों में मुँहबन्द पाइप होते हैं जिनसे कोठरियाँ ठण्डी रहती हैं। स्वस्थ माहौल वाले घरों के लिए अग्रलिखित बातों को ध्यान रखना चाहिए—

1. कूड़े-कचरे और गोबर को उचित ढंग से एक ओर इकट्ठा करना चाहिए।
2. घर में नालियों का अच्छा प्रबन्ध होना चाहिए।
३ एक अलग रसोईघर होना चाहिए जिसमें धोने व संग्रहण इत्यादि की सुविधायें भी प्राप्त हों।
4. घर में आंगन के कोने में एक तरफ सेनेटरी शौचालय होना चाहिए।
5. घर में आमने-सामने खिड़कियाँ न्यूनतम दो होनी चाहिए जिसमें शुद्ध व स्वच्छ हवा आती-जाती रहे।
6. घर में कम-से-कम दो कमरे खासतौर पर रहने के लिए होने चाहिए। बरामदे में प्रचुर स्थान होना चाहिए और फर्श तथा दीवारों को गोबर से नहीं लीपना चाहिए।
7. पशुओं के बाँधने का बाड़ा मनुष्य के रहने वाली जगह से करीब 25 फीट की दूरी पर होना चाहिए।

(6) मल-मूत्र एवं कूड़े का निस्तारण—ग्रामीण क्षेत्रों में अधिकांशतः घरों में शौचालय की सुविधा नहीं होती और लोग खुले स्थानों में अथवा नदी-नहरों व खेतों में जाकर मल परित्याग करते हैं। इन गन्दी आदतों के कारण जमीन और पानी दोनों ही दूषित हो जाते हैं जिससे आँतों से जुड़े रोग भी फैलते हैं। ऐसे ही घरों का कूड़ा-करकट गलियों के किनारे फेंक दिया जाता है या रास्ते के कोने में एकत्र कर दिया जाता है। इनकी वजह से धूल-मिट्टी के कण और कीटाणु हवा के साथ घरों में आते हैं और घर के पानी भोजन और हवा को दूषित कर देते हैं। मल-मूत्र का निस्तारण भी गाँवों में उचित तरह से नहीं होता है।

गाँवों में बोर होल व सेप्टिक टैंक वाले पखाने उचित हैं। घरों का कूड़ा-करकट और मल-मूत्र त्यागने के लिए कम्पोस्टिंग सबसे अच्छा तरीका है।

(7) भोजन सम्बन्धी सफाई—गांवों में खाने-पीने की वस्तुएँ में लापरवाही या असावधानीवश खुली छोड़ दी जाती हैं जो धूल-मिट्टी के कणों और मक्खियों की वजह से दूषित हो सकती हैं। खाद्य वस्तुओं को जितने कम लोग छूऐंगे उतना ही अच्छा है। इसके साथ-साथ घर में रसोई में मक्खियों और कीट-पतंगों पर नियन्त्रण करना चाहिए वरना इनके द्वारा फैलाये गये संक्रमण से पूरा परिवार पीड़ित हो सकता है।

(8) उचित पेयजल की व्यवस्था—जनस्वास्थ्य विभाग और नलकूप विभाग का दायित्व होना चाहिए कि वे ग्रामीण जनता को पीने के लिए शुद्ध व स्वच्छ पानी उपलब्ध कराने का व्यवस्था करें। सामान्य रूप से पीने और घर के अन्य कार्यों के

लिए ग्रामीण जनता कुएँ, नहर और नदियों व हैण्डपम्प के जल का उपयोग करती है।

मजबूत और साफ पेयजल के लिए सुरक्षित कुएं और उत्तम नलकूपों की व्यवस्था होनी चाहिए इस तरह से पेयजल की समस्या का निर्वारण हो सकेगा।

मेले तथा त्योहारों में साफ-सफाई

मेले तथा त्योहारों का आयोजन हमारे देश में पूरे वर्ष होता रहता है जिनमें लोग पूरी आस्था के साथ भाग लेते हैं। ऐसे और विश्वास धार्मिक जगह है जहाँ पूरे वर्ष भर सैकड़ों लोग आते-जाते रहते हैं। घरों में त्योहारों को मनाना और धार्मिक आयोजन तथा तीर्थयात्रा भारत में जीवन का अभिन्न अंग बन चुके हैं।

धार्मिक स्थलों पर भीड़-भाड़ और गन्दगी आदि से संक्रामक रोगों के फैलने का डर हमेशा बना रहता है। सन् 1920 में वर्षों पूर्व-सर लिओनार्ड रोजर्स ने हैजे की महामारी की समस्या का अध्ययन कर बताया कि जिन वर्षों में उत्तर प्रदेश में कुम्भ मेलों का आयोजन हुआ उन वर्षों में हैजे का सबसे अधिक प्रकोप हुआ और वहीं से पड़ोसी राज्यों में भी प्रकोप का प्रसार शुरू हुआ। मेले और दूसरे धार्मिक आयोजन भारत में ज्यादातर तीर्थ स्थान अथवा मन्दिर इत्यादि वाली जगहों पर आयोजित होते हैं जो किसी न किसी नदी अथवा पानी के स्रोत के किनारे होते हैं। ऐसे स्थानों पर जल प्रदूषण के अधिक अवसर होते हैं और इनके कारण हैजा तथा आमाशय-आन्त्र रोग तीव्रगति से फैलने शुरू हो जाते हैं। इसके साथ-साथ बहुत ज्यादा भीड़, जलापूर्ति की अपर्याप्त सेनीटरी व्यवस्थाएँ कूड़े-कचरे और मल-मूत्र का उचित निस्तारण न होना, अनियंत्रित आहार पूर्ति जिससे मक्खियाँ उत्पन्न होती हैं व लोगों के हैजे और अन्य पेट के रोगों से कोई सुरक्षा नहीं हो पाती है।

मेले और त्योहारों के पूर्व किये जाने वाले सफाई संबधी—सेनीटेशन व स्वास्थ्य सुविधाओं के प्रबन्ध मेले और त्योहारों के पहले किये जाने चाहिए। इस काम के लिए एक क्रियान्वयन समिति या स्थानीय निकाय की स्थापना की जानी चाहिए। इसमें प्रयाप्त अधिकारीगण, सामुदायिक प्रतिष्ठित व्यक्ति और गैर-सरकारी संगठनों को सम्मिलित किया जाना चाहिए। ये लोग त्योहारों के उद्देश्य से कार्य का क्रियान्वयन और निरीक्षण कर सकते हैं तथा चिकित्सकीय व सेनीटरी सुविधायें दे सकते हैं। सफाई कर्मचारियों, स्वास्थ्य व सेनीटरी निरीक्षकों की संख्या अनुमानित भीड़ और मेले-त्योहारों की समय के अनुरूप निश्चित की जानी चाहिए। आयोजन स्थल पर ठहरने की जगह, दुकान, खाने-पीने की कैन्टीनों तथा होटलों को चलाने के

लिए लाइसेंस लेना जरूरी कर देना चाहिए। आयोजन स्थल का निरीक्षण करते वक्त यह निश्चित किया जाना चाहिए कि ठहरने की, जलापूर्ति व्यवस्था की प्रचुर मात्रा, वायु संवातन और कूड़े-करकट तथा मल-मूत्र के सही निस्तारण का उचित प्रबंध कर लिया है, या नहीं। प्रबंधों को पूरा करने के बाद आयोजन की स्वीकृति देनी चाहिए।

मेले और त्योहारों के लिए निम्नलिखित बातों पर विशिष्ट ध्यान देना चाहिए—

(1) भोजन संबंधी सफाई—मेलों तथा त्योहारों के वक्त भोजन सम्बन्धी सफाई पर विशेष ध्यान देना चाहिय। सफाई न रखने से आमाशय-आन्त्र के रोग तथा संक्रमण का प्रकोप रहता है। ऐसा देखा गया है कि कुछ यात्री अपना भोजन साथ लेकर आते हैं, कुछ वहीं भोजन बनाते हैं और कुछ स्थानीय होटलों तथा भोजनालयों में ही खाते हैं। यात्रियों के भोजन बनाने के लिए आवासीय सुविधा के करीब ही रसोई स्थल का भी व्यवस्था किया जाये तो उचित रहता है। रसोई स्थल पर भी भोजन बनाने के प्रयोग में आने वाला पानी तथा पेयजल की उपलब्धता भी होना जरूरी है।

मेले तथा त्योहारों वाले जगहों पर भोजनालयों, होटल तथा ख़ाद्य सामग्री बेचने वालों के लिए पंजीकरण करके लाइसेंस जारी किये जाने चाहिए। भोजन पकाने, पूर्ति व व्यवस्था की मेले में विद्यमान स्वास्थ्य खाद्य निरीक्षकों को बेहतर निरीक्षण और नियन्त्रण रखना चाहिए। सन् 1954 के 'भोज्य मिलावट अधिनियम' के अनुरूप बासी, सब्जियों, सड़े हुए या अपक्षय हुए सारे भोजनों, फलों को किसी के उपयोग में नहीं आने देना चाहिए। यदि कोई भोजनालय या अन्य विक्रेता इसका पालन न करें तो उनका लाइसेंस समाप्त कर देना चाहिए या भोज्य खाद्य सामग्री में अपमिश्रण और संक्रमण से अनेक रोग लग सकते हैं।

(2) चिकित्सकीय सलाहकार की व्यवस्था—स्थानीय तथा जिला स्तरीय ज्यादारीकरण मेलों आदि में विद्यमान और इकट्ठा जनता की स्वास्थ्य सम्बन्धी गतिविधियों के लिए उत्तरदायित्व होते हैं। इस काम में उस क्षेत्र के कर्मचारियों को सक्रिय योगदान देना चाहिए। मेले के आयोजन के समय एन.सी.सी. राष्ट्रीय सेवा योजना, स्काउट्स व गाइड्स, रेडक्रास, दूसरे स्वास्थ्य से जुड़ी स्वयंसेवी गैर-सरकारी सगठनों की सहायता भी लेनी चाहिए। इनके द्वारा जनचेतना जागरण कार्यक्रम भी चलाया जा सकता है। एक स्थायी स्वास्थ्य इकाई की स्थापना करना आयोजन स्थल पर सराहनीय कदम होगा जिससे आपात कालीन स्थिति में शीघ्र ही चिकित्सा सहायता मौजूद कराई जा सके। आपात् कालीन परिस्थिति के लिए शिविर लगाकर

अस्थायी रूप से बिस्तरों की भी व्यवस्था करना चाहिए। प्राथमिक उपचार की सभी सुविधाएँ प्राप्त होनी चाहिए। यदि एम्बुलेंस की भी व्यवस्था हो तो टीकाकरण और ओ.आर.एस. के घोल का प्रबन्ध भी करना चाहिए।

राज्य सरकारों और केन्द्र सरकारों के स्वास्थ्य सम्बन्धी दिशा-निर्देशों और प्रदान किये गये निरोधक उपायों की मदद से संक्रामक रोगों की रोकथाम में बहुत मदद मिली है।

(3) निवास का उचित प्रबन्ध—बाहर से आये यात्रियों के लिए रुकने का उत्तम प्रबंध होना चाहिए जिससे कोई असुविधा न हो और सभी गतिविधियां समय के अनुरूप और सरलतापूर्वक जारी रह सकें। इसके लिए बड़े अस्थायी छायादार भवन का निर्माण किया जाना चाहिए ताकि किसी भी मौसम में आवासीय सुविधा मौजूद रहे। हर शेड में जलापूर्ति, बिजली व भोजन पकाने की अलग व्यवस्था होनी चाहिए। तीर्थस्थानों में जगह की उपलब्धता को मद्दे-नजर रखते हुए धर्मशालाओं का आधार किया जाना चाहिए।

(4) गंदगी का उचित निस्तारण—त्योहारों और मेलों के वक्त धार्मिक स्थानों पर कूड़ा-करकट और मल-मूत्र निस्तारण की सही व्यवस्था की जानी चाहिए। यह जनस्वास्थ्य के दृष्टिकोण से बहुत ही महत्वपूर्ण कदम है। ऐसे में यात्रियों की संख्या के हिसाब से 1 फीट चौड़े 3-4 फीट गहरे व 100 फीट लम्बे ट्रेंच शौचालयों का आधार किया जाना चाहिए। इनमें अस्थायी विभाजन का भी प्रबंध किया जाना चाहिए। हर बीस व्यक्तियों के लिए एक सीट का प्रावधान होना चाहिए। शौचालय प्रयोग के बाद मल को मिट्टी से ढकने के लिए खुदी हुई मिट्टी रखवानी चाहिए। शौच के बाद हाथ धोने के लिए प्रचुर पानी के व्यवस्था के लिए के हर 50 फीट की दूरी पर दो या तीन नल लगे होने चाहिए। जल स्रोत व भोजन की दुकानों, होटलों से पखाने न्यूनतम 100 फीट की दूरी पर स्थित होने चाहिए। खाइयों और ट्रेंचों में दो दिन में एक बार डी.डी.टी. का छिड़काव होना चाहिए। शौचालयों के लिए उचित रोशनी की व्यवस्था का भी होना अत्यंत जरूरी है। यह गंदगी दो प्रकार से फैलती है—

(*i*) **मूत्रालय**—मेले के स्थानों पर सुविधा के अनुरूप मूत्रालय स्थापित किये जाने चाहिए। मूत्रालय में उचित स्वच्छ प्रबंध तथा निस्तारण के लिए नालियों आदि का आधार करना चाहिए। दुर्गन्ध आदि से बचाव के लिए ब्लीचिंग पाउडर अथवा चूने के मिश्रण का छिड़काव किया जाना चाहिए।

***(ii)* कूड़ा-करकट**–उत्सव स्थलों का सम्पूर्ण क्षेत्र निश्चित रूप से बुहारा तथा साफ किया जाना चाहिए। दिन में कम-से-कम एक बार कूड़ा-करकट इकट्ठा कर किसी दूर के कूड़ाघर में ले जाकर जला देना चाहिए। आम तौर पर प्रति एक हजार व्यपिरायों पर एक सफाईकर्मी का प्रबंध किया जाना चाहिए। कूड़ा डालने के लिए अनेक जगहों पर कूड़े के डिब्बें रखे होने चाहिए।

(5) पर्याप्त जल की व्यवस्था–साधारण तौर पर आयोजित जगहों पर जलापूर्ति अपर्याप्त और जल प्रदूषण की समस्या रहती है। सन् 1955 में सार्वजनिक अधिनियम द्वारा यह प्रस्तावित किया गया कि पचास हजार या उससे अधिक जनता के लिए आयोजन स्थल पर ही स्थायी जलापूर्ति का प्रबंध होना चाहिए और पानी का निश्चित रूप से क्लोरीनीकरण होना चाहिए। आवश्यकता पड़ने पर विसंक्रमित जल को आयोजन जगह तक ट्रकों टैंकरों के बीच से पहुँचाये जाने का प्रबंध होना चाहिए। कम समय के लिए तीर्थयात्रियों को प्रचुर मात्रा में पानी की के लिए नलकूप तथा नल सुविधा के अनुरूप लगाये जा सकते हैं। जहाँ एकत्र पानी की सुविधा हो वहाँ किसी को भी नहाने, कपड़े धोने या बर्तन साफ करने की अनुमति नहीं दी जानी चाहिए।

(6) भौगोलिक स्थिति–मेले तथा त्योहारों के आयोजन स्थल को निश्चित करते समय भौगोलिक स्थितियों का भी ध्यान रखना चाहिए। आयोजन के दौरान होने वाली गतिविधियों और भीड़ को देखते हुए कुछ स्थान पहले से ही नियत कर देने चाहिए। वहाँ सेनीटरी व्यवस्था, स्वास्थ्य से जुड़ी सेवाएँ और सुरक्षा व्यवस्था सुचारु होनी चाहिए। आगन्तुकों के लिए आने-जाने के लिए सम्पर्क मार्गों को भी विभिन्न चाहिए और प्रमुख प्रवेश द्वार पर पूछताछ और चिकित्सा सेवा केन्द्र स्थापित किये जाने चाहिए।

शिविरों की साफ-सफाई

जिस प्रकार मेलों इत्यादि के मौकों पर साफ-सफाई का इंतजाम किया जाता है उसी प्रकार शिविरों का आयोजन करते समय साफ-सफाई का ध्यान रखना चाहिए। अधिकतर शिविरों को अस्थायी और अर्द्ध अस्थायी रूप से लगाया जाता है। शिविर के करीब भी साफ-सफाई की सुविधाओं की व्यवस्था भी होनी चाहिए।

शिविरों की सफाई के लिए निम्नलिखित बातों पर विशिष्ट रूप से ध्यान देना चाहिए–

(1) विशेष व्यवस्थाएँ—शिविर में प्राथमिक चिकित्सा, मेटरनिटी केन्द्र सुविधायें, एक औषधालय, संक्रामक रोगों से बचाव के उपाय व प्रशिक्षित चिकित्सक की विद्यमता भी होनी चाहिए। संक्रामक रोगों से बचने के लिए टीकाकरण की सुविधाएँ भी प्राप्त होनी चाहिए। शिविर की अवधि तक के लिए सन्दर्भ सेवाओं के लिए एम्बुलेंस की प्रबन्ध हो सके तो ज्यादा अच्छा होगा।

(3) भोजन बनाने का स्थान—भोजन बनाने का स्थान एकदम अलग होना चाहिए और भोजन बनाने वाले लोगों की जाँच होनी चाहिए। भोजन बनाने वाले स्थान पर मक्खियाँ नहीं होनी चाहिए और धुआँ न उत्पन्न करने वाला चूल्हा होना चाहिए। इस स्थान को शौचालयों से दूर होना चाहिए। भोजन बनाने के लिए व बर्तन इत्यादि को साफ करने के लिए प्रर्याप्त पानी होना चाहिए।

(3) गंदगी का उचित निस्तारण—कूड़ा-करकट इकट्ठा करने के लिए शिविरों में डिब्बे रखने चाहिए जो दिन में एक बार शिविर से कुछ दूरी पर बनाये कूड़ाघर में जाकर खाली किये जाने चाहिए और वहाँ उसे जला देना चाहिए। दिन में कम-से-कम दो बार शिविर में साफ-सफाई और जगह को झाडू दी जानी चाहिए। शिविर से अलग हटकर एक तरफ ट्रेंच-शौचालयों या डग-वैल शौचालयों का निर्माण कराना चाहिए तथा उसके निस्तारण का समुचित प्रबन्ध होनी चाहिए। गन्दे पानी को बहा ले जाने के लिए खुली नालियाँ होनी चाहिए। जिससे गंदा पानी इकट्ठा न हो।

(4) स्वास्थ्य शिक्षा—त्योहारों, मेलों, शिविरों में सभी जगह जनता में चेतना जागरण के लिए स्वास्थ्य शिक्षा का प्रसार करने वाले होर्डिंग, पोस्टर आदि लगाये जा सकते हैं। कुछ स्थान पर फिल्म, कठपुतली के नाच, डॉक्यूमेन्ट्री आदि के माध्यम से जनता को आकृष्ट किया जा सकता है। हिन्दी में साहित्य और पुस्तकें भी बांटी जा सकती हैं।

(5) उचित जल व्यवस्था—शिविर स्थल पर पेयजल की सही ढंग से व्यवस्था होनी चाहिए। शिविर का समय लम्बा हो तो जलापूर्ति के लिए पृथक् पाइप लाइन का प्रबंध कर भिन्न-भिन्न जगहों पर सुविधा दी जा सकती है। पुरुषों तथा महिलाओं के स्नानघरों को भिन्न-भिन्न दिशा में बनाया जाना चाहिए। यदि शिविर आयोजन के इलाके में जल का अभाव हो तो गाड़ियों से जलापूर्ति की जा सकती है। ऐसे में जल प्रदूषण रोकने के उचित उपाय होने चाहिए और निरंतर क्लोरीनीकरण होना चाहिए।

(6) शिविर का स्थान–शिविर का निर्माण ऊँचे तथा सूखे जगहों पर किया जाना चाहिए। यह स्थान सड़क के नजदीक होनी भी जरूरी है।

(7) आवास–शिविरों में कुटी या तम्बू एक क्रम में लगाने चाहिए। उचित व्यवस्था के लिए सोने, रहने, खाने-पीने, भोजन पकाने की भिन्न-भिन्न स्थान पर कुछ जगह छोड़कर होनी चाहिए। सेनीटेशन की सबसे उत्तम व्यवस्था होना, चाहिए।

पर्यावरण की स्वच्छता तथा स्वास्थ्य

पर्यावरण की उचित साफ-सफाई का प्रभाव मनुष्य के स्वास्थ्य पर प्रत्यक्ष रूप से पड़ता है। यदि पर्यावरण स्वच्छ है तो उसका मानव शरीर पर भी अच्छा प्रभाव पड़ता है। पर्यावरण को स्वच्छ बनाकर मनुष्य के स्वास्थ्य को नुकसान पहुँचाने वाले कारकों पर नियंत्रण कर लिया जाता है। ये मनुष्य के स्वास्थ्य को ही प्रभावित नहीं करते बल्कि उसके भौतिक विकास में भी बाधक बनते हैं। वायु प्रदूषण ने शहरों में आज एक विकराल रूप धारण कर लिया है। औद्योगिक विकास के कारण औद्योगिक निकास पदार्थों से पर्यावरण का प्रदूषण दिन–प्रतिदिन हो रहा है। परमाणु विज्ञान की उन्नति के कारण वातावरण में रेडियो एक्टिव पदार्थों की अधिकता होने से वातावरण ज्यादा प्रदूषित हो रहा है। इसलिए पर्यावरण की स्वच्छता अब एक ऐसी छलना बन गई है जिसका कहीं छोर ही प्रकट नहीं होता। स्वच्छ पर्यावरण की प्राप्ति अब बहुत कठिन होती जा रही है। मनुष्य के आस-पास विद्यमान वातावरण में प्राकृतिक एवं कृत्रिम प्रदूषण कारक सभी जगह पाए जाते हैं जैसे–वायु, मिट्टी, मल, धुआँ, धूल, ताप, नमी, वर्षा, जल, कूड़ा, जानवरों के शव, शोर आदि। पर्यावरण को स्वच्छ बनाने के लिए आवश्यक है कि हम विभिन्न पहलुओं पर विचार करें जैसे मेले अथवा जलसे में वातावरण की स्वच्छता, जल का वितरण। वायु व संवातन, मल, कूड़े, शव का निकास एवं मकान की व्यवस्था, शहर और ग्राम में मकानों की योजना।

जल वितरण

जल के बिना किसी भी प्राणियों का जीवित रहना असम्भव है। अर्द्ध–विकसित एवं विकासशील देशों में अशुद्ध जल, जन-सामान्य के स्वास्थ्य के स्तर में गिरावट लाने में मूल रूप से उत्तरदायी है इस इस समस्या का निदान तभी हो सकता जब पानी के अन्दर आयी गिरावट को सुधारा जाये। उत्तर प्रदेश में वाटर वर्क्स के सहयोग

प्राप्त होने के पश्चात् 1964 में हैजे की मृत्यु दर 74.1 प्रतिशत तक कम हुई, टायफाइड की मृत्यु दर 63.6 प्रतिशत तक, पेचिश की मृत्यु दर 23.1 प्रतिशत तथा अतिसार की मृत्यु दर 42.7 प्रतिशत तक कम हो गई थी। इस प्रकार यह स्पष्ट है कि वाटर वर्क्स पर किया गया खर्च प्रदेश के उन्नत स्वास्थ्य स्तर के रूप में अच्छा परिणाम देने में समर्थ हो पाया।

विश्व स्वास्थ्य संगठन ने भी यह संकल्प लिया है कि 1990 तक वह सबके लिए पानी का प्रबन्ध करने में सफल हो सकेगा। सुरक्षित जल उस जल को कहते हैं जो दीर्घ समय तक उपयोग करने पर भी पीने वाला व्यक्ति किसी भी हानिकारक बीमारी से ग्रस्त न हो। यह सुरक्षित जल स्वाद में भी अच्छा होना चाहिए। यदि इसका स्वाद या बाह्य दर्शन असन्तोषजनक होगा तो स्वाभाविक है कि जल का प्रयोग करने वाला कम सुरक्षित जल की ओर आकर्षित होगा। सुरक्षित पानी में विभिन्न गुण होते हैं जिनमें हानिकारक रासायनिक पदार्थ न हो, स्वाद मीठा हो, घरेलू कार्यों में उपयोग किया जा सके, हानिकारक जीवाणु न हो।

संक्रमित जल को अशुद्ध जल भी कहा जाता है। इसमें संक्रामक, कारक की उपस्थिति है। यह विषाक्त रासायनिक पदार्थ अथवा औद्योगिक मल या गंदे पानी का मिश्रण होता है। दूसरे शब्दों में मनुष्य की किसी भी क्रिया में प्रयुक्त जल तदनन्तर स्वच्छ नहीं रह पाता अस्वच्छ जल कहलाता है। पानी के अनेक कार्य हैं। यह बाह्य एवं आन्तरिक शुद्धी के लिए काफी आवश्यक है।

शरीर के कोषों एवं खून में जल का अंश होता है। शरीर में 66 प्रतिशत पानी ही होता है। भोजन में भी जल होता है, शारीरिक तापमान बनाए रखने में, भोजन को घोल कर पचाने में, अवशोषित भोजन के परिवहन में, वितरण में, बेकार के पदार्थों को निष्कासित करने में जल उपयोगी साबित होता है। रक्त में इसकी मात्रा 79 प्रतिशत, मस्तिष्क में 80 प्रतिशत तथा हड्डियों में 10 प्रतिशत होती है। हम मोटे तौर पर जल की उपयोगिता को चार वर्गों में विभाजित कर सकते हैं–

(1) औद्योगिक उपयोग लोहा–स्टील या कागज़ के उद्योगों के लिए ज्यादा मात्रा में पानी आवश्यक है। पानी की कमी में औद्योगिक तरक्की संभव नहीं है।

(2) कृषि संबंधी उपयोग–समस्त विश्व के लिए आवश्यक भोजन व कच्चे माल के निर्माण व खेत की सिंचाई के लिए जल की जरूरत होती है।

(3) घरेलू उपयोग–घरेलू कार्यों जैसे–पीने, खाना बनाने, स्नान करने आदि तथा सफाई के लिए।

(4) सार्वजनिक उपयोग—सार्वजनिक उपयोग उदाहरण के लिये—सफाई, आग बुझाने, पार्क आदि की देखभाल तरण-तार है।

कहने का अभिप्राय यह है कि पानी देश की आर्थिक, सामाजिक तथा सांस्कृतिक उन्नति एवं विकास के लिए अत्यंत जरूरी है। जल संवहित रोगों से बचाने, ग्राम स्वास्थ्य सुधार के लिए तथा जीवन की गुणवत्ता की प्रगति के लिए पानी आवश्यक है।

विश्व के सभी व्यक्तियों के लिए अलग-अलग कार्यों के निमित्त प्रतिदिन 150—200 लीटर जल पर्याप्त होता है। लेकिन गर्मियों में इसकी मात्रा बढ़ सकती है। इसका घटना-बढ़ना लोगों की आदतों और रहन-सहन के स्तर पर भी निर्भर करता है। जन स्वास्थ्य के विकास के लिए पानी की मात्रा एवं गुण दोनों का उत्तम होना जरूरी है। इसी तरह पानी मनुष्य की वह जरूरत जिसके द्वारा ही उसका जीवन निर्वाह होता है, यदि मनुष्य के जीवन में पानी का उपयोग बन्द हो जाये तो जीना संभव नहीं है।

जल की उपलब्धि के प्रमुख स्त्रोत

यह सर्वविदित है कि सभी प्रकार का जल समुद्र से ही मिलता है। भूमि के जल के वाष्पीकरण से हल्की वाष्प ऊपर उठकर बादलों में परिवर्तित जाती है। उसके बाद ही जल का यह रूप संघनन व अवक्षेपण से भूमि पर पुनः उतरता है तथा भू-पृष्ठीय जलाशयों में भर जाता है। जल के इस चक्र को जल-चक्र कहते हैं। इस प्रकार जल-चक्र द्वारा समुद्र का जल अनेक रूपों में बदलते हुए दुबारा पृथ्वी पर लौट आता है। अतः जल की उपलब्धि के निम्नलिखित स्रोत है—

(1) भू-पृष्ठीय जल—वर्षा ही इस प्रकार के जल का प्रमुख स्त्रोत है। भारत में अधिकतर लोग भू-पृष्ठीय जल पर ही आश्रित रहते हैं। इसके अंतर्गत परिबद्ध अथवा कृत्रिम जलाशय नदी तथा तलाब, झील, नहर, पोखर, सरोवर आदि आते हैं। इनके पानी में कार्बनिक जैविक, जीवाणविक या वायरस से दूषण होने की उच्च सम्भावनाएँ रहती हैं।

(*i*) नदियाँ तथा नहरें—विभिन्न बड़े शहर; जैसे—कलकत्ता, दिल्ली, इलाहाबाद पटना जो नदी किनारे बसे हैं, नदी के जल पर आश्रित हैं। नदी का जल उद्गम-स्थल शुद्ध, निर्मल और दोष रहित रहता है परंतु ज्यों-ज्यों वह आगे बढ़ती जाती है, उसका जल दूषित होने लगता है। इसका महत्वपूर्ण कारण है किनारे बसे

वे बड़े-बड़े नगर-शहर जिनका मल, गंदी नालियाँ, कूड़ा, गन्दगी, उद्योगों का रासायनिक दूषित जल इसमें मिलता जाता है और नदी का पानी भी दूषित हो जाता है।

इसके अलावा वर्षा ऋतु में नदी का जल गंदा हो जाता है, इसमें घुली हुई अशुद्धियाँ भी विभिन्न तरह की होती हैं और उसमें जीवाणुओं की संख्या तथा पराश्रय जीवों की संख्या ज्यादा होती है। नदी का पानी सदा चमकदार व साफ होना चाहिए। स्वयं नदी अपने दूषित जल को उपयोगी बनाने के लिए अपनी कोशिशों से उसे शुद्ध कर लेती है। प्राकृतिक दबावों की वजह से तनुकरण अवसादन या तलछटीकरण वातन या वायुमिश्रण ऑक्सीकरण धूप मछलियाँ तथा तली में उपस्थित पेड़—पौधे उसके पानी की अशुद्धियों को दूर करने में सहायक हैं। इस पर भी नदी जल के दूषण को पूरी प्रकार नष्ट करने के लिए ये उपाय पर्याप्त नहीं होते हैं। इसलिए आज जनता को प्रयोग में लेने से पहले नदी के जल का निस्यंदन तथा क्लोरीनीकरण करने की जरूरत होती है।

***(ii)* तालाब, पोखर तथा झील**—ग्रामीण क्षेत्रों में तालाब, पोखर तथा झीले ज्यादातर देखने को मिलते है। साधारणतया इनका पानी बहुत ही जल्दी दूषित हो जाता है। चूँकि गांव के लोग इनके पानी का उपयोग बिना सोचे समझे करते हैं। वे इसमें नहाते हैं, कपड़े धोते हैं, जानवरों को तैरने देते हैं जो उसी पानी में मल-मूत्र का निष्कासन भी करते हैं।

इस प्रकार दूषित हुए पोखरों व तलाबों का पानी पीने लायक नहीं होता है। बरसात के बाद उनमें कीचड़ व मिट्टी ऊपर आ जाती है जिससे कार्बनिक पदार्थों की मात्रा अक्सर बढ़ जाती है। पोखर और तालाबों का पानी कभी—कभी नरम भी हो सकता है लेकिन प्रायः इसका पानी कठोर ही होता है और उसमें कार्बनिक व लवण घुले रहते हैं। इन ग्रामीण पोखरों व तलाबों को उपयोगी और सुरक्षित बनाने के लिए निम्नलिखित तरीके अपनाए जा सकते हैं—

1. तालाब के चारों ओर के तट को पक्का बनाकर उन्हें 5-6 फुट ऊँचा उठाया जाए जिससे सतह अथवा किनारे पर इकट्ठा दूषित जल अन्दर प्रवेश न कर पाए।
2. चारों ओर बाड़ लगाया जाए जिससे मवेशी वहाँ प्रवेश न कर सकें।
3. एक ऊँचा चबूतरा बनवाकर वहाँ से पानी खींचने की व्यवस्था की जानी चाहिए।

4. पानी के खरपतवार या पौधों की सफाई समय-समय पर की जाए। गर्मियों में उसकी सफाई तथा बरसात में क्लोरीनीकरण किया जाए। इससे बालू के निस्पंदन में सहायता मिलती है।
5. तालाब तथा पोखरों के आस-पास कूड़े का ढेर न लगाने दिया जाए, आस-पास शौचालय और मूत्रालय न हों तथा मरघट भी इनसे काफी दूर होना चाहिए।
6. तलाब में प्रवेश करने, तैरने आदि की अनुमति किसी को भी न दी जाए। किनारे बाहर की तरफ ढालू रहें, आस-पास पेड़ न लगाकर कुछ दूरी पर लगाए जाएँ जिससे उनके झड़ने वाले पत्ते तथा उन पर बैठने वाले पक्षी अपने मल से जल को दूषित न कर सकें। किनारे पर नहाने-धोने और शव जलाने पर रोक लगाना चाहिए।

(*iii*) कृत्रिम जलाशय—कृत्रिम जलाश्य का निर्माण मिट्टि और कंक्रीट से किया जाता है जसके तहत ज्यादा मात्रा में भू-पृष्ठीय जल को संग्रहित कर सकते हैं। जिस क्षेत्र से होकर पानी जलाशय तक बहता है उसको कैचमेन्ट क्षेत्र या आवाह तंत्र कहते हैं। समय-समय पर इसमें सफाई न होने के की वजह से एल्गी अथवा अन्य जीवाणु-कीटाणु पैदा होकर पानी के स्वाद एवं गंध को बिगाड़ सकते हैं। साधारणतया इस प्रकार के जलाशय का पानी साफ, शुद्ध, व पीने योग्य होता है। इसका गुण भी उत्तम होता है। यह जल मीठा होता है, जीवाणुओं से साधारणतया स्वतन्त्र होता है। आस-पास मनुष्य एवं जानवरों के होने से कैचमेन्ट क्षेत्र में आवश्यक अशुद्धियाँ मिश्रित होने की सम्भावना रहती है। इसलिए इस क्षेत्र को सुरक्षित रखने की ज्यादा जरूरत होती है।

(2) वर्षा का जल—पृथ्वी पर मुख्य रूप से वर्षा के द्वारा जल प्राप्त होता है। वर्षा के पानी का कुछ भाग भूमि द्वारा शोषित होकर भौम जल का रूप ग्रहण करता है, कुछ अंश दुबारा वाष्पीकृत होकर वायुमण्डल में मिल जाता है, कुछ अंश नदी एवं नालों के द्वारा समुद्र तक पहुँचता है और कुछ पेड़-पौधे भूमि से पानी को ग्रहण करके पत्तों की मदद से वाष्पीकृत करते हैं।

वर्षा के पानी की अपनी विशिष्टता होती है। यह प्रकृति में उपस्थित सबसे स्वच्छ जल है—बाहरी रूप से साफ चमकीला और शुद्ध दिखाई देता है; रासायनिक रूप से नरम होता है। यह हानिकारक जीवाणुओं से रहित होता है। शुरू में वर्षा का जल सबसे शुद्ध होता है फिर भी भूमि की ओर उतरते समय वायुमंडल में विद्यमान अशुद्धियाँ उदाहरण के लिये—धूल, धूआँ तथा अन्य उड़ते हुए पदार्थ, जीवाणु, गैस

आदि के साथ मिलकर अपने प्राकृतिक स्वभाव को खोता है। इसलिए पहली और दूसरी वर्षा के जल का प्रयोग नहीं करना चाहिए।

(3) भूमिगत या भौम जल—छोटे समूहों के लिये जल प्राप्ति का आसान उपाय ही भूमिगत अथवा भौम जल कहलाते है। यह भू-पृष्ठीय जल की तुलना में उत्तम होता है चूँकि भूमि स्वयं ही निस्पंदन का कार्य सफलतापूर्वक करके पानी को शुद्ध करती है। भूमिगत जल सामान्यतया जीवाणुओं से मुक्त रहता है। इस पानी को ज्यादा शुद्धीकरण के तरीकों की जरूरत नहीं रहती है। यह जल गर्मियों के मौसम में भी नही सूखता। परिणामस्वरूप इससे जल की पूर्ति में अवरोध नहीं आता है। इस सब के बाद भी भूमिगत जल के कुछ अहितकारक अथवा अवाँछनीय पहलू भी हैं। इस प्रकार के पानी में लवणांश की मात्रा ज्यादा होती है। कैल्शियम तथा मैग्नीशियम लवणों की मात्रा ज्यादा होने से पानी कठोर बन जाता है। इसके अलावा भूमिगत जल को उपयोग के लिए बाहर तक लाने के लिए पम्प अथवा अन्य व्यवस्था करने की आवश्यकता होती है।

सामान्य तौर पर वर्षा का जल ज़मीन द्वारा शोषित होकर भूमि के नीचे कहीं एकत्र हो जाता है। इस प्राकृतिक निस्यंदन या निथारने की क्रिया से जल शुद्ध, स्वच्छ एवं निर्मल हो जाता है। जितनी गहराई में पहुँच कर जल इकट्ठा होता है उतना ही वह शुद्ध होता जाता है। जो जल कम गहराई पर ही इकट्ठा हो जाता है तो वह प्रथम अप्रवेश्य स्तर के ऊपर ही रहता है। इस तरह के जल को सब-सॉइल-जल या अधोमृद् जल कहते हैं। जब जल भूमि के अन्दर दो अप्रवेश्य स्तरों के मध्य इकट्ठा होता है तो उसको गहरा भौम जल कहते हैं।

भौम जल या भूमिगत जल के उदाहरण के रूप में यह कुएँ तथा झरने के नाम से जाना जाता है। कुएँ कई स्वरूप होते है जैसे उथले, खोदे गये, आर्टिजन, जल कूप, गहरे।

झरने मूल रूप से उष्ण, लवण, सतही या उथले तथा गहरे ये प्रकार के होते हैं—

जलीय अशुद्धियाँ

जल में प्राप्त अशुद्धियाँ दो वर्गो में बांटी जा सकती हैं जिनमें पहली निलम्बित अशुद्धियाँ और दूसरी घुलित अशुद्धियाँ हैं। अवलम्बित अशुद्धियों में दोनों तरह की कार्बनिक और अकार्बनिक वस्तुएँ पाई जाती हैं। कार्बनिक के अंतर्गत मल, औद्योगिक उत्सर्जित पदार्थ, वानस्पतिक पदार्थ, जीवाणु, प्रोटोजोआ कृमिकीट, उनके

अण्डे, लार्वे आदि आते हैं और अकार्बनिक अशुद्धियों के तहत धातु उदाहरण के तौर पर—लोहा, सिलिका, मिट्टी, कीचड़, गर्द आदि आते हैं। घुलित पदार्थों में ठोस और गैसीय पदार्थ होते हैं उदाहरण के लिये—कुछ कार्बनिक तथा धातुयुक्त अकार्बनिक पदार्थ और कार्बन डाइऑक्साइड, सल्फाइड, हाइड्रोजन, अमोनिया, क्लोरीन आदि गैस। अशुद्ध जल के सेवन से विभिन्न बीमारियाँ होती हैं।

जल शुद्धीकरण विधियाँ

वाटर वर्क्स के माध्यम से पानी का वितरण किया जाता है चूँकि पानी का प्रभाव सार्वजनिक जीवन पर प्रत्यक्ष रूप से पड़ता है। इसी तरह जल का शुद्धीकरण उसका एक प्रमुख उत्तरदायित्व है। पानी को शुद्ध करने के दो प्रमुख तरीके हैं—प्राकृतिक तथा कृत्रिम। प्राकृतिक तरीके के अंतर्गत प्राकृतिक संघनन तथा वाष्पीकरण आते हैं। इसके अलावा संग्रह, हवा, नदी, तलछटीकरण, सूर्य की किरणों, ऑक्सीजन आदि का स्वयं शुद्ध होना, मिट्टी द्वारा निस्यंदन आदि भी जल की शुद्धी के प्राकृतिक संघनन से ही प्राप्त होता है। तनुकरण के द्वारा जलाशय के पानी का स्वतः ही शुद्धीकरण हो जाता है। आसवन एवं संघनन तलछटीकरण, उबालना, स्कंदन वातन अधिचूषण गंध तथा स्वाद से रिक्त करके, लवणाश तथा कठोरता दूर करना, निस्यंदन तथा विसकरण आदि जल को शुद्ध करने के कृत्रिम तरीके हैं।

दो पैमानों पर जल का शुद्धीकरण किया जाता है जो इस प्रकार है—

(1) बड़े पैमाने पर जल का शुद्धीकरण—वाटर वर्क्स द्वारा जल शोधन के तीन तरीके मान्य हैं—संग्रह, निस्यंदन तथा क्लोरीनीकरण जिनका उपयोग सामान्य वितरण के लिए उपयोग में आने वाले जल के शुद्धीकरण के लिए बड़े पैमाने पर किया जाता है। इन पर नीचे विस्तारपूर्वक प्रकाश डाला गया है—

(*i*) निस्पंदन—इस चरण में 98—99 प्रतिशत जीवाणुओं का नाश हो जाता है। व्यवहार में दो तरह के निस्यंदक प्रचलित हैं जो कि निम्नलिखित हैं—

(*ii*) संग्रह—जल शुद्धी करण के चरण में पानी का उसके स्त्रोत से प्राप्त कर बड़े परिबद्ध जलाशयों में इकट्ठा किया जाता है जिससे उद्गम पर होने वाले संदूषण से पानी बचा रहता है। केवल इकट्ठा करने मात्र से ही पानी का गुण कुछ सीमा तक बढ़ जाता है। उससे 90 प्रतिशत निलम्बित अशुद्धियाँ नीचे तली में बैठ जाती हैं। अपने ही वजन के कारण से अन्य ठोस अशुद्धियाँ 24 घण्टें में तले में इकट्ठा हो जाती हैं, पानी कुछ साफ हो जाता है और सूर्य की रोशनी उससे होकर नीचे तक प्रवेश करती है जिससे निस्यंदकों का कार्य कुछ आसान हो जाता है।

संग्रह के समय कुछ रासायनिक परिवर्तन भी आते हैं उदाहरण के लिये–वायवीय जीवाणु, अकार्बनिक पदार्थों को पानी में उपस्थित ऑक्सीजन की मदद से ऑक्सीकृत करने लगते हैं। इससे पानी में विद्यमान स्वतंत्र अमोनिया कम होकर नाइट्रेट की मात्रा बढ़ने लगती है। पानी के संग्रह की वजह से जैविक बदलाव भी होता है जैसे–जीवाणुओं की संख्या घटने लगती है। पाँच–सात दिनों में हानिकारक जीवाणु धीरे–धीरे मरने लगते हैं। यह पता लगाया गया है कि नदी के पानी में 90 प्रतिशत जीवाणुओं की संख्या नदी के जल को संग्रह करने से कम हो गई। यह संग्रह का सबसे प्रमुख लाभ है और इसी वजह से नदी के पानी को 10 से 5 दिन तक संग्रहित किया जाता है। इससे ज्यादा समय तक संग्रह रखने से उसमें एल्गी आदि जीव पैदा हो जाते हैं जिससे बदबू आने लगती है।

(क) तेज गति के यान्त्रिक निस्पंदक–इस प्रकार के निस्पंदक का निर्माण सर्वप्रथम 1885 ई. में अमेरिका में हुआ। ये दो प्रकार के होते हैं–गुरूत्व वाला, इसे पीटरसन का निस्पंदक कहते हैं तथा दबाव वाला इसे कैण्डी का निस्पंदक कहते हैं।

इस प्रकार के निस्पंदक का इसमें भी शोधन क्रिया द्वारा पहले जल को इकट्ठा किया जाता है। नदी या पानी के स्त्रोत से पम्प द्वारा, पानी को कृत्रिम जलाशय तक पहुँचाया जाता है। पानी के साथ रासायनिक स्कंदन के लिए फिटकिरी की ठोस मात्रा मिलाई जाती है। फिटकिरी की मात्रा पानी के गंदलेपन, तापमान तथा अम्लीयता या क्षारीयता के अनुरूप घटाई अथवा बढ़ाई जाती है। इसके बाद मिश्रण कक्ष में कुछ समय के लिए यह प्रचण्ड वेग से पानी के हर कण के साथ प्रतिक्रिया करने लगती है। उसके बाद कक्ष में आने तक धीरे-धीरे मिश्रण को आधे घंटे हिलाया जाता है। इससे सफेद, मोटा व ज्यादा मात्रा में अवक्षेप बनने लगता है जो कि शुद्ध अल्यूमीनियम हाइड्रोक्साइड होता है। इसके पश्चात् स्कंदित पानी को तल छटीकरण की टंकियों में बहाया जाता है जिसमें वह 2 से 6 घण्टे तक रहता है और इस प्रक्रिया के तहत् अवक्षेप, अशुद्धियाँ तथा जीवाणु टंकी के निचले भाग में बैठ जाते हैं। लगभग 95 प्रतिशत अवक्षेप के टंकियों के नीचे बैठे जाने के बाद उसे त्वरित निस्यंदक में बहाया जाता है।

निस्पंदक का क्षेत्रफल लगभग 900 वर्ग फुट होता है। इसमें मुख्यतः बालू द्वारा ही निस्यंदन होता है। बालू का आकार 2 मीटर होता है। यह स्तर 2 से 3 फुट होता है। इसके ऊपर महीन बालू (1 से 1 फुट) होता है और बालू पर 5 से 6 फुट तक पानी होता है। निस्यंदन के दौरान फिटकिरी का अवक्षेप बालू पर ही ठहर जाता है। यह धीमी जैविक निस्यंदक में उपस्थित जैव तह के समान कार्य करने लग जाता

है। यह एक फिसलने वाला स्तर बनाता है जिसके द्वारा वह अधिचूषण की क्रिया से जीवाणुओं को रोकता है। इसके अतिरिक्त अमोनिया का ऑक्सीकरण हो जाता है। जैसे-जैसे निस्यंदन की क्रिया चलती है, अवलम्बित पदार्थ तथा जीवाणु निस्यंदक के कार्य में बाधा पैदा कर सकते हैं। इससे फिल्टर भी गन्दा हो जाता है व अपनी क्षमता धीरे-धीरे खोने लगता है। एक ऐसा समय आता है जब निस्यंदन की क्रिया पूर्ण रूपेण रुक जाती है। इस स्थिति में फिल्टर की पूर्ण सफाई की जाती है।

पश्चधावन की क्रिया में पानी के प्रवाह को बालू के स्तर से विपरित चलाया जाता है। इससे अशुद्धियों का स्तर बिखर जाता है व बालू की तह साफ हो जाती है। तब तक पश्चधावन चलता है जब तक स्वच्छ बालू दिखाई नहीं देती है तथा पानी साफ व निर्मल नहीं हो जाता है। इस क्रिया के लिए करीब 15 मिनट की आवश्यकता होती है। कई फिल्टरों के लिए संपीड़ित वायु को भी पश्चधावन के लिए प्रयोग में लाया जाता है।

त्वरित यान्त्रिक फिल्टर से कई लाभ होते हैं यह कच्चे पानी पर जल्दी ही काम कर सकता है। इसमें पानी को पहले से संग्रहित करने की आवश्यकता नहीं रहती है। यह कम स्थान घेरता है। निस्यंदन तेज गति से होता है। धीमी गति निस्यंदक की तुलना में यह 40 से 50 गुना ज्यादा पानी का निस्यंदन कर सकता है। इसमें फिल्टर का पश्चधावन भी सुगमता से किया जा सकता है। इस निस्यंदक से प्राप्त जल सिर्फ 95 प्रतिशत ही कीटाणुरहित रहता है इसलिए क्लोरीनीकरण करने की जरूरत रहती है। इसके लिए इसमें प्रचुर मात्रा में क्लोरीन मिलाते हैं यानि ब्लकेग पाउडर, क्लोरीन गैस अथवा क्लोरामिन आदि में से किसी का भी प्रयोग कर सकते हैं। साधारणतया करीब-करीब 0-2 PPM क्लोरीन की जरूरत होती है।

***(iii)* क्लोरीनीकरण**—जल के शुद्धीकरण की अनुपूरक क्रिया को क्लोरीनीकरण कहा जाता है लेकिन उसको स्थानान्तरित नहीं किया जा सकता यानि निस्यंदकों द्वारा शुद्ध हुए पानी को ज्यादा साफ तथा उपयोग के लिए उचित बनाने के लिए क्लोरीनीकृत किया जाता है। क्लोरीन हानिकारक जीवाणुओं का नाश करता है परन्तु कुछ के वायरस या कुछ स्पोर पर इसका असर नहीं हो पाता है। क्लोरीनीकरण के विभिन्न लाभ हैं। यह लोहे के साथ-साथ मैंग तथा हाइड्रोजन सल्फाइड को भी ऑक्सीकृत करता है। जल में उपस्थित बदबू उत्पन्न करने वाले तथा स्वाद बिगाड़ने वाले कारकों का भी क्लोरीनीकरण हो जाता है। पानी के साथ जब क्लोरीन को मिश्रित किया जाता है तब हाइड्रोक्लोरिक अम्ल तथा हाइपोक्लोरस अम्ल का निर्माण होता है। जल में विद्यमान क्षारीयता को उदासीन बना देता है जबकि केपोक्लोरस

अम्ल दो आयन में बदलता है, हाइड्रोजन और टाइपोक्लोराइड। हाइपोक्लोराइड विसंक्रमण में सहायता प्रदान करता है।

क्लोरीनीकरण के लिए अलग प्रकार के उपकरण की जरूरत होती है चूँकि क्लोरीन गैस आँखों में जलन पैदा करने वाली तथा जहरीले होती है। इसी तरह हर वाटर वर्क्स में उपर्युक्त उपकरण इस उद्देश्य के होते हैं।

क्लोरीन के दुष्परिणामों को देखते हुए आजकल इसके स्थान पर ओजोन का उपयोग किया जाता है। इससे बदबू, बिगड़े स्वाद व रंग ठीक हो जाते हैं। आकेन वायरस को निष्क्रिय करने में कुछ क्षण लगता है जबकि क्लोरीन को कुछ समय लग जाता है। ओजोन गैस के साथ एक कठिनाई यह है कि अपना कार्य करने के पश्चात् यह विघटित होकर उड़ जाती है। इससे कीटाणुनाशक प्रभाव शेष नहीं रह पाता है। अतः क्लोरीन और ओजोन दोनों का ही प्रयोग करने से सफल क्लोरीनीकरण हो सकता है। कुछ लोग सूर्य की पराबैंगनी किरणों को जल के शुद्धीकरण के लिए प्रयोग में लाने का सुझाव देते हैं यह रासायनिक विधि की तुलना में ज्यादा व्यय-साध्य होता है।

(ख) धीमे जैविक निस्पंदक—सर्वप्रथम इस प्रकार के निस्पंदक का उपयोग सन् 1804 ई. में स्कॉटलैण्ड में किया गया था आज भी इस निस्यंदक को पानी के शोधन के लिए एक आदर्श उपकरण माना जाता है। यह निस्यंदक एक एकड़ भूमि पर आयताकार बनाया जाता है। इसकी दीवार सीमेन्ट और कंक्रीट से पक्की बनाई जाती हैं। इसकी गहराई 12 से 14 फुट होती है। नीचे की तरफ शुद्ध पानी के निकलने के लिए छेदयुक्त नल लगा रहता है। इस नल के ऊपर कंक्रीट का एक स्तर होता है जिस पर बारीक बालू तथा बजरी होती है।

कंक्रीट की सतह 6 से 12 फुट तक होती है और उस पर 3 से 5 फुट बालू की तह होती है। इस बालू पर 6 फुट पानी भरा रहता है। पानी के ऊपर का शेष भाग खाली रहता है। करीब 2-3 दिन में बालू पर काई जमने लगती है जो कि एक कार्बनिक पदार्थ होता है। यह सतह 3'' मोटी हो जाती है तब इसे जैव-स्तर काहा जाता है। इस पर हानिरहित जीवाणु पैदा होकर अनेक कारक जीवाणुओं का नाश करने लगते हैं। इसके बाद छने पानी में जीवाणुओं का अंश बहुत कम रह जाता है। जैविक तह की वजह से निस्यंदन ही नहीं अपितु कार्बनिक पदार्थों का ऑक्सीकरण, अवलम्बित पदार्थों का निराकरण, रोगोत्पादक कीटाणुओं का नाश भी होता है। छने हुए पानी का संग्रह, बड़े संग्रहालयों में होता है और वाटर वर्क्स द्वारा सामान्य वितरण के लिए भेजा जाता है। इस निस्पंदक द्वारा एक घण्टे में एक वर्ग

फुट के हिसाब से 2 गैलन पानी का शुद्धीकरण होता है। जैविक स्तर के मोटा हो जाने से निस्पंदन की दर मंद हो जाती है, इसलिए उसके जैविक स्तर को 18" से ज्यादा मोटा नहीं होने देना चाहिए। इससे ज्यादा मोटा होने पर खुरच कर पुनः कम कर देते हैं।

वर्तमान समय में इस प्रकार के निस्पंदक को बनाने में काफी अधिक खर्च आता है और स्थान की भी ज्यादा जरूरत होती है। इसके अलावा निस्यंदन की गति भी मन्द होती है लेकिन इससे छना पानी 99 प्रतिशत जीवाणु-रहित होता है और इसके लिए क्लोरीनीकरण की जरूरत नहीं होती। इस निस्यंदक में जैव सतह का महत्त्व ज्यादा होती है। यह फिसलने वाला, धागे के आकर के एल्गी से बना रहता है। इसके बनने की क्रिया को 'परिपक्व होना' कहते हैं यानि इसके निर्माण के बाद ही निस्यंदक को परिपक्व माना जाता है। इस निस्पंदक द्वारा पानी में 99.9 प्रतिशत तक जीवाणविक कोलाई अनुपस्थित रहता है। इसलिए त्वरित यान्त्रिक निस्पंदक की तुलना में इसका जल ज्यादा शुद्ध होता है।

(2) घरेलू स्तर पर जल का शुद्धीकरण—घरेलू उपयोग हेतु जल का शोधन तीन प्रकार से किया जाता है जिन पर नीचे प्रकाश डाला गया है—

***(i)* रासायनिक विसंक्रमण**—रासायनिक विसंक्रमण को निम्नलिखित बिन्दुओं के अंतर्गत स्पष्ट किया गया है—

***(ii)* पानी को उबालकर**—घरेलू उपयोग के लिए पानी को उबालकर स्वच्छ करने का तरीका सबसे अच्छा है। पानी का पूरा लाभ पाने के लिए आवश्यक है कि पानी को 5-10 मिनट खौलने दिया जाए। इससे सभी जीवाणु, स्पोर (Spore) अण्डे, लावाके (arva) आदि का अन्त हो जाता है। इससे स्टरलाइज्ड किया गया पानी प्राप्त होता है। पानी का अस्थायी कठोरता भी उबालने से दूर हो जाती है, कैल्शियम कार्बोनेट नीचे बैठ जाता है तथा कार्बनडाईआक्साइड (CO_2) उड़ जाती है लेकिन पानी का स्वाद बदल जाता है। यह पानी हानिरहित होता है। उबालने के पश्चात् उसी बर्तन में पानी को ठण्डा होने देना चाहिए। इससे जल के दूषित होने की सम्भावना नहीं होती है। उत्तम विधि के कारण प्रयोगशाला में इस विधि से जल का शोधन किया जाता है।

(क) उच्च परीक्षण हाइपोक्लोराइट—इसमें 70 प्रतिशत तक क्लोरीन होता है। यह एक कैल्शियम का यौगिक है। यह एक स्थिर यौगिक है जिसको ज्यादा दिनों तक इकट्ठा कर सकते हैं।

(ख) क्लोरीन की गोलियाँ—इसे हेलजोन गोली के नाम से भी जाना जाता है। कम मात्रा में पानी के शोधन के लिए इसका उपयोग किया जाता है। 20 लीटर पानी के शोधन के लिए 0.5 ग्राम मात्रा काफी है।

(ग) ब्लीचिंग पाउडर—यह क्लोरीन युक्त बारीक सफेद चूर्ण होता है इसका स्वाद तीखा होता है। केक अस्थिर पदार्थ होता है जो कि हवा, रोशनी अथवा नमी की उपस्थिति में अपनी क्लोरीन की मात्रा को कुछ हद तक त्याग देता है लेकिन चूने के साथ मिश्रित कर देने से स्थिर हो जाता है। इस प्रकार के मिश्रण को शक्तिशाली ब्लीच कहते हैं। इस पदार्थ को अन्धेरे, ठण्डे और शुष्क स्थान में बोतलों में कस कर बन्द करके संग्रहित करना चाहिए। आधा चम्मच ब्लीचिंग पाउडर 500 ग्राम पानी में घोल कर इस घोल के एक चम्मच को 10 गैलन पानी में मिलाकर 10-12 घण्टे तक रखना चाहिए।

(घ) तरल क्लोरीन—यह ब्लीचिंग पाउडर का एक उत्पाद है। 4 किलोगाम ब्लीचिंग पाउडर को 20 लीटर पानी के साथ मिलाने से 5 प्रतिशत क्लोरीन द्रव्य पदार्थ मिलता है।

(ङ) पोटाशियम परमैग्नेट—हालाँकि यह एक शक्तिशाली ऑक्सीकरण का कारक होता है फिर भी यह पानी का पूरी तरह से शोधन के लिए सन्तोषजनक नहीं है। चूँकि यह केवल हैजे के जीवाणुओं को नष्ट करता है तथा अन्य जीवाणुओं पर किसी प्रकार का प्रभाव नहीं डालता है। यह पानी के गन्ध, रंग तथा स्वाद में भी बदलाव ला देता है।

(च) आयोडीन—इसका प्रयोग आपातकालीन शुद्धीकरण के लिए किया जाता है लेकिन इसके उपयोग के कारण थाइराइड ग्रन्थि की सक्रियता बढ़ने की सम्भावना ज्यादा रहती है। इसीलिए इसका उपयोग सोच समझ कर करना चाहिए।

(*iii*) निस्पंदन—इसका निर्माण विशेष प्रकार की चीनी मिट्टी की नलिकाओं से होता है। घरेलू स्तर पर पेस्चर चेम्बरलैण्ड फिल्टर बर्कफेल्ड तथा केटाडिन फिल्टर निस्यंदन में लाए जा सकते हैं। एक या एकाधिक नलिकाओं को लम्बे पात्र में फिट किया जाता है जिनसे होकर पानी नीचे स्थित कक्ष में एकत्र हो जाता है। पात्र के नीचे नल भी लगा होता है। यह कीटाणुओं से स्वतंत्र तथा अवलम्बित वस्तुओं से रहित होता है। चेम्बरलैण्ड फिल्टर में चीनी मिट्टी होती है जबकि बर्कफेल्ड में किसलगूर होती है। केटाडिन फिल्टर में नलिका पर चाँदी के लेप जिसमें जीवाणुओं का नाश चाँदी के सम्पर्क से जल्दी से हो जाता है। फिल्टर की सफाई भी समय-समय

पर की जानी चाहिए चूँकि छिद्रों पर अशुद्धियों या जीवाणु जम जाते हैं। सफाई करने के लिए कड़ा ब्रश प्रयुक्त किया जा सकता है।

वाटर वर्क्स के कार्य

पानी को वाटर वर्क्स में शुद्ध करने के बाद ही इसे पूरे शहर में वितरित किया जाता है। घरों में तथा आम आदमी के उपयोग के लिए सार्वजनिक स्थानों पर नल या हाईड्रेट या बम्बा लगवाकर पानी का विभाजन किया जाता है। शहर की सफाई, पार्क आदि में जल यहीं से पहुँचाया जाता है। आग बुझाने के लिए पानी भी इसी से प्राप्त होता है।

मल तथा कूड़े का निस्तारण

स्वस्थ जीवन जीने के लिए स्वच्छता का काफी महत्व होता है। स्वच्छता के गुण की अभिव्यक्ति साफ पड़ोस, साफ घर, स्वच्छ समूह द्वारा होती है। ज्ञान के माध्यम से इसकी वृद्धि होती है तथा पारस्परिक वैधानिक बन्धन की भावना से यह पोषण पाती है। वातावरण में उपस्थित अनेक कारकों के कार्य से सभी जीव हमेशा प्रभावित होते रहते हैं। बाहरी परिस्थितियों की कुल मात्रा व प्रभाव जो व्यक्ति के विकास, जीवन, व्यवहार तथा सामाजिक गतिविधियों में बदलाव करता रहता है वातावरण कहलाता है। यह चार प्रकार का होता है—जैविक वातावरण, भौतिक वातावरण, सामाजिक वातावरण और आर्थिक वातावरण।

मनुष्य भौतिक वातावरण में जल, भोजन, मनोरंजन, पेशा, वायु, मकान, यात्रा आदि के सम्पर्क में आता है और इनसे प्रभावित भी होता है। इनके अतिरिक्त तापमान, जलवायु, मौसम तथा भौगोलिक परिस्थितियाँ भी इसी के तहत आती हैं। जैविक वातावरण में व्यक्ति विभिन्न तरह के जानवर, कीड़े, सूक्ष्म जीवों के सम्पर्क में आता है और प्रभावित होता है।

सामाजिक वातावरण में वह विभिन्न लोगों के, परिवार और समूह के सम्पर्क में आता है तथा आर्थिक वातावरण के कारण भी उसके स्वास्थ्य पर अच्छा या बुरा प्रभाव पड़ सकता है। पर्यावरण की स्वच्छता का मकसद यह है कि व्यक्ति की मानसिक, शारीरिक अथवा सामाजिक कुशलता को घटाने वाले जितने कारक भौतिक वातावरण में विद्यमान हैं, उनको नियन्त्रण में लाने की कोशिश की जाए। इसके प्रमुख उद्देश्य हैं—संक्रामक रोगों से मुक्ति, उन पर नियन्त्रण, उनके कारणों को हल करना, शुद्ध पानी का वितरण करना, कूड़े एवं मल निकास की व्यवस्था करना, भोजन व

सामान की स्वच्छता की ओर ध्यान देना, शहरों में वायु प्रदूषण को रोकना, औद्योगिक अथवा व्यावसायिक क्षेत्र में खतरा कम करना आदि।

देश के विकास तथा सम्पन्नता हेतु स्वस्थ व्यक्तियों की संख्या में वृद्धि करना आवश्यक होता है। पर्यावरण के स्वच्छ होने पर ही राष्ट्र के स्वास्थ्य के स्तर में भी वृद्धि होती है। मल एवं कूड़े से फैलने वाले कई प्रकार के रोग स्वच्छता रखने से नहीं फैल पाते हैं। मल के निकास की सही व्यवस्था से भोजन, जल आदि खाद्य सामग्री से बेहतर स्वास्थ्य सेवा उपलब्ध होती है स्वच्छता से देश में मृत्यु दर भी कम हो जाती है खासकर बाल मृत्यु दर। आर्थिक फायदे व विकास भी पर्यावरण की स्वच्छता से ही सम्भव है। स्वस्थ व्यक्ति ज्यादा कार्य भी कर सकता है साथ ही कार्य की गुणवत्ता भी अच्छी होती है।

व्यक्ति का स्वास्थ्य अच्छा रहने से बीमारियों पर होने वाला खर्च भी बचता है, देश के विकास कार्य के लिए लोगों की शक्ति में वृद्धि होती है, उत्पादकता बढ़ती है, मानसिक स्थिति सुधरती है और अपराध कम होते हैं। इस प्रकार सामाजिक उन्नति होती है और आम आदमी की औसत आयु भी बढ़ जाती है। यह सार्वजनिक-स्वास्थ्य-स्तर उन सफल तरीकों पर आश्रित होता है जिनकी मदद से समूह के बेकार के पदार्थों को इकट्ठा करके सुरक्षित विधि द्वारा दूर किया जा सके।

मल तथा कूड़े का वर्गीकरण—मूल रूप से मल तथा कूड़े को भागों में विभक्त किया जा सकता है—(क) मल-मूत्र; (ख) घर, कारखानों तथा अन्य क्षेत्रों से बहाया गया व्यर्थ जल; तथा (ग) कूड़ा को दुबारा दो भागों में विभाजित किया जा सकता है—(अ) सूखा व (ब) तरल।

लकड़ी व लोहे के टुकड़े, राख, धूल, कागज, टूटे काँच व प्लास्टिक के बर्तन, जले कोयले आदि सूखे कूड़े हैं, जबकि मवेशियों का मल-मूत्र, गौशाला व कसाईखाने से प्राप्त कूड़ा, सड़क की नालियों का कचरा, कपड़ों के चिथड़े, पत्ते, सड़े फल व सब्जी, रसोईघर से निकले बेकार पदार्थ, मरे जानवर आदि तरल कूड़े हैं। इन व्यर्थ पदार्थों से शीघ्र ही छुटकारा पाने का प्रयास करना चाहिए चूँकि इससे गन्दगी फैलती है, दुर्गन्ध पैदा होती है, चूहे, मक्खी, मच्छर अन्य रोग फैलाने वाले जीवाणु पनपते हैं। इससे पेचिश, टायफाइड, आँख रोग, चर्म रोग, अतिसार, हैजा, टी.बी रोग फैलते हैं।

कहने का तात्पर्य यह है कि ठोस व्यर्थ पदार्थ घर, औद्योगिक व्यावसायिक, सड़क, कृषि-कार्य आदि से मनुष्य की गतिविधियों के कारण निकलते हैं। कूड़े के पड़े रहने से उसमें खमीरीकरण होने लगता है। बरसात के दिनों में वह बहकर जलाशयों तक पहुँच सकता है। इससे वायु प्रदूषण भी होता है। कूड़ा संग्रह के लिए

सार्वजनिक सहयोग जरूरी है। कूड़े की प्रकृति किसी नगर के नागरिकों की आदतों पर आधारित होता है। यह मल रूप से घर, गौशाला, सड़क के कूड़े से मिला होता है। इसके लिए इस्पात के बने हुए ढक्कनुक्त 'कचरा पात्र' उपयुक्त होते हैं। कचरा पात्र का आकार नगर की जनसंख्या पर निर्भर करता है।

आजकल पश्चिमी देशों में कचड़ा फेंकने के लिये कागज की थैली या बोरे का उपयोग होता है भारतीय नगरों में सामान्य तौर पर कचरा पात्र तो हर सड़क पर होता है लेकिन उस पर ढक्कन नहीं दिखाई देता। इसको सार्वजनिक कूड़ा पात्र कहते हैं। इसके उपयोग से सार्वजनिक कूड़ा हवा में इधर-उधर उड़ नहीं पाता है। इस तरह उसकी दुर्गन्ध वातावरण में इधर-उधर नहीं फैल पाती है। मच्छर, चूहे, मक्खी की परेशानी से भी इस प्रकार रक्षा हो सकती है।

कूड़ा एकत्रीकरण—कूड़े को इकट्ठा करने के लिए पहिए वाले ठेलेगाड़ी का उपयोग किया जा जाता है। आदर्श कचरा पात्र तो वह होता है जिसमें ढक्कन लगा रहता है। अस्पताल, बाजार आदि के पास अथवा बड़े नगरों में कचरे के कुण्ड ईंट की दीवारों के भी बने होते हैं। इनमें इकट्ठा कूड़ा नगरपालिका के कर्मचारी द्वारा समय-समय पर हटाया जाता है।

कूड़े का निष्कासन—एक विशेष प्रकार के वाहन का उपयोग कूड़ा हटाने के लिए किया जाता है। सबसे पहले नगरपालिका कर्मचारी हर सड़क, गली से कूड़े-कचरे को एक जगह जमा करते हैं ताकि कूड़ा एक बार में ही गाड़ी में उल्टा जा सके। कूड़े-कचरे का निष्कासन सवेरे और सायं दोनों समय होता है।

कूड़े का निस्तारण—कूड़े-करकट के निस्तारण की कुछ प्रमुख विधियाँ निम्नलिखित हैं—

(1) खाद कर गड्डों में भराव—सामान्य तौर पर गाँवों में कूड़े के निष्कासन की कोई नियमित विधि नहीं होती है। ज्यादातर गावों में घर के पिछवाड़े में गड्ढा खोदकर उसमें कूड़ा, गोबर, घास-फूस, पत्ते आदि भर दिए जाते हैं। रोजाना कूड़ा भरने के बाद ऊपर से मिट्टी बिछाई जाती है। 5-6 महीने में कूड़ा खाद में बदल जाता है। इसके लिए दो गड्ढों की जरूरत होती है। जब एक गड्ढा भर जाता है तब अवशिष्ट पदार्थ दूसरे में डालना शुरू कर देते हैं। खाद तैयार होने पर खेतों में पहुँचा दी जाती है। यह विधि सस्ती तथा आसान है।

(2) नदी अथवा समुद्र में प्रवाहित करना—समुद्र या नदी के किनारे स्थित शहर अथवा गाँवों का कूड़ा-करकट नावों की सहायता से समुद्र अथवा नदी के बीच में डाल दिया जाता है। इससे कुड़ा नदी की तेज धारा या समुद्र की लहरों से बह

जाता है, लेकिन यह विधि स्वास्थ्य के लिए नुकसानदायक है। कई बार वायु के बहाव के कारण कूड़ा तट के नजदीक आ जाता है। यह विधि महंली भी है चूँकि कूड़े को नदी तट तक लाने में अधिक खर्च होता है।

(3) भस्मीकरण—कूड़े-करकट के निस्तारण हेतु भस्मीकरण सबसे उत्तम तरीका है। यह हानिरहित होने के साथ इस कारण भी प्रशंसनीय कहा जाता है कि जलाने के पश्चात् कूड़े का आयतन एक चौथाई भाग ही रह जाता है और कार्बनिक पदार्थ कार्बन- डाइआक्साइड तथा नाइट्रोजन में परिवर्तित हो जाते हैं। जलाने के पश्चात् बचे हुए ठोस भाग को क्लिकरस कहते हैं। निश्चित ही यह विधि स्वच्छ, स्वास्थ्यकर एवं संतोषप्रद लेकिन यह खर्चीला साध्य है। भस्म करने वाले संयंत्र खरीदने, देख-रेख करने और उन संयंत्रों के प्रयोग के लिए खर्च ज्यादा करना पड़ता है। यह तरीका केवल सूखे कचरे के लिए ही उपयुक्त है। क्लिकरस का उपयोग भवन-निर्माण और सड़क निर्माण हेतु में किया जा सकता है।

भट्ठी अज्वलनशील ईंटों की भस्मकारी संयंत्र में नीचे बनी होती है। इस पर सीमेन्ट का आवरण रहता है। कूड़ा डालने के लिए दरवाजे होते है और धुँआ निकलने के लिए ऊपर चिमनी। बारिश के मौसम में कूड़ा जलाने में मुश्किलें आती है। 12000 ताप होने पर समस्त कूड़ा पूरी तरह जल जाता है। अस्पताल के कूड़े को इस तरह निष्कासित करने से स्वास्थ्य सम्बन्धी कई समस्याएँ स्वयं ही निपट जाती हैं। भारत में इस विधि का उपयोग कम होता है। कूड़े में बारीक राख की मात्रा ज्यादा होने से इसको जलाना मुशकिल होता है। इसलिए इसको छानकर अलग करना होता है। यह कार्य भी महँगा है। इस निष्कासन विधि का उपयोग तब किया जाता है। जब इसके लिए उचित भूमि की कमी हो चूँकि कूड़े का उपयोग खाद के लिए अच्छा रहता है।

(4) कम्पोस्ट विधि—मल तथा कूड़े दोनों का निकास कम्पोस्ट विधि से किया जा सकता है। यह विधि उस प्रक्रिया पर आधारित है जिसमें कार्बनिक पदार्थ जीवाणविक क्रिया की वजह से एक ऐसे अमूल्य पदार्थ में विघटित हो जाता है जिसका प्रयोग खाद के लिए कर सकते हैं। इसको कम्पोस्ट कहा जाता है। इससे निकलने वाले अवशिष्ट पदार्थ हैं—पानी, CO_2। कम्पोस्ट के समय 60^0C से ज्यादा ताप निकल जाता है जिससे मक्खियों के अण्डे, लारवा विषाक्त पौधों के बीज, हानिकार बैक्टीरिया आदि समाप्त हो जाते हैं। कम्पोस्ट में रोगकोदक कीटाणुओं की संख्या नहीं के बराबर होती है। इसमें भूमि को उपजाऊ बनाने वाले तत्व नाइट्रेट तथा फॉस्फेट होते हैं। इसके लिए दो विधियाँ प्रचलित है—

(i) यान्त्रिक कम्पोस्टिंग—यान्त्रिक कम्पोस्टिंग में पूर्व कूड़े से ठोस पदार्थ; जैसे—हड्डी, चिथड़े, धातु तथा काँच के टुकड़े आदि को अलग करते हैं और बाद में अपशिष्ट कूड़े की पिसाई होती है। जब कूड़े के पदार्थ आकार में 2इंच के होते हैं तब इसको मल के साथ एक रोटेटिंग यन्त्र द्वारा मिलाया जाता है और गर्म उपकरण में रखा जाता है।

(ii) किण्वन विधि—इस विधि के लिए 3 फुट के, 5-8 फुट चौड़े और 15-30 फुट लम्बे गड्ढे खोदे जाते हैं। गहराई 3 फुट से ज्यादा होने पर समस्याएँ पैदा हो सकती हैं। इसमें अनाक्सीय कम्पोस्टिंग होता है। यान्त्रिक कम्पोस्टिंग चूँकि विघटन धीरे-धीरे होता है। ये शहर से दूर स्थित होने चाहिए। इसमें सर्वप्रथम 6 इंच मोटी कूड़े की तह बिछाई जाती है जिस पर 2 इंच तक तक बिछाते हैं। इसी प्रकार एक के बाद एक तह बिछाते जाते हैं जब तक कि यह ढेर जमीन से एक इंच ऊपर नहीं आ जाती है। इसमें ऊपर की तह हमेशा कूड़े की होनी चाहिए। कूड़े की इस अंतिम तह की मोटाई 9" होती है। फिर इसको मिट्टी से ढक दिया जाता है। लगभग सात दिन में इसमें जीवाणविक क्रिया होती है। 4-6 माह में जब विघटन पूरी तरह हो जाता है, इससे गन्धरहित उच्च खाद के गुणयुक्त पदार्थ प्राप्त होते हैं।

(5) किण्वन—इस विधि का प्रचलन अधिकांशतः विकसित देशों में है। इसमें सर्वप्रथम कूड़े को तीन भागों में बाँटा जाता है—बड़ी-बड़ी स्वचालित छलनियों की सहायता से इसको छानकर इसमें से निकले राख, मिट्टी, बालू कोयला आदि को ईंटें बनाने के उपयोग में लिया जाता है। इसके पश्चात् टूटी-फूटी शीशियाँ, काँच का सामान, पत्थर, टिन, धातु आदि सामान अलग करके सड़क बनाने के लिए प्रयोग में लाया जाता है। इन दोनों से बचे हुए जाँतव और वानस्पतिक कार्बनिक पदार्थों को खूब पीस कर किण्वन कक्ष में भेजा जाता है। यहाँ पर विशेष रासायनिक विधि द्वारा इसका विघटन किया जाता है। कुछ दिनों के उपरांत खाद में बदलकर इसका उपयोग किया जाता है।

(6) गड्ढों में भरना—यह सरल तरीका है। कूड़े को इन गड्ढों में समतल बनाकर बिछाया जाता है और उस पर 12 इंच मिट्टी का स्तर होता है। उसके बाद जीवाणुओं क्रिया के कारण यह कूड़ा धीरे-धीरे खाद बन जाता है—बाद में इस जगह का उपयोग बगीचे, उद्यान, खेती आदि के लिए कर सकते हैं।

इस विधि के द्वारा अनेक समस्याएँ भी उत्पन्न होती है। इस कूड़े पर मक्खियाँ भिन-भिनाती रहती हैं। चूहों के बिल बन जाते हैं और दुर्गन्ध तथा अरुचिकर दृश्य

बन जाता है। उस स्थान के पास से निकलने तक में नफरत होने लगती है। तेज हवा की वजह से कूड़ा-करकट के इधर-उधर उड़ने का भी भय रहता है और बारिश के बाद उससे होकर बहने वाले पानी में जीवाणुओं की संख्या भी ज्यादा हो जाती है। इस तरह जलाशय भी दूषित हो सकते हैं। विश्व स्वास्थ्य संगठन ने इस विधि की कड़ी आलोचना की है चूँकि इसके खमीरीकरण से सड़न पैदा होती है और स्वास्थ्य की दृष्टि से भी यह हानिकारक है।

(7) नियन्त्रित भूमिभरण—उपयुक्त भूमि उपलब्ध होने पर यह विधि तुलनात्मक रूप में अच्छी रहती है। इसके लिए भूमि, जल स्रोतों जैसे—कुएँ व तालाब आदि से कम-से-कम 300-400 फुट दूर होनी चाहिए। नियन्त्रित भूमिभरण तीन तरह से किया जा सकता है— (i) गड्ढे खोदकर, (ii) रेम्प विधि तथा (iii) क्षेत्र विधि।

नियंत्रित भूमिमरण विधि में कूड़े में रासायनिक, जीवाणविक तथा भौतिक परिवर्तन आते हैं। सात दिन में ही इसका तापमान 60^0 C तक बढ़ जाता है इससे सभी हानिकारक जीवाणुओं का, नाश हो जाता है। इससे विघटन की क्रिया भी बढ़ जाती है। कार्बनिक पदार्थों को हानिरहित वस्तुओं में पूरी तरह बदलने के लिए करीब 6 महीने की अवधि जरूरी है। आजकल इस कार्य के लिए यान्त्रिक विधियों का उपयोग भी किया जाता है। कूड़े को फैलाने के लिए तथा मिट्टी को फैलाने और छाँटने के लिए आधुनिक उपकरणों का प्रयोग किया जाता है। यह कार्य साधारणतया गर्मियों में होता है। यदि इस पर मकान बनाना हो तो पहले 10 वर्ष तक इस पर खेती का कार्य करना चाहिए।

कूड़े का सही निष्कासन न होने पर हानियाँ—कूड़े के सही निष्कासन की कमी के कारण अनेक प्रकार की हानियां हो सकती हैं जैसे

मक्खियों का पनपना, चूहों की समस्या की वृद्धि, सूअर आदि जानवरों का अनुत्रास, भोजन, जल आदि का दूषित होता, वायु प्रदूषण, संक्रामक रोगों का फैलना, सार्वजनिक स्वास्थ्य स्तर का गिरना, सड़न व दुर्गन्ध तथा असह्य घृणा उत्पादक दृश्य इत्यादि।

मानव-मल निष्कासन तथा निस्तारण विधियाँ

संक्रामक रोगों को फैलाने के पीछे मनुष्य का मल भी एक प्रमुख कारण होता है। इससे पर्यावरण दूषित होता है। इसलिए हर व्यक्ति व समाज का यह कर्तव्य होता है कि वह सही तरीकों से मल निष्कासन तथा निस्तारण करे जिससे सार्वजनिक स्वास्थ्य पर बुरा असर न पड़ सके। मनुष्य के मल से भूमि दूषित होती है, जलाशय

अशुद्ध होता है, भोजन विषाक्त बनता है, मक्खी-मच्छर आदि पनपते हैं, कई तरह की बीमारियाँ जैसे—पैरा-टायफाइड, टायफाइड, पेचिश, अतिसार, हैजा, कृमि रोग, आँतों की बीमारियाँ आदि फैलती हैं। ये बीमारियाँ मनुष्य को रोज काल के गाल की ओर ले जाती हैं। औसत आयु तो घटाती ही है और सामाजिक एवं आर्थिक प्रगति में भी अवरोधक हो जाती है। मल निष्कासन की दो प्रमुख विधियाँ प्रचलित हैं पहली, मलवाहन व्यवस्था तथा दूसरी जल संवहन विधि।

मलवाहन व्यवस्था

मलवाहन व्यवस्था को निम्नलिखित दो वर्गों में बांटा जा सकता है—

(1) नान-सर्विस शौचालय

(2) सर्विस शौचालय

(1) नान-सर्विस शौचालय—इस प्रकार के शौचालयों को स्वच्छ शौचालय कहा जाता है। इसमें मानव सेवा की आवश्यकता नहीं होती। मल स्वयं अनाक्सीय स्थिति में विघटित हो जाता है तथा खाद का रूप ले लेता है जिसका निस्तारण सुगम व सहज हो जाता है। कुछ महत्वपूर्ण नान-सर्विस शौचालय का वर्णन निम्न प्रकार किया गया है—

(*i*) गर्त शौचालय—पश्चिम बंगाल में सर्वप्रथम सन् 1949 में गर्त शौचालय का प्रयोग किया गया था। यह बोर होल शौचालय का ही प्रयोग हुआ रूप है। इस प्रकार के शौचालय छोटे गाँवों, अलग बने भवनों, चाय बागानों के लिए सुविधापूर्ण होता है। इसके लिए आयताकार या गोल गर्त खोदा जाता है जिसकी गहराई करीब 12 फुट होती है। बाँस की पट्टियों, कंक्रीट, ईंट अथवा पत्थरों की सूखी चुनाई का एक स्तर तथा पैरों की सीट भी बनाई जाती है। शौचपात्र के नीचे वाटर सील अथवा जल कुंजी लगी होती है। गर्त के एक ओर खोखली पाइप की निकास नली लगाते हैं जिससे मल से भी गैस ऊपर की ओर निकल जाए। प्रत्येक बार प्रयोग करने के पश्चात् करीब-करीब एक लीटर जल डालना चाहिए। जब गड्ढा भूमि के स्तर से 3 फुट नीचे भी जाए तो उसको बन्द करके 9 महीने के लिए छोड़ देना चाहिए।

(*ii*) बोर होल शौचालय—इसका प्रयोग सर्वप्रथम कृमि रोग नियन्त्रणार्थ रॉकफैलर फाउण्डेशन द्वारा 1930 ई. में प्रारंभ किया गया था। इसमें 30-40 सेन्टीमीटर (12"-16") व्यास का छेद बनाया जाता है तथा भूमि के भीतर तक 13 से 26 फुट नीचे तक ऑगर नामक यन्त्र की मदद से छेद किया जाता है। छेद के

दोनों और पैर रखने के लिए तुलनात्मक रूप से कुछ थोड़ा सा ऊँचा स्थान बनाया जाता है। जब मल उनमें भर कर 20 इंच दूर रह जाता है तो इस छेद को बन्द करके दूसरी जगह ५र पुनः छेद बना लिया जाता है। इसी तरह यह छोटे परिवारों के लिए ही सुविधाजनक रहता है। सार्वजनिक स्थानों में ज्यादा समय तक इसका प्रयोग नहीं किया जा सकता है। इस प्रकार की वायुरहित स्थिति में मल जीवाणविक क्रिया के कारण खाद अथवा हानिरहित पदार्थों में बदल जाता है।

बोर होल शौचालय के फायदे—इसमें मानव सेवा की जरूरत नहीं होती। बहुत अधिक अंधेरा होने के कारण इसमें मक्खियों की वृद्धि नहीं हो पाती है। जलाशय से 50 फुट की दूरी पर स्थित होने की दशा में जल प्रदूषण की सम्भावना भी नहीं रहती। इतने पर भी गर्त के तुरंत भर जाने के कारण तथा बोर होल बनाने के लिए ऑगर उपलबध होना सहज होने के कारण आजकल इस तरह के शौचालयों का प्रचलन कम होता जा रहा है। बोर होल शौचालय के लिए छेद या गड्ढा तब तक खोदते रहते हैं जब तक अवमृदा जल का स्तर नहीं मिलता है जिससे जल के साथ मिलकर मल का विघटन पूर्ति कुण्ड के समान हो जाता है। यह कठोर भूमि पर ही बनाया जा सकता है चूँकि बालू युक्त भूमि के अन्दर धंस जाने का डर बना रहता है।

जब मल भरने लगे तब चार भाग कच्चा तेल तथा एक भाग मिट्टी का तेल मिलाकर छिड़काव करें, ताकि मक्खी व दुर्गन्ध दूर हो सके या कई बार बेंत बाँस को फाड़कर छेद के दोनों और लगाते हैं जिससे आस-पास की मिट्टी उसमें नहीं धंसती है।

***(iii)* जलीय शौचालय**—यह पूर्तिकुण्ड का छोटा आकार होता है। इसमें एक जलबद्ध कक्ष होता है जिसमें पानी भरा रहता है। यह कक्ष 6×4×3 घन फुट का होता है। एक नलिका मल पात्र से सीधी जल तक पहुँचती है। टंकी का आकार गोल या आयताकार, किसी तरह का भी हो सकता है। मल का विघटन अवायीय जीवाणुओं द्वारा होता है। टंकी से सम्बन्धित एक गैस निकालने के लिए पाइप भी होता है जो कि छत पर खुलता है। इसमें कुछ पदार्थ तैरते रहते हैं जिससे संक्रमण का डर बना रहता है, विशेष रूप से पराश्रयी के रोगों के फैलने का खतरा बना रहता है। इस प्रकार के शौचालय में पानी की कुंजी भी होती है लेकिन मल पानी में ही गिरता है। इसके लिए ज्यादा जल की आवश्यकता रहती है। जल कक्ष के ऊपरी भाग में 10 इंच तक पानी नहीं होता है। इस खाली जगह में गैस इकट्ठी होकर पाइप द्वारा बाहर निकल जाती है।

कक्ष के जल स्तर से एक नल बाहर की ओर जाता है जिसका सिरा अंग्रेजी वर्ण 'यू' के आकार का होता है। इसमें कक्ष के जल स्तर के बराबर ही पानी रहता है जिससे भीतर के जल स्तर का पता लगता रहता है। यदि इसमें पानी कम हो जाता है तो मलपात्र द्वारा पानी डाल कर पानी के स्तर को ठीक किया जा सकता है। यदि जल स्तर ज्यादा हो जाता है तो वह नल द्वारा बाहर निकल जाता है। इस तरह के शौचालयों में एक ओर मल पात्र तथा दूसरी तरफ एक निरीक्षण द्वार अथवा मेन होल होता है। इस द्वार के द्वारा निरीक्षण और सफाई की व्यवस्था की जा सकती है। आपंक का उपयोग खाद के लिए किया जाता हैं।

(*iv*) रासायनिक शौचालय—भारत में इस प्रकार के शौचालय उपयुक्त नहीं हैं। रासायनिक शौचालयों में एक धातु की टंकी होती है जिसमें निसंक्रामक घोल भरा रहता है। इस घोल में मुख्य रूप से फारमाल्डीहाइड तथा अमोनिया के यौगिक होते हैं। इसके अतिरिक्त एक हानि रहित जल रंजक के बदबू नाशक कारक का उपयोग होता है। टंकी के कोने पर सीट लगी होती है। इसके लिए टॉयलेट पेपर के अतिरिक्त अन्य किसी वस्तु का उपयोग नहीं करना चाहिए। इसको मल छिद्र द्वारा अन्दर डाल दिया जाता है। पानी डालने से रासायनिक पदार्थ तनुता प्राप्त कर लेता है जिससे वह अपना कार्य सही तरीके से नहीं कर पाता है। मल को तरल बनाने तथा विसंक्रमित बनाने का काम रासायनिक पदार्थ करते हैं। कुछ समय के पश्चात् इसे खाली करके सही तरीके से निस्तारित किया जाता है। यह काफी महंगा होता है।

दूसरे तरह के रासायनिक शौचालय में कास्टिक सोडा फीनोल का घोल प्रयुक्त होता है। इस पर कच्चे तेल की परत होती है। सोडे की सहायता से मल का विघटन होता है और फीनोल से जीवाणुओं का नाश होता है व बदबू खत्म हो जाती है। जब टंकी भर जाती है तब उसको सीधे गड्ढे में प्रवाहित किया जाता है। इसे ट्रेन, बस आदि के लिए प्रयोग में लाया जाता है। कैम्प तथा गाँवों में, जहाँ पर पानी संवहन विधि प्रचलित नहीं है वहाँ इनका उपयोग किया जा सकता है। परंतु इसके लिए टंकी बड़े आकार की होनी चाहिए।

(*v*) गम्भीर गर्त शौचालय—इसके लिए करीब 3' व्यास का गोलाकार गड्ढा खोदा जाता है जिसकी गहराई होती 15' होती है। शौचपात्र के नीचे 3" व्यास की मुड़ी हुई जल कुंजी लगी होती है जिसमें 3/4" तक जल भरा रहता है। इस जल कुंजी से जुड़ा हुआ एक संयोजी नल होता है। यह नल गड्ढे में जाकर खुलता है। इसकी लम्बाई 3'-4' होती है। शौचालय के गड्ढे को सीमेन्ट व कंक्रीट से ठीक प्रकार

बन्द कर दिया जाता है। इसमें गैस निकालने के लिए गैसीय निकास पाइप भी होता है जो कि मकान को छत से 3 फुट ऊपर तक होता है। इसके ऊपर के सिरे पर जाली लगी होती है। यह शौचालय 5-6 व्यक्तियों के परिवार के लिए 6 वर्ष तक चल सकता है। गड्ढे के भर जाने पर दूसरा गर्त पास ही खोदा जा सकता है। इस प्रकार के शौचालय में निसंक्रमक दवा का उपयोग कदापि नहीं करना चाहिए चूँकि इससे जीवाणुओं पर असर पड़ता है और वे आसानी से मल विघटन का कार्य नहीं कर पाते हैं। जैसे ही बदबू आने लगे तो ज्यादा पानी बहाना उचित होता है।

(*vi*) पूर्ति कुण्ड—इसका प्रयोग एक या एक से ज्यादा शौचालयों के लिए किया जाता है। इसमें घर के गन्दे पानी को, नहाने धोने के पानी को भी बहाया जा सकता है। पूर्ति कुण्ड इकहरी दीवार तथा दोहरी दोनों प्रकार के दीवार के बनाए जाते हैं। सामान्यतः छोटे परिवारों के लिए इकहरी दीवार के पूर्ति कुण्ड ही सही रहते हैं। पूर्ति कुण्ड प्रति व्यक्ति 30 गैलन की क्षमता के हिसाब से कम-से-कम 500 गैलन क्षमता वाला होना चाहिए। इसकी लम्बाई चौड़ाई से दुगुनी तथा गहराई 5 से 7 फुट होनी चाहिए। लेकिन जलीय स्तर 4 फुट से ज्यादा नहीं होना चाहिए। हवा के लिए स्थान कम-से-कम एक फुट जलीय स्तर एवं टंकी के ढक्कन के निचले भाग के मध्य स्थित होना चाहिए।

टंकी का निचला हिस्सा प्रवेश द्वार की ओर ढलुआँ होता है जिससे ठोस पदार्थ पड़े रह जाते हैं। पूर्ति कुण्ड का ढक्कन कंक्रीट और सीमेन्ट का बना होता है जिसकी मोटाई पर्याप्त होती है। इसमें एक मेन होल भी होता है। सबसे पहले ठोस पदार्थ टंकी के पेंदे में बैठ जाते हैं जिससे आपंक या अवमल बनता है। ग्रीस एवं वसा आदि सतह पर तैरने लगते हैं जिसे स्कम कहते हैं। ठोस पदार्थ पर अनाक्सीय या अवायवीय जीवाणु तथा फन्जाई आक्रमण करके उन्हें सरल रासायनिक यौगिकों में परिवर्तित करते हैं। यह शुद्धीकरण का प्रथम चरण है जिसको अवायवीय पाचन की संज्ञा दी जाती है इससे अवमल का आयतन बहुत कम हो जाता है और स्थिर तथा गन्ध रहित हो जाता है।

ठोस मल का एक अंश तरल एवं गैसीय पदार्थों में बदल कर सतह पर बुलबुले के रूप में आ जाता है। वक्त-वक्त पर तरल पदार्थ मल निस्राव निकास द्वार से बहकर बाहर निकल जाता है जिसमें असंख्य जीवाणु, अण्डे, स्पोर कार्बनिक तरल पदार्थ तथा बारी ठोस पदार्थ होते हैं। यह जल अवमृदा से प्रवेश कर जाता है। इससे अनेक प्रकार की गैस निकलती है जो कि निकास के लिए स्थित पाइप द्वारा निकल जाती है। निकास द्वार से निकलने वाले तरल पदार्थ, मल निस्राव को तीन फुट गहरी

खाइयों में बहाया जाता है जिसको मिट्टी से ढक दिया जाता है। मिट्टी में कई वायवीय जीवाणु होते हैं जो कार्बनिक पदार्थ का विघटन करते हैं। इसको वायवीय ऑकसीकरण कहते हैं। इस तरह दो प्रक्रियाओं द्वारा पूर्ति कुण्ड में मल का शुद्धीकरण होता है। अवायवीय पाचन तथा वायवीय ऑक्सीकरण द्वारा, प्रथम क्रिया पूर्ति कुण्ड के अन्दर तथा दूसरी क्रिया पूर्ति कुण्ड के बाहर होती है।

कई पूर्ति कुण्ड दो भागों वाले भी होते हैं–ग्रिट कक्ष जो कि कुण्ड का भाग होता है तथा दूसरा पाचन कक्ष। इन दोनों के बीच एक पतली दीवार होती है जिसमें कुण्ड के निचले भाग से एक फुट ऊपर 12 इंच व्यास का एक गोल छेद होता है। वाहित मल (Sewage) का प्रवेश आर्ग कुण्ड के जल स्तर में नीचे रहता है। पूर्ति कुण्ड में साबुन, फिनाइल अथवा किसी अन्य निसंक्रमक पदार्थ का प्रयोग नहीं करना चाहिए। इससे जीवाणविक क्रिया को क्षति पहुँचाती है। इस टंकी को हर साल सफाई करानी होती है।

(2) सर्विस शौचालय–इसमे मल को एक पात्र में संग्रह किया जाता है जिसे हरिजन मल निस्तारण स्थान तक ले जाते हैं। यह व्यवस्था अब भी भारत के अनेक गाँवों और कस्बों में, कैम्प और मेले-उत्सव के मौके पर देखी जा सकती हैं। इस व्यवस्था को अस्वच्छ और अस्वास्थ्यकर माना जाता है चूँकि इसकी सफाई के लिए भंगी या हरिजन सेवा की जरूरत होती है। इस प्रकार के शौचालय व्यक्तिगत और सार्वजनिक दोनों ही प्रकार के हो सकते हैं। अमीर भारतीय परिवारों में और कई यूरोपियन समुदाय के लोग इस प्रकार के शौचालय में कमोड का प्रयोग भी करते हैं। कमोड में एक लकड़ी की कुर्सी के बीच गोल छेद होता है जिसके नीचे लोहे और चीनी मिट्टी का पात्र लगा होता है। इस पर ढक्कन भी होता है। इसका उपयोग करने के पश्चात् जमादार मल को मल पात्र में डालकर, कमोड की सफाई करके उसमें निसंक्रामक दवा डालकर दुबारा प्रयोग के लिए पूर्व निश्चित स्थान पर लगा देता है।

सर्विस शौचालय स्वास्थ्य के लिए हानिकारक होते हैं। अगर किसी कारणवश हरिजन हड़ताल कर दें और सफाई के लिए न आ सकें तो गन्दगी फैलती है और इसके फलस्वरूप बीमारियाँ भी फैल सकती हैं। मक्खियों का उत्पात भी बढ़ सकता है और खाद्य पदार्थों व जल का संदूषण हो सकता है। सर्विस शौचालयों के मल को एक खास तरह के मल पात्र में संग्रह करके मलवाहक ट्रकों में भरा जाता है और निस्तारण की जगह पर ले जाया जाता है। इसे भस्मीकरण द्वारा अथवा खाद बनाने के उपरांत निस्तारित किया जाता है।

केहन व्यवस्था में विभिन्न तरह की समस्याएँ पैदा होती हैं उदाहरणार्थ—

(i) मल निस्तारण की व्यवस्था महंगी होती है।

(ii) अस्वच्छ एवं अस्वास्थ्यकर वातावरण चारों ओर बन जाता है, हरिजन के लिए यह विशेष रूप से अस्वास्थ्यकर होता है।

(iii) मल के अधिक समय तक पड़े रहने से दुर्गन्ध पैदा होती है। इससे वातावरण तथा मृदा प्रदूषण होता है।

(iv) बैलगाड़ी या ट्रक द्वारा मल के परिवहन के समय यह बदबू रास्ते भर वातावरण को दूषित करती है। रास्ते में मल का छिटक कर गिर जाना भी सम्भव है।

थोड़े में यह कहा जा सकता है कि यह अवस्था उत्तम नहीं है चूँकि इससे प्रदूषण और रोग संक्रमण की प्रबल संभावना होती है।

अस्थायी शौचालय—कुछ प्रमुख अस्थायी शौचालयों का वर्णन निम्न प्रकार किया गया है—

***(i)* उथली खाई शौचालय**—यह भी एक तरह का अस्थायी शौचालय है। इसको खोदने के लिए साधारण उपकरण ही पर्याप्त होते हैं चूँकि इसकी गहराई 3 से 5 फुट और चौड़ाई खाई के खोदने से निकले मिट्टी के ढेर दोनों ओर लगा दिए जाते हैं। सभी व्यक्ति, मल त्यागने के बाद मल पर डालने के लिए, इस मिट्टी का उपयोग करते हैं। इस प्रकार के शौचालय बहुत ही कम समय के लिए ही उचित होते हैं। जब खाई जमीन की सतह से 12 इंच नीचे तक भर जाती है तब इसको मिट्टी से ढ़क कर बन्द कर दिया जाता है।

***(ii)* गम्भीर गड्ढों का शौचालय**—शिविर, कैम्प आदि में इस प्रकार के शौचालयों का उपयोग करना ज्यादा उपयोगी होता है। शिविर और कैम्प कई-कई दिन तक चलते हैं और इस प्रकार के शौचालय कुछ महीनों तक आसानीपूर्वक उपयोग में लाए जा सकते हैं। इन शौचालयों के लिए 6 से 8 फुट गहरी खाइयाँ खोदी जाती हैं जिसकी चौड़ाई ढाई से तीन फुट होती है। इसके दोनों तरफ सीट लगी होती है। दस सीटों हेतु 30 फुट लम्बी खाई की आवश्यकता होती है। हर छेद पर लकड़ी की तख्ती का ढक्कन लगाया जाता है। इसको खोला और बन्द भी किया जा सकता है। हर छेद के पास बाल्टी में बालू-मिट्टी भरी रहती है। अनाक्सीय जैविक क्रिया नीचे मल में होती है। जब खाई जमीन की सतह से 2 फुट नीचे तक भर जाए तब इसको बन्द कर दिया जाता है और इस्तेमाल के लिए दूसरी खाई बना ली जाती है। छः मास में खाद बन कर तैयार हो जाती है।

जल संवहन विधि

मनुष्य के मल-मूत्र का वड़े शहरों एवं महानगरों में निकास अन्य गन्दे पानी के साथ विशेष प्रकार के भूमिगत नालों द्वारा किया जाता है। यह विधि स्वच्छ, निर्मल और सर्वोत्तम जरूर है परंतु इसके लिए पर्याप्त पानी की आवश्यकता होती है। मनुष्य मल-मूत्र, घर का गन्दा पानी, वर्षा का पानी, औद्योगिक उत्सर्जन आदि वाहित मल कहलाते हैं परंतु ठोस पदार्थ और मानव-मल-मूत्र विहीन घर का गन्दा पानी मलिन जल कहा जाता है।

इस विधि हेतु समुचित मात्रा जल की पूर्ति के अतिरिक्त संवातन की व्यवस्था युक्त उत्तम भूमिनालों की व्यवस्था करना बहुत जरूरी है। वाहित मल को आगे की ओर प्रवाहित करने के लिए पर्याप्त जल की पूर्ति ही पर्याप्त गति दे सकती है। अन्ततः वाहित मल का उचित उपयोग एवं उसके निस्तारण की व्यवस्था भी उतनी ही जरूरी है। यद्यपि यह विधि महँगी होती है तथापि यह स्वास्थ्य के लिए फायदेमंद है, क्योंकि इससे किसी भी प्रकार के प्रदूषण का डर नहीं रहता है।

घरेलू मल संवहन व्यवस्था–इसे निम्नलिखित चार भागों में बांटा जा सकता है।

(3) भूमिनाल या मलनाल–यह नल भूमि के नीचे लगाए जाते हैं। इनके द्वारा शौचालय के मल-मूत्र के अलावा सम्पूर्ण घर का मैला पानी तथा वर्षा का जल भी बहता है। यह नल भी किसी अप्रवेश्य पदार्थ जैसे– चीनी मिट्टी, लोहा आदि का बना होता है। इस नल में किसी प्रकार का मोड़ नहीं होना चाहिए और इसके अन्दर का भाग उतना चिकना होना चाहिए कि गन्दगी पाइप से चिपक न सके। पाइप का कोण तीव्र न होकर धीरे-धीरे मुड़ने वाले जोड़ों का हो। जोड़ पूरी तरह हवा व पानी के लिए अभेद्य होने चाहिए और अंग्रेजी के 'Y' आकार के होने जरूरी हैं। उसका एक ओर ढलान होना चाहिए जिससे जल ढाई फुट पानी प्रति सेकेण्ड बह सके छह इंच से नौ इंच यदि इस पाइप को मोड़ना आवश्यक हो जाए तो उस स्थान पर निरीक्षण द्वार जरूर होना चाहिए। यह द्वार एक छोटा-सा कक्ष होता है जिस पर ढक्कन लगा होता है।

मेन होल अथवा निरीक्षण कोष्ठ ईंट तथा सीमेन्ट का बना होता है जिसके फर्श में खुली हुई नाली होती है। कोष्ठ की छत का द्वार एक लोहे के ढक्कन से बन्द रहता है। वायु के आने जाने के लिए 6 इंच व्यास का होल होता है जिसका एक सिरा भूमि से 5 फुट ऊपर निकला रहता है। इस सिरे पर एक वाल्व लगा रहता है।

कोष्ठ के फर्श के दूसरे सिरे पर एक वारक लगा रहता है जिससे यदि मार्ग रूक भी जाए तो शलाका डालकर पता लगाया जा सकता है।

(4) सार्वजनिक मलनाल—इसका निर्माण जमीन के भीतर ज्यादा गहराई में किया जाता है। इसका व्यास भी अन्य नालों से ज्यादा होता है। इसमें विभिन्न नालों से मल प्रवाहित होकर आता है। यह किसी बड़े जलाशय में जाकर मिलता है। यहां मल तनुकरण और शुद्धिकरण आधुनिक विधियों से किया जाता है।

(3) भित्तिनाल—यह नल मल को प्रवाहित कर भूमिगत भूमिनाल तक ले जाता है। इसके गेट का आकार गोल होता है यह लोहे अथवा इस्पात का बना होता है। इनको ऐंगस स्मिथ वार्निश में डुबो लिया जाता है। ऐसा करने से पाइप की दोनों तरफ की दीवार चिकनी हो जाती है और पानी के लिए अभेद्य या प्रतिक्रियाहीन हो जाती है। इसके भीतर का व्यास करीब 4 इंच होता है।

इस नाल से होकर शौचालयों से प्रवाहित मल भूमिनाल तक पहुँचता है। यहाँ करीब 5 फुट ऊँचा होता है। इसके एक सिरे पर जालीदार ढक्कन लगा होता है। भित्तिनाल को छायादार जगहों में लगाना ज्यादा अच्छा रहता है चूँकि जोड़ों पर धूप एवं ताप के कारण ढीलापन आने की अत्यंत संभावना है। अगर इसको छायादार प्रदेश में लगाना सम्भव न हो तो लकड़ी के तख्तों का एक बक्स बनाकर उसको ढंक सकते हैं। जोड़ों का अभेद्य बना रहना जरूरी है। जब मकान में कई मंजिलें होती हैं तब सब खण्डों के शौचालयों को एक भित्तिनाल से ही जोड़ दिया जाता है। इस अवस्था में यह डर रहता है कि साइफन की क्रिया से निचली मंजिल का मल व पानी ऊपर वायु के साथ खिंच जाता है। इसके लिए एण्टी-साइफोनिक पाइप का प्रयोग किया जाता है।

(2) जलस्रोत मलाधार—मल के संवहन के लिए शौचालयों में बनाए जाने वाला पात्र मलाधार के नाम से जाना जाता है। इनका सम्बन्ध एक ओर जल की टंकी से होता है तो दूसरी ओर भित्तिनाल से रहता है। यही भित्तिनाल नीचे दीवार से लगा रहता है जिसके द्वारा मल प्रवाहित होकर नीचे जाता है तथा भू-तल में स्थित सार्वजनिक भूमिनाल से होकर दूर पहुँचता है। साधारणतया ये पात्र चीनी मिट्टी अथवा पत्थर के बने होते हैं जो दृढ़, चिकने तथा प्रतिक्रिया रहित होते हैं। इनमें 2 इंच तक जल कुंजी तथा चारों ओर जल प्रवाह के लिए रंध्र होते हैं। ट्रेप अथवा वारक तथा पात्र एक साथ ही बने हुए होते हैं। वारक अंग्रेजी वर्ण 'S'अथवा 'P' आकार का हो सकता है। पात्र या कमोड की ऊँचाई 18 इंच से ज्यादा नहीं होना चाहिए। शौचालय में संवातक, एक खिड़की भी अर्थात् हवा आने के लिए आवश्यक है। जल

प्रवाह भी उत्तम क्षमता वाला होना चाहिए जिससे कम पानी के ठीक प्रकार से धुलाई हो सके।

मलाधार या पात्र में दो भाग होते हैं—पात्र जिसमें वारक हो तथा मल जल प्रवाह करने का यन्त्र इनमें से महत्वपूर्ण हैं—

(*i*) दीर्घ निष्कासक मलाधार—इसका पात्र चौड़ाई में कम लेकिन गहरा ज्यादा (16 इंच तक) होता है। इसी तरह मल दीवारों पर लग जाता है और सफाई ठीक से नहीं हो पाती है। उक्त तीनों तरह के मलाधार सस्ते तो जरूर होते हैं परंतु स्वच्छता की दृष्टि से सन्तोषजनक न होने के कारण आजकल इनका उपयोग लगभग न के बराबर होता है।

(*iii*) साइफन वारक का पात्र—मलाधार की तुलना में यह साफ, यह अधिक महंगा होता है। इससे न आसानी से ऊपरी तरफ से जल प्रवाह के कारण दीर्घ निष्कासन मलाधार मल का निकास होता है बल्कि वह नीचे की अकेसे भी उसको खींचता है। इसमें साइफन और वारक दोनों ही होते हैं। पात्र का प्रयोग शुरू करते ही साइफन क्रिया शुरू हो जाती है। जल प्रवाह और साइफन पाइप दोनों से जल प्रवाहित होने से मल नीचे की और आसानी से वाहित हो जाता है।

(*ii*) लघु निष्कासक पात्र—सबसे अधिक प्रयोग लघु निष्कासन पात्र का ही होता है। इसमें जल कुंजी 7.5 सेमी पर लगी होती है। वारक में पानी 1.75 लीटर से ज्यादा नहीं होना चाहिए और इसके किनारे तेज भी नहीं होने चाहिए। इसमें आन्तरिक पात्र का भाग खड़ा होता है। कम से कम फ्लश में 15 लीटर पानी होना जरूरी है। यह साइफनिक क्रिया से कार्य करता है। इस मलाधार की खासियत यह है कि जल की उपस्थिति के कारण तथा मल के जल में सीधा गिरने के फलस्वरूप यह हमेशा साफ रहता है। वारक अर्थात् जल कुंजी होने के कारण गैस भी ऊपर नहीं आ पाती है।

(*vi*) भारतीय शैली—भारत में लोग भूमि पर बैठ कर मल त्याग करते हैं। इसके लिए मल पात्र के दोनों ओर 2 सीटें बनी होती हैं। ये पात्र भूमि की सतह के बराबर होते हैं परंतु आधा इंच का ढाल पात्र के चारों तरफ होता है। भूमि अप्रवेश्य वस्तु; जैसे— चीनी मिट्टी, सीमेन्ट, आदि से बनी होती है। मल पात्र ऐसे स्थान पर होता है जहाँ पर मकान की बाहरी दीवार होती है तथा भित्तिनाल से संबद्ध होकर भूमिनाल तक पाइप जा सकता है। भित्तिनाल से इसमें मल पात्र, संयोजित होने से पहले आकार से मुड़कर जुड़ता है। इसको वारक अथवा टेप कहा जाता हैं। कम-से-कम फ्लश में दो गैलन जल का होना आवश्यक है। टंकी में दो नल लगे

होते हैं—एक से टंकी में पानी आता है एवं दूसरे से मलाधार तक पानी जाता है। टंकी मल पात्र से 4 फुट ऊपर होती है। इसमें बाल वाल्व लगा होता है। यह बाल वाल्व पानी कम होने पर खुल जाता है एवं टंकी के भर जाने पर बन्द हो जाता है।

(*vii*) दकेयाकार या ट्रफ मलाधार—ऐसे मलाधारों का प्रयोग अस्पताल, जेल, छात्रावासों आदि के लिए किया जाता है। इसमें विभिन्न मल पात्र होते हैं जिनके नीचे द्राणी के आकार की एक नली एक सिरे से दूसरे सिरे तक जाती है। यह एक ओर ढालू होती है जहाँ पर वारक जल कुंजी लगी रहती है। इस प्रकार कई मलाधारों का मल सदैव एक ही पात्र में गिरता है जिसमें जल समय-समय पर प्रवाहित होता रहता है। इन पात्रों में जल हमेशा भरा रहता है।

(*iv*) पटल निष्कासक मलाधार—इसका आकार कढ़ाई के समान चौड़ा होता है। इसके नीचे 3"-4" व्यास का पट्ट लगा रहता है जिससे इसमें पानी बहता रहता है। पट्ट एक हैण्डल जुड़ा रहता है जिसको दबाने से से पट्ट खुलता है व मल नीचे गिर जाता है। इसमें भी वारक होता है। पट्ट अक्सर ढीला हो जाता है। परिणामस्वरूप न तो इसमें पानी ठहर पाता है और न ही यह पुनः दुर्गन्ध को रोक पाता है। इसलिए यह उत्तम नहीं माना जाता है।

(*v*) वाल्व निष्कासन पात्र—यह पटल निष्कासन के जैसा ही होता लेकिन इसमें पटल के स्थान पर एक गतिशील वाल्व होता है। इस वाल्व के नीचे धातु का एक बक्सा होता है जिसका एक साइफन वारक जुड़ा रहता है। यह भी उत्तम नहीं है।

वारक या ट्रेप—यह एक मुड़ा हुआ पाइप होता है जिसमें पानी का स्तर सदैव बना रहता है जिससे गन्दी वायु शौच पात्र में उलट कर न आ सके। वारक के प्रथम भाग में जल के स्तर की ऊँचाई मोड़ की तुलना में ज्यादा होती है। यह कम-से-कम 2 इंच का होना चाहिए। इस अन्तर को वाटर सील या वारक की जल मुद्रा कहते हैं। इसी पर वारक की कार्यकुशलता निर्भर करती है। वारक के आकर के काकेएक बार जल प्रवाह से वह साफ हो जाता है। वारक का उपयोग मलाधार के पीछे तथा भूमिनाल और मल सुरंग के बीच होता है। वारक को निम्नलिखित चार प्रमुख भागों मं बांटा गया है—

(1) मल सुरंग—प्रत्येक घर से निकले हुए भूमिनाल बड़े भूमिगत नालों में मिलते हैं जहाँ से मल के अन्तिम विनाश स्थान तक वह प्रवाहित होता है—इसे मल सुरंग कहते हैं। इसका व्यास 18 इंच होता है। यह नाल अण्डाकार और सड़क से 1फुट की गहराई पर स्थित होती है। यह सुरंग सीधी बनी होनी चाहिए तथा इसके

जोड़ अभेद्य होने चाहिए। इसमें सही ढाल का होना भी जरूरी है जिससे प्रवाह बना रहे। मल सुरंग किसी अप्रवेश्य पदार्थ उदाहरण के लिये–चीनी मिट्टी, सीमेन्ट, लोहे के नलों आदि की बनाई जाती है और उसमें वार्निश कर दिया जाता है। बड़ी सुरंग को ईंट एवं सीमेन्ट से बनाया जाता है। जोड़ों का कोण न्यून बनाते हैं और जगह-जगह पर निरीक्षण कोष्ठ भी बनाए जाते हैं।

(2) साइन वारक–इस तरह के वारक का आकार अंग्रजी के अक्षर 'P' एवं 'S' के समान होता है। इसमें जल मुद्रा 0.75 इंच के तक होनी चाहिए। इन वारकों में जल का स्तर एक समान रहता है जिससे साइफन की क्रिया होती रहती है।

(3) गली वारक–इसका निर्माण वर्षा के पानी को निकालने के उद्देश्य से किया जाता हैं। इसमें ऊपर की और एक चौड़ा मुँह होता है जिसमें होकर जल भीतर जाता है। भूमि पर नलों के नीचे, प्रवेश मार्ग पर, लोहे की एक जाली रहती है जिसके द्वारा जल सिर्फ वारक में जा पाता है।

(4) गीस वारक–रसोई के सिंक के साथ यह जुड़ा रहता है ताकि नालियों में कोई वस्तु फँस न सके। कई बार घी, तेल, वसायुक्त चिकने पदार्थों के कारण भी नाली बन्द हो जाती है लेकिन ग्रीस वारक के कारण पानी ज्यादा मात्रा होने से चिकनाई ऊपर तैरती रहती है तथा गन्दा पानी नीचे बह जाता है।

मल का अन्तिम नाश–निम्नलिखित दो विधियों के द्वारा मल का नाश किया जा सकता है–

(1) तनुकरण–मल का अन्तिम नाश तनुकरण द्वारा दो प्रकार से किया जा सकता है। समुद्र के तट पर स्थित शहरों की गन्दगी को समुद्र के तेज बहाव में बहा कर। इससे कोई खास नुकसान नहीं होता है। नगर से काफी दूरी पर समुद्र के नीचे की ओर सिवर से जल का प्रवाह मल को बहाना चाहिए। नदी में मल को बहाना ठीक विधि नहीं होती है। भारत में ज्यादा पानी वाली नदियों में बहाकर मल का अन्तिम नाश किया जाता है। ऐसा करने से पूर्व उसका कुछ शुद्धीकरण करने की आवश्यकता होती है।

(2) शुद्धीकरण–जमीन पर फैलाकर, रासायनिक पदार्थों द्वारा तथा जीवाणवीय विधि द्वारा।

इस विधि में पूर्ति कुण्ड सक्रिय अवमल प्रक्रिया तथा ऑक्सीकरण कुण्ड महत्वपूर्ण हैं। वाहित मल में 99.9 प्रतिशत जलांश तथा 0.1 प्रतिशत मल का ठोस अंश होता है। प्राथमिक उपचार के तहत सर्वप्रथम स्क्रीन या पटेक्षण किया जाता है जिसमें लोहे की जाली से प्रवाहित होकर ग्रिट कक्ष में वाहित मल पहुँचता है। इससे

तैरते हुए लकड़ी, कपड़े-चिथड़े, छोटे-छोटे जानवरों के शव आगे नहीं बढ़ पाते। ग्रिट कक्ष में कंकर, मिट्टी आदि अलग हो जाते हैं। अब इसको आठ घण्टे के समय में बड़े कुण्डों में तलछटीकरण के लिए रखा जाता है। अवलम्बित पदार्थ ज्यादा होने पर इसमें चूना, फिटकिरी आदि मिलाते हैं जिससे अवक्षेप बन जाए। इसमें जैवी क्रिया के कारण कार्बनिक पदार्थों का विघटन कुछ सीमा तक हो जाता है। इसमें मल दुर्गन्धरहित हो जाता है। इसमें नाइट्रोजन के विघटन के कारण ठोस मात्रा में अमोनिया पाया जाता है।

ऑक्सीकरण द्वितीयक उपचार में किया जाता है ताकि रोगाणु समाप्त हों तथा नाइट्रोजन युक्त पदार्थ अमोनियम नाइट्रेट में परिवर्तित हो जाएं इसके बाद पक्के आयताकार कुण्ड, जिनकी गहराई 6 फुट होती है, में लिया जाता है अथवा वाहित मल को परिश्रावी फिल्टर द्वारा भी शुद्धीकृत करते हैं। इसमें ऑक्सीय जीवाणु पनपकर कार्बनिक, नाइ्रोजन अंश को और नाइट्रेट में परिवर्तित होते हैं। रोगों के जीवाणु मर जाते हैं। सक्रिय अवमल प्रक्रिया में मल को विशेष कुण्डों में दबावयुक्त हवा से 8 घण्टे तक वातित करते हैं जिससे उसका पूर्ण ऑक्सीकरण हो जाता है। कार्बनिक पदार्थ विघटित होते हैं, नाइट्रोजन में बदलते हैं और रोगाणु मर जाते हैं। विशेष उपकरणों द्वारा अवमल निस्तारण में मल को सुखाकर खाद प्राप्त करते हैं। इससे मीथेन गैस मिलती है जिसका उपयोग ईंधन के रूप में किया जा सकता है। इसको खेतों या गर्तों में निस्तारित करते हैं जिन्हें मल खान कहते हैं। इससे कम्पोस्ट भी बना सकते हैं। शुद्धिकरण विधि में मल का नाश तीन प्रकार से किया जा सकता है।

***(i)* जीवाणवीय विधि**—इस विधि के द्वारा जीवाणुओं की क्रिया से मल का विघटन कराया जाता है व भूमि की उपजाऊ शक्ति बढ़ाने के लिए उपयुक्त खाद बनायी जाती है। वाहित मल में दो प्रकार के जीवाणु पाए जाते हैं—वायवीय तथा अवायवीय। अवायवीय जीवाणु ठोस कार्बनिक पदार्थों को तरल बना देते हैं जिसमें अमोनिया भी होता है। वायवीय जीवाणु इन अमोनिया को नाइट्रेट या नाइट्राइट में बदल कर वृक्षों के लिए सही खाद तैयार करते हैं। इन जीवाणुओं की वजह से हानिकारक, रोगोत्पादक जीवाणु मर जाते हैं। पूर्ति कुण्ड तथा सम्पर्क तल में जीवाणु महत्वपूर्ण कार्य करते हैं।

***(ii)* रासायनिक विधि**—इस विधि के अंतर्गत बड़े तालाबों में मल भर देते हैं और उसके साथ रासायनिक पदार्थ मिला देते हैं। इससे कार्बनिक पदार्थ व ठोस भाग नीचे बैठ जाता है। तरल भाग ऊपर रहता है जिसको शुद्ध करने के बाद सामान्य

नालियों के माध्यम से खेतों में बहा देते हैं। नीचे बैठे अंश को खाद के लिए उपयोग में लाया जाता है। रासायनिक पदार्थों में चूना एक गैलन वाहित मल के लिए 720 मिली ग्राम प्रयोग करते हैं। यह सस्ता व सरल तरीका है पर इससे अवमल क्षरीय हो जाता है जिससे उसको दूर करना कठिन होता है। फिटकिरी एक गैलन मल के लिए 300 मिली ग्राम पर्याप्त होता है।

***(iii)* जमीन पर फैलाना** –जहाँ जलवायु शुष्क होती है वहाँ पर मल को भूमि पर फैलाते हैं। इससे जमीन की उपजाऊ शक्ति बढ़ जाती है। भूमि में उपस्थित जीवाणु मल के अवयवों का विघटन करके साधारण हानिरहित अवयवों में बदल देते हैं जिसका उपयोग वृक्ष करते हैं। मल उतनी ही मात्रा में फैलाया जाता है जितना जमीन सोख सके। एक भाग पर मल को 6 घण्टे तक फैलाना चाहिए व 18 घण्टे तक उसका उपयोग नहीं करना चाहिए। जिस जगह पर मल को जमीन पर फैलाया जाता है वह न तो कड़ी होनी चाहिए और न ही ज्यादा ऊँची। ढालू जमीन पर मल इकट्ठा हो जाता है, इसलिए इसका भी ध्यान रखना चाहिए।

चौड़ी मेंड़ तथा खाई समानान्तर भूमि पर बनायी जाती हैं। खाइयों के बीच मेंड़ चौड़ी होनी चाहिए जिस पर खेत लगाया जा सके। मेंड़ की चौड़ाई 50 फुट होनी चाहिए जिसके किनारे ढलुवाँ हों। इसी से इलाहाबाद में गन्ना, केला व सब्जी की उपज की जाती है।

वातावरण में पाये जाने वाली अशुद्धियाँ

मनुष्य का संबंध पर्यावरण में विद्यमान वायु के साथ काफी गहरा है। वायु एक ऐसा कारक है जिस पर सभी प्रकार के जानवर व वृक्ष आश्रित हैं। वायु सिर्फ जिन्दा रहने के लिए आवश्यक ऑक्सीजन ही नहीं देती बल्कि शरीर को ठण्डा करती है तथा प्राण तथा श्रवणोन्द्रियां भी वायु के कारण उत्तेजित होकर अपना कार्य करती हैं, लेकिन वायु द्वारा कुछ रोग के कारणों वायु प्रदूषण की प्रमुख वजह से धुआँ, धूल, विषाक्त गैस, जीवाणु, रासायनिक वाष्प, वायरस आदि हैं।

हवा गैसों का यान्त्रिक मिश्रण है। बाहर के वातावरण में स्थित वायु में नाइट्रोजन 78.1 प्रतिशत, ऑक्सीजन 20.93 प्रतिशत तथा कार्बन डाइ-ऑक्साइड 0.03 प्रतिशत होते हैं। कुछ अंश में निष्क्रियता का भी संचरण होता है। गैस भी पाई जाती है, जैसे आर्गन, Ar जेनोन ×e तथा हीलियम He। इसके अतिरिक्त जल वाष्प, अमोनिया आदि भी पाए जा सकते हैं। जीवाणु, धूल, स्पोर, कार्बनिक सूक्ष्म

पदार्थ आदि भी निलम्बित रहते हैं। वायु जानवर, पेड़ तथा मानव की श्वसन क्रिया से कोयला, गैस, तेल आदि के जलाने से; यातायात औद्योगिक संस्थानों के कारण; कार्बनिक पदार्थों के सड़ने तथा विघटन से हवा अशुद्ध होती है।

साधारणतया बाह्य वायुमण्डल का संगठन स्थिर बना रहता है चूँकि कुछ स्वचालित प्राकृतिक प्रतिक्रियाएँ, जैसे–हवा की गति, वातावरण का तापमान, वर्षा, धूप, ऑक्सीजन के रासायनिक प्रभाव तथा पौधे आदि होते हैं, जिनके कारण वायुमण्डल का संगठन स्थिर रहता है। जब प्राकृतिक साधनों की क्षमता घट जाती है तथा वायुमण्डल में अशुद्धियाँ तेजी से फैलने लगती हैं, तब सार्वजनिक स्वास्थ्य नकारात्मक रूप से प्रभावित होने लगती है।

आदर्श शुद्ध वायु एक कल्पनामात्र है। हवा में सदैव कुछ न कुछ अशुद्धि रहती ही है। जब विदेशी या विजातीय पदार्थों की मात्रा वायुमण्डल में बढ़ती है, उसे प्रदूषण कहते हैं। प्रदूषण के स्रोत निम्नांकित हैं–

(1) औद्योगीकरण–रासायनिक धातु सम्बन्धी, तेल शुद्धीकरण तथा फर्टिलाइजर उद्योगों के कारण वातावरण में प्रदूषण फैलता है।

(2) परिवहन के साधन–गाड़ियाँ, ट्रक, मोटर, ट्रेन, हवाई जहाज आदि के चलने से हाइड्रोकार्बन, सीसा, कार्बन मोनो ऑक्साइड, नाइट्रोजन आदि निकलते हैं। धूप की उपस्थिति में यही गैसें एक संवेदनशील रसायन में बदलती हैं, तो भी वायु प्रदूषण फैलाते हैं। डीजल इन्जन से भी काला धुआँ तथा दुर्गन्धयुक्त वायु आदि निकलते हैं।

(3) ज्वलन या दाह से–उद्योग तथा घरेलू दाह जिसमें तेल, कोयला आदि ईंधन को जलाने से धुआँ, धूल तथा सल्फर डाइऑक्साइड (S_2) पैदा होते हैं। इससे भी वायु में प्रदूषण फैलता है।

(4) अन्य–फसलों पर, कूड़ा जलाने से अलग-अलग रसायनों का छिड़काव करने से, कीड़े-मकोड़ों के नियन्त्रण के लिए दवाइयों के प्रयोग से, और परमाणु कार्यक्रमों से भी वायु प्रदूषण फैलता है।

स्वास्थ्य पर अशुद्ध वायु का हानिकारक प्रभाव

अशुद्ध वायु स्वास्थ्य पर निम्नलिखित हानिकारक प्रभाव डालती है–

(1) तत्काल प्रभाव–अशुद्ध वायु के कारण मनुष्य बेहोश अथवा मर भी सकता है। श्वसन सम्बन्धी लक्षणों के अलावा नाड़ी सम्बन्धी नतीजे भी आ सकते हैं।

(2) दीर्घावधि प्रभाव—दीर्घ समय तक दूषित वायु में रहने से ब्राकाइटिस तथा प्राथमिक फेफड़े का कैन्सर हो जाता है।

अशुद्ध वायु को शुद्ध बनाने हेतु उपाय

निम्नलिखित विधियों द्वारा अशुद्ध वायु को शुद्ध किया जा सकता है—

1. प्रदूषण के अध्ययन सम्बन्धी प्रयोगशालाओं का अन्तर्राष्ट्रीय नेटवर्क बना हुआ है जिसका केन्द्र लन्दन तथा वाँशिगटन में है तथा शाखाएँ नागपुर मास्को तथा टोकियो में हैं। समय-समय पर यह वायु प्रदूषण सम्बन्धी चेतावनी देता रहता है।
2. उचित संधान एवं वायु के स्वच्छीकरण से जहरीली वायु को दूर कर।
3. वृक्षों द्वारा कुछ जहरीली गैसों का शोषण शीघ्र हो जाता है इसलिए औद्योगिक स्थानों व मकानों के आस-पास हरियाली हो तो विषाक्त वायु का पौधों द्वारा अवशोषण तनुकरण द्वारा हो जाता है।
4. कोयले के स्थान पर विद्युत तथा प्राकृतिक गैस का उपयोग करके नई वैज्ञानिक एवं तकनीकी प्रक्रियाओं की सहायता से ईंधन के नए तरीके अपनाकर।
5. धुएँ के उत्पात पर नियन्त्रण के लिए कानून बनाना।

संवातन तथा स्वास्थ्य

पर्यावरण की परिस्थितियों पर संवातन तकनीक द्वारा नियंत्रण स्थापित किया जाता है। इसका प्रभाव मानव पर स्वस्थ व सुविधापूर्ण होता है। इसमें न केवल बाह्य वायु पर नियंत्रण स्थापित किया जाता है, अपितु आन्तिरक वायु के गुणों जैसे—आर्द्रता, ताप शुद्धता आदि पर लगाया जाता है। इस नियंत्रण से मानव के लिए तापीय वातावरण संक्रमण मुक्त तथा सुविधापूर्ण हो जाता है। संवातन दो प्रकार का होता है—आन्तरिक तथा बाह्य संवातन।

(1) आन्तरिक संवातन—आन्तरिक संवातन के अंतर्गत कमरे की दूषित, गर्म, आर्द्रतापूर्ण हवा को बाहर निकालना तथा उसके स्थान पर तुलनात्मक रूप से शुष्क, ठण्डी, गतिशील वायु को प्रवेश कराना।

(2) बाह्य संवातन—मकानों के अंदर स्वच्छ वायु के प्रवेश के लिए यह आवश्यक होता है कि सड़कों एवं आस-पास के स्थानों को ध्यान में रखें। इसे बाह्य संवातन कहते हैं। स्वच्छ वायु की प्राप्ति के लिए सड़कों पर पानी छिड़कने से धूल

नहीं उड़े, शहर की सफाई की सही व्यवस्था हो तथा कूड़े-करकट का निष्कासन समुचित तरीके से हो। शव, जानवरों की लाश आदि का निष्कासन व निस्तारण शीघ्र हो। औद्योगिक संस्थान, भट्‌टी, व्यावसायिक क्षेत्र जहाँ से धुआँ धूल आदि उठती हो, आबादी से दूर हों। इसके लिए वृक्षारोपण पर ज्यादा जोर दिया जाना चाहिए।

दोषपूर्ण संवातन या भीड़ में रहने से स्वास्थ्य पर बुरा प्रभाव पड़ता है, जैसे– सिर-दर्द, आलस्य, भूख की कमी आदि। इससे बच्चों में रिकेट्स (Rickets) भी हो सकता है। इसका मूल कारण वायु के तापमान का बढ़ना, वायु की गति का रूकना, आर्द्रता की वृद्धि आदि है। उचित या आदर्श संवातन उसे कहते हैं जिसमें कमरे में पर्याप्त शुद्ध वायु का प्रवेश हो सके जिससे प्रश्वासित की मात्रा 0.2 भाग प्रति 1000 भाग से ज्यादा नहीं हो।

संवातन का विभाजन

मूल रूप से संवादन को निम्नलिखित भागों में विभाजित किया गया है–

(1) कृत्रिम संवातन–परीक्षा भवन, थिएटर सिनेमाघर, विद्यालयों के लिए प्राकृतिक सवांतन पर आश्रित रहना आसान नहीं होता है। इसी तरह वहां यान्त्रिक तरीके से संवातन की व्यवस्था की जाती है। इसके लिए निम्नलिखित महत्वपूर्ण व्यवस्थाएँ की जाती हैं–

(*i*) वायु प्रतिबन्धन तथा वातानुकूलन–इस तरह के संवातन द्वारा इन कारकों का नियन्त्रण किया जाता है–आर्द्रता, तापमान, जीवाणु, वायु की गतिशीलता, धूल, वितरण, दुर्गन्ध, विषाक्त गैसों आदि। एक साथ उक्त सभी कारकों पर नियन्त्रण करके मानव की सुविधा तथा स्वास्थ्य की वृद्धि में मदद के तरीके को वातानुकूलन कहते हैं।

वर्तमान समय में वातानुकूलन अस्पताल, मकान व औद्योगिक क्षेत्रों में प्रचलित हो रहा है। इससे हानिकारक जीवाणुओं पर नियन्त्रण प्राप्त किया जा सकता है। इसमें वायु का सर्वप्रथम निस्पंदन होता है तथा जल वाष्प के साथ संतृप्त किया जाता है। ज्यादा नमी को हटाकर उसे आवश्यक तापमान तक गर्म या ठण्डा किया जाता है तथा उसके बाद कमरे में प्रवेश कराते हैं। एयर-कूलर का उपयोग भी किया जाता है। तभी कमरे के संवातन को सही माना जा सकता है जब शुष्कता की दर 6 से कम नहीं हो। यदि कम है, तो कमरा आवश्यकता से ज्यादा गर्म होगा। यदि दर 15 से ज्यादा हो तो कमरा बहुत ही ठण्डा है। इस प्रकार शुष्कता का मान 6 से 15 के बीच होना चाहिए।

(*iv*) सन्तुलित संवातन–यह निःशेष संवातन और प्लीनम संवातन दोनों का मिश्रित रूप है। हवा के प्रवेश एवं विकास के लिए प्रयुक्त पंखे सन्तुलित रूप से कार्य करते हैं तब प्राकृतिक संवातन के तरीकों को पूरी तरह बन्द रखने की जरूरत होती है।

(*iii*) निःशेष संवातन–वायु की सक्रियता के लिए यान्त्रिक पंखे चलाए जाते हैं व गर्म हवा को निष्कासित करने के लिए निःशेष पंखों की व्यवस्था छत के पास की जाती है। निःशेष पंखों से सबसे पहले रिक्त शून्यता पैदा होती है जिससे की ताजी हवा बाहर से प्रवेश करती है। पंखों की गति को नियन्त्रित करके संवातन की क्षमता को कम या ज्यादा कर सकते हैं। औद्योगिक क्षेत्रों में इनका ज्यादा उपयोग होता है चूँकि इससे धुआँ, वाष्प तथा अन्य दूषित पदार्थ शीघ्र ही निकल जाते हैं।

(*iii*) प्लीनम संवातन–इस पद्धति से ताजी, ठण्डी हवा को अपकेन्द्री पंखों की मदद से कमरे के भीतर दबावयुक्त प्रवेश कराया जाता है। जिससे अन्दर ताजी हवा का प्रवेश होता है तथा दूषित वायु बाहर निकलती है। यह बड़े-बड़े भवनों, फैक्ट्रियों में उपयोग में लाया जाता है। वर्तमान में इसका प्रचलन कम हो गया है।

(2) प्राकृतिक संवातन–यह छोटे कस्बों, विद्यालयों तथा ऑफिस के लिए सस्ता तरीका है। इस प्रकार के संवातन की सफलता हवा के कुछ प्राकृतिक गुणों पर आश्रित होती है। इसके अतिरिक्त मकानों को खुले स्थानों पर तथा पर्याप्त दरवाजे एवं खिड़कियों युक्त बनाने से प्राकृतिक संवातन को बल मिलता है। वायु के प्राकृतिक गुण हैं–

(*i*) वायु प्रचलन–हवा स्वयं ही एक शक्तिशाली संवातक होती है। जब गतिशील होकर वायु कमरे में सक्रिय होती है, तो उस प्रचलन के समक्ष किसी वस्तु से बाधा पड़ने पर उसे छोड़कर एक चूषण की क्रिया पैदा होती है जिससे वायु चूषण हो जाता है। दरवाजे एवं खिड़कियाँ आमने-सामने होने पर क्रॉस या पारगामी संवातन होता है।

(*ii*) घुलने-मिलने व विस्तृत होने की क्षमता–हवा बहुत ही छोटे छिद्र द्वारा भी प्रवाहित होती है, यद्यपि यह क्रिया धीमी होती है, तथापि यह संवातन की क्रिया में सहायक होती है।

तापमान की असमानता–उच्च घनत्व वाले प्रदेश से हवा निम्न घनत्व की ओर जाती है। ताप की वजह से वायु हल्की होकर ऊपर की ओर उड़ती है तथा घर में स्थित रोशनदानों द्वारा निकलती है। उसकी जगह लेने के लिए बाहर से खिड़कियों द्वारा ठण्डी, उच्च घनत्व वाली हवा कमरे में प्रवेश करती है। जितना बधिक कमरे

के बाह्य व आन्तरिक तापमान में अन्तर होगा, वायु उतनी ही ज्यादा गतिशील हो जाती है। इसके लिए सही स्थान पर एवं पर्याप्त संख्या में दरवाजे, खिड़कियाँ तथा रोशनदान का होना जरूरी है। वायु की गतिशीलता पर नियन्त्रण पाने की अक्षमता तथा प्रवेश करने वाली वायु के तापमान व आर्द्रता को समायोजित करने में असफलता प्राकृतिक संवातन के प्रमुख दोष हैं।

ठण्डे प्रदेशों में खिड़कियाँ व दरवाजे सामान्यतया खुले नहीं रख सकते हैं, इसलिए संवातन की विशेष व्यवस्था की आवश्यकता होती है। मनुष्य के शरीर पर वायु के सीधे प्रभाव से बचने के लिए वायु प्रवेश द्वार ऐसा बनाया जाना चाहिए कि हवा फर्श के पास कमरे के ऊपर तक प्रवेश कर पाए तथा जल्दी से चारों तरफ फैल जाए। ठण्डे प्रदेशों में निम्नलिखित संवातकों का उपयोग किया जाता है–

टॉबिन की नली, दोहरी पटके वाली खिड़की, मेकिनेल संवातक, चिमनी, लोवर के सवातक या झिलमिली, शेरिंधम वाल्व तथा एलीसन की ईंट इत्यादि।

ग्रामीण स्वास्थ्य एवं स्वच्छता

भारत के गांवों में भारत कुल जनसंख्या का 70 प्रतिशत भाग निवास करता है। इसलिए यह देश कुल मिलाकर गाँवों का देश है तथा जब तक गाँवों की परिस्थितियों में सुधार नहीं होगा, तब तक देश की प्रगति ठीक तरह से तथा सन्तोषजनक नहीं हो सकती है। आजकल सरकार तथा अन्य संस्थाओं का ध्यान गाँव के स्वास्थ्य सुधार की समस्याओं पर टिका हुआ है। चूँकि गाँवों में ही कृषि कार्य ज्यादा होता है। इसी तरह गाँव हमारी आर्थिक व्यवस्था का महत्वपूर्ण अंग है। गांवों की स्वच्छता तथा स्वास्थ्यकर वातावरण के बारे में पिछले कुछ वर्षों से लोगों में सजगता की भावना ने जन्म लिया है। गाँव के स्वास्थ्य सुधार के साथ ही राष्ट्रीय स्वास्थ्य स्तर में सन्तोषजनक परिवर्तन आ सकता है।

हालाँकि गाँवों में सौम्य, मित्रतापूर्ण वातावरण तथा सादा जीवन रहता है एवं गाँवों की स्वच्छता की तरफ ज्यादा ध्यान नहीं दिया जाता है। हर घर के आगे या पीछे कूड़े का ढेर लगा रहता है। बच्चे-बूढ़े सब कूड़े के पास ही मल त्यागते हैं चूँकि 80 प्रतिशत घरों में शौचालय की सुविधा उपलब्ध नहीं है। मक्खी, कीड़े-मकोड़े, मच्छर आदि का उत्पात रहता है। वायु तथा जल प्रदूषण पर विशेष ध्यान नहीं दिया जाता है। तालाब के पानी में ही गाँव के लोग धुलाई, तैरने, जानवरों को नहलाने उनके काम लेते हैं और उसी पानी को पीने के काम में भी लाते हैं जिससे जल संवाहित संक्रामक रोगों से, कृमि रोग से जनता पीड़ित रहती है। इसी लिए आवश्यकता है गाँवों में

स्वच्छता तथा स्वास्थ्य के ज्ञान का प्रसार किया जाए। इस कार्य में सरकार व कई सामाजिक संस्थाएँ लगी हैं। गाँव के स्वास्थ्य सुधार के लिए निम्नलिखित जरूरतों की पूर्ति निश्चित रूप से होनी चाहिए—

1. मवेशियों को मानव निवास से अलग रखने की उचित व्यवस्था तथा उनके मल का उचित प्रबन्धन।
2. अस्पताल की व्यवस्था।
3. गाँव से दूर शवदाह की व्यवस्था।
4. हाट एवं मंडी की व्यवस्था।
5. कूड़ा संग्रह के लिए उचित स्थान की व्यवस्था।
6. स्वच्छ व शुद्ध जल की व्यवस्था।
7. उचित कमान की व्यवस्था।
8. रसोई घर में धुआँ रहित चूल्हों की व्यवस्था।
9. उत्तम शौचाल्य की व्यवस्था।
10. जलाशयों की स्वच्छता की व्यवस्था।

गाँवों के स्वास्थ्य सुधार के लिए निम्नलिखित कदम उठाए जाने चाहिए—

1. मातृ-शिशु कल्याण केन्द्र स्थापित की जाए।
2. व्यावहारिक पोषण कार्यक्रम चलाया जाए।
3. रोग प्रतिरक्षक टीकों की व्यवस्था हो।
4. स्वास्थ्य शिक्षा, प्रौढ़ शिक्षा एवं जन-सम्पर्क के लिए समुचित व्यवस्था हो।
5. चिकित्सा सेवा उपलब्ध करवाएँ।
6. विद्यालयी स्वास्थ्य सेवा प्राप्त हो।

स्वास्थ्य का ज्ञान ग्रामीणों को बिल्कुल नहीं होता है। इसी तरह उन्हें स्वास्थ्य सम्बन्धी और स्वस्थ जीवन-यापन सम्बन्धी समुचित ज्ञान देना काफी जरूरी होता है। उन्हें यह समझना चाहिए कि जिन बीमारियों से वे ग्रस्त रहते हैं उन पर सही रोकथाम कर काबू पाया जा सकता है। उचित सावधानी बरतकर हजारों लोगों को काल के गाल से बचा सकते हैं। अस्वास्थ्यकर वातावरण, जलाशयों के प्रदूषण आदि के विषय में ग्रामवासियों को बार-बार समझाकर प्रभावित करना चाहिए। इसके लिए पोस्टर, पत्रिकाओं, चलचित्र, फिल्म आदि का उपयोग किया जा सकता है। स्थानीय भाषा में घर-घर में जाकर समझाना भी समझाने से भी लोग प्रभावित हो सकते है। समय-समय पर चल चिकित्सा या भ्रमणशील शल्य चिकित्सा शिविरों का आयोजन भी किया जा सकता है। सरकार द्वारा समय-समय पर स्वास्थ्य समस्याओं का सर्वेक्षण

भी कराना चाहिए, उनके निदान के लिए कमेटियों का आयोजन करना चाहिए। प्राथमिक चिकित्सा केन्द्रों के द्वारा दूध का पाउडर, विटामिन की गोलियों आदि का वितरण गर्भवती तथा धात्री माताओं के लिए करना चाहिए। विद्यालयी मध्यकालीन भोजन कार्यक्रम में पौष्टिक भोजन का वितरण कराना चाहिए। इससे न सिर्फ स्वास्थ्य ठीक रहता है, वरन् पौष्टिक भोजन बनाने के ढंग सीखकर ग्रामवासियों का व्यावहारिक ज्ञान बढ़ता है, आदतों का सुधार होता है तथा सामाजिक विकास होता है।

जल स्वच्छता

किसी भी प्राणी के लिये पानी बहुत अधिक आवश्यक है। मनुष्य के लिए भी इसका अपना महत्व है। भोजन के बिना मनुष्य कई दिनों तक जी सकता है, परन्तु जल के बिना वह शीघ्र ही मर जाएगा। निम्नलिखित कारणों से शरीर को जल की आवश्यकता पड़ती है–

1. भोजन को पचाने, उसके रस को एकीभूत करने एवं मल-मूत्र त्याग करने में मदद करने के लिए।
2. रक्त की तरलता।
3. तन्तुओं को मुलायम और लचीला बनाए रखने के लिए।

प्रत्येक मनुष्य के शरीर में लगभग 6 प्रतिशत जल होता है। इस जल का कुछ अंश मल, मूत्र तथा पसीने के रूप में तथा श्वास क्रिया से फेफड़े द्वारा निकलता है। इसकी पूर्ति के लिए जल की आवश्यकता हमेशा बनी रहती है। पानी साधारणतः पकाने, चीजें धोने या साफ करने अथवा म्युनिसिपैल्टियों के द्वारा मल-मूत्र आदि की सफाई के लिए उपयोग में लाया जाता है।

अस्पतालों में प्रत्येक रोगी के लिए 40 से 50 गैलन जल की आवश्यकता पड़ती है, साधारणतः परिवारों में एक आदमी पर कम-से-कम 25 गैलन जल चाहिए, पर बाग-बगीचों की धुलाई के कारण बड़े-बड़े नगरों में 45 से 50 गैलन जल का उचित प्रबंध है।

जल का प्राकृतिक रूप

तापमान के अनुरूप जल की तीन अवस्थाएँ हैं–

1. 0° सेन्टीग्रेड से नीचे तापमान होने पर जल ठोस हो जाता है जिसे बर्फ कहते हैं।

2. 100° सेन्टीग्रेड से ऊपर तापमान में पानी वाष्प के रूप में परिवर्तित हो जाता है जिसे "भाप" कहते हैं।
3. समान तापमान में इसका तरल-रूप होता है जिसे पानी या जल कहते हैं।

जम जाने के पूर्व ही तापमान में धीरे-धीरे भाप के रूप में विलीन होना तापमान की कमी पर निर्भर करता है। तापमान जितना अधिक होगा, उतनी ही अधिक मात्रा में जल भाप के रूप में बदलेगा।

एक घनफुट पानी 6.25 गैलन के बराबर होता है तथा इसका तौल 62.5 पौंड होता है। जल का विशिष्ट भार 4° सेन्टीग्रेड तापमान पर एक माना जाता है।

जल और बीमारियाँ

जल हमारे लिये जहाँ तक तरफ जीवन जीने जीने हेतु अत्यंत उपयोगी माना जाता है वहीं दूसरी तरफ यह हैजा पेचिश टाइफाइड जैसी विभिन्न संक्रामक बीमारियों को फैलाने में अहम् भूमिका निभाते हैं। कच्चा जल विभिन्न वस्तुओं के संसर्ग में आने के कारण दूषित हो जाता है। चूँकि हम लोग अधिकतर कच्चे जल का ही इस्तेमाल करते हैं, इसी तरह उचित सावधानी बरतने की अत्यन्त आवश्यकता है। भारत में भी प्रदूषित जल के प्रयोग से लगभग हर साल हैजा एवं टाइफाइड जैसी बीमारियों से कई लोग काल के गाल में समा गये। दूसरे देशों में जहाँ जनता के पीने के लिए शुद्ध जल का प्रबन्ध है, हैजा-जैसे संक्रामक रोगों से होने वाली मृत्यु-संख्या बहुत ही कम है।

जल के वजह से उत्पन्न होने वाली कुछ प्रमुख बीमारियां

जल के कारण होने वाले कुछ सामान्य रोग इस प्रकार हैं—

(1) साधारण कंठमाला—यह बीमारी जल प्राप्ति के विभिन्न स्थलों में आयोडिन के अभाव से उत्पन होता है। भारतवर्ष के उत्तरी भाग में जहाँ-तहाँ और बिहार में गंडक नदी के आस-पास बसने वाले गाँवों और शहरों में यह रोग विशेष रूप से पाया जाता है। डर्बीशायर, इंग्लैण्ड, स्विट्जरलैण्ड और फ्रांस के उत्तरी प्रान्तों में इस रोग के रोगी विशेष रूप में पाये जाते हैं। जापान में ज्यादातर सामुदिक वनस्पतियों का प्रयोग किये जाते हैं जिसमें आयोडीन प्रचुर मात्रा में पाया जाता है, इसलिए वहाँ के निवासियों में कंठमाला रोग नहीं पाया जाता।

(2) शीशाधातु विषजनित रोग—हमारे द्वारा जिस स्वाभाविक जल का प्रयोग किया जाता है उसमें शीशा का अभाव होता है। पर शीशे के बने नल या पात्र में

जल संग्रह करने से कभी-कभी जल में शीशा घुल जाता है, तथा जल विष बन जाता है। शीशा जनित विष अत्यन्त खतरनाक चेतनाहीन पदार्थ है।

नीचे दी गई विभिन्न अवस्थाओं में जल शीशे को प्रभावित करते हैं, जैसे—शीशा और जल के पारस्परिक संसर्ग की अवधि, तापमान, दबाव आदि। शीशाजनित विष के प्रभाव से मनुष्य लँगड़ा हो सकता है। यह स्नावयिक और लकवा रोग पैदा कर सकता है। जल में यदि कल्फेट की मात्रा मौजूद हो तो पेट में विभिन्न प्रकार की बीमारियां उत्पन्न हो जाती हैं। जल में वनस्पति पदार्थों की अधिकता से अतिसार होने का भय रहता है। अन्य विषैले धातुजनित रोग, जल में विशेष रूप से लोहे या जस्ते का द्रव्य उपस्थित रहने में साधारणतः कब्ज की शिकायत होती है।

जीवाणु तथा कृमि जनित रोग—जीवाणु एवं कृमि जनित रोगों पर निम्न प्रकार प्रकाश डाला जा रहा हैं—

एककोशीय : जीवाणुजनित रोग एमेबिक डिसेन्ट्री, पराश्रयी कृमिजनित रोग : चाली कृमि सूत-कृमि, आँत के फ्लूक्स, जीवाणुजनित रोग—हैजा, टाइफाइड एवं पारा टाइफाइड तथा पेचिश, वाइरसजनित रोग—संक्रामक यकृत-सम्बन्धी रोग और पोलियो माइलिटिस आदि प्रमुख बीमारियां हैं।

जल का खारापन

खारा जल की संज्ञा उस प्रकार के जल को दी जाती है जहाँ भाग उत्पन्न करने हेतु आवश्यकता से अधिक साबुन का इस्तेमाल किया जाता है।

कैल्शियम सल्फेट का जिप्सम साल्ट। मैग्नेशियम सल्फेट या एप्सम साल्ट। कैल्शियम बाई कार्बोनेट जिसको साधारणतः लाइम स्टोन कहा जाता है। मैग्नेशियम कार्बोनेट या मैग्नेसाइट—दोनों पदार्थों के संयोग से जल में स्थायी खारापन उत्पन्न होता है जिन्हें सरलता से उबाल कर दूर कर सकते हैं। परन्तु निम्नलिखित तृतीय और चतुर्थ तरह के लक्षण स्थायी खारापन उत्पन्न करते हैं।

खारे जल में उपयुक्त वस्तुओं के अतिरिक्त क्लोराइड नाइट्रेट्स ऑफ कैल्शियम और मैग्नेशियम साल्ट भी यदा-कदा पाये जाते हैं। कैल्शियम-बाई-कार्बोनेट मैग्नेशिया के कारण अस्थायी खारापन उत्पन्न होता है, जो जल को उबालकर आसानी से दूर किया जा सकता है। साधारणतः एक गैलन जल हेतु ग्रेन फिटफिरी का प्रयोग लाभकारी माना जाता है। आवश्यकता से अधिक फिटकिरी डालने से वह घुलती नहीं। फिटकिरी डालने के बाद तलछट को बर्तन की पैंदी में बैठ जाने पर छान लेना

चाहिए। फिटकरी से जल की सफाई तो की जा सकती है परंतु जीवाणु पुर्णतः समाप्त नहीं हो पाते हैं।

अधिक चूना—जल में चूने को ज्यादा मात्रा में मिलाने के बाद उसे 5 से 24 घण्टे तक छोड़ दिया जाता है। इससे जल जीवाणुरहित हो जाता है। बाद में कार्बन डाई-ऑक्साइड के प्रयोग से चूना दूर कर दिया जाता है। यह किफायती और विश्वसनीय विधि है। इसके द्वारा जल का खारापन समाप्त किया जा सकता है।

घरेलू फिल्टर—इस यन्त्र के अंतर्गत सूराखदार बत्तियाँ पायी जाती हैं जिसके सूराखों से होकर पानी बहाने से जल शुद्ध हो जाता है। ये बत्तियाँ मोटे रवा और बारीकी रवा दो प्रकार की होती हैं। यह भेद, प्राप्त पदार्थ के कारण होता है। मोटे रवा वाल बत्तियों द्वारा जल से मिले पदार्थ और कृमि-अंडे और कोष्ठ आदि छन जाते हैं, रोगोत्पादक जीवाणु नहीं। इस विधि से जल को छानने के पश्चात् उसे उबालने या किसी जीवाणुनाशक रासायनिक पदार्थ से परिशुद्ध कर लेना चाहिए। चीनी मिट्टी की बनी बारीक रवा वाली बत्तियों से छानने से जीवाणु भी नष्ट हो जाते हैं। इस विधि से जल कैटाडीन नामक एक प्रकार की बत्ती और होती है। इसमें छानने वाली सतह में चाँदी के बने एक पदार्थ से कलई की रहती है। इस सतह के संसर्ग में आने वाले सभी जीवाणुओं की मौत हो जाती है।

घरेलू फिल्टर के ऊपर वाले भाग में दो या उससे अधिक बत्तियाँ होती हैं। छाना जाने वाला जल इसी ऊपर वाले पात्र में डाला जाता है।

1. ऐसे जल में साबुन फेन उत्पन्न करने हेतु अत्यधिक का इस्तेमाल करना होता है। कपड़ा वगैरह साफ करने में अधिक खर्च पड़ता है।
2. इससे नलों एवं बोतलों में गाद उत्पन्न होता है। इस पर समरूप से आँच का असर नहीं पड़ता, इसी तरह उबालने के लिए अधिक समय की आवश्यकता होती है।
3. यह धोबी के व्यवसाय एवं उन के व्यवसाय हेतु लाभकारी नहीं होता है, चूँकि ऐसे जल का प्रयोग करने से उनमें दही जैसा पदार्थ सट जाता है। उनमें आवश्यक चमक नहीं आती। वे साफ नहीं धुलते।
4. इस प्रकार के जल में आंत संबंधी बीमारियां उत्पन्न होती है।

सॉफनिंग

सॉफ्टनिंग के अंतर्गत खारे जल के कैल्शियम और मैग्नेशियम लवण को पूर्ण या अपूर्ण रूप से निराकरण किया जाता है इसके अंतर्गत निम्न विधियाँ अपनायी जाती हैं—

(1) चूना मिलाना—जल में अत्यधिक मात्रा में चूना मिलाने से उसे मीठा बनाया जा सकता है। खारे जल के अनुपात से प्रति सात सौ गैलन जल में एक औंस चूना मिलाया जाता है। ऐसा करने से घुलनशील कैल्शियम और मैग्नीशियम कार्बोनेट चूने के साथ कार्बन डाई-ऑक्साइड को सोख कर कैल्शियम और मैग्नीशियम कार्बोनेट को अघुलनशील बना देता है।

(2) जिओलाइट का प्रयोग—जल का मीठापन जिओलाइट के प्रयोग से भी कम किया जा सकता है। यह एक तरह की मिट्टी होती है, जो लकड़ी के बुरादे के समान होती है। यह जल में उपस्थित कैलशियम और मैग्नेशियम को स्वतः ग्रहण कर उसमें सोडियम का परित्याग कर जल का खारापन दूर करती है। जो जिओलाइब प्रकृति से प्राप्त होते है वे हरे बालू ग्लाउकोनाइट होते हैं। सोडियम सिलिकेट युक्त सिन्थेटिक जिओलाइट को परम्युटिट कहते हैं कैल्शियम और मैग्नेशियम युक्त खारे जल में परम्युटिट डालने से जिओलाइट में उपस्थित सोडियम, जल में मिश्रित हो जाता है और अन्य लवणों को उक्त मिट्टी सोख लेती है। इस प्रकार की विधि को बेस विधि अथवा बेस एक्सचेंज कहा जाता है।

(3) उबालना—इस विधिस के अंतर्गत कार्बन डाई ऑक्साइड गैस जल से बाहर हो जाती है, और कार्बोनेट पदार्थ उबालने वाले बर्तन में बैठ जाता है।

(4)स्थायी खारापन—जल के स्थायी खारापन को दूर करने हेतु सोडा एवं कास्टिक सोडा का प्रयोग किया जाता है। यदि दोनों तरह के जल (स्थायी और अस्थायी खारा जल) की मिलावट होने पर अत्यधिक मात्रा में चूने का प्रयोग करने से वह सोडा क्षार के साथ निष्क्रिय हो जाता है।

सैण्ड फिल्टर

आजकल सैण्ड फिल्टरों द्वारा भी जल के भौतिक, रासायनिक एवं जीवाणुओं को दूर करने हेतु भी किया जाता है सैण्ड फिल्टर दो तरह के होते हैं—

1. स्लो सैण्ड फिल्टर और
2. रैपिड ग्रैविटी फिल्टर

इसे सर्वप्रथम इग्लैंड में तैयार किया गया था। फिल्टरों के अपने गुण और दोष होते हैं, जिनकी चर्चा अगले प्रकरण में की जायेगी।

स्लो सैण्ड फिल्टर—इसे सर्वप्रथम इंग्लैउ में तैयार किया गया था। इसलिए इस तरीके को 'इंग्लिश मेथड' या अंग्रजी तरीका कहते हैं। जल को फिल्टर बेड की

सहायता से गुजरने से पूर्व उसे एक हौज में रखा जाता है जो सेटलिंग कहलाते हैं से गुजारा जाता है। इसी तरह काफी जमीन की आवश्यकता होती है।

पावन-स्तर या फिल्टर बेड—विभिन्न फिल्टर स्तर के विभाजन द्वारा छानने की प्रक्रिया अपनायी जानी चाहिये। प्रत्येक स्तर विभिन्न आकार का मुँहबन्द संग्रहालय होता है। ये संग्रहालय साधारणतः अलग-अलग कतार में सिलसिलेवार बने होते हैं। आजकल बनाये गये फिल्टर बेड के लिए लगभग एक एकड़ जमीन की आवश्यकता होती है। फिल्टर बेड 12 से 15 फीट गहरी होती है इसकी सतहें इस तरह होती हैं—

1.	ऊपर वाली रिक्त सतह	2 से 3 फीट
2.	जल की गहराई	5 से 6 फीट
3.	बारीक बालू	1 से 3 फीट
4.	मोटी बालू	1/2 से 1 फीट
5.	कंकड़	1/2 से 1 फीट
6.	ईंट	दो छल्ला

उपर्युक्त सभी चीजें इस प्रकार सजा कर रखी जाती हैं जिसमें स्रोत को तैयार किया जा सके। मध्य स्थित नाली पत्थर की पटियों से ढकी होती है। इसके सभी सन्धि स्थानों में खुलापन पाया जाता है। फिल्टर का सम्पूर्ण गच सख्त ईंट के दो छल्लों से ढका रहता है। ये ईंटें इस तरह सजाकर रखी जाती हैं जिसमें सम्पूर्ण जल उस नाली की तरफ जाए जो संग्रही नाले से सम्बन्धित हो।

क्रिया—स्लो सैण्ड फिल्टर में सभी जीवाणुओं एवं बालू एवं कंकड़ों को पत्थर की सतहों को पार करने से नहीं रोका जा सकता है। परन्तु वास्तव में लगभग 99 प्रतिशत जीवाणु ऊपर वाली सतहों में ही छन जाते हैं। तैरने वाली अन्य अशुद्ध चीजें बालू की सतह से आगे नहीं निकल पाती हैं। इस तरह की भौतिक क्रिया के अलावा रासायनिक क्रियाएँ, जैसे नाइट्रीफिकेशन और ऑक्सीडेसन जीवाणु की मदद होती है, जैसे बैक्टीरिया तथा फंजाई एल्गी और अन्य प्रकार के वानस्पतिक पदार्थों का वहाँ जमाव हो जाता है जो एक जैविक स्तर तैयार करते हैं जो लगभग तीन दिनों में पूर्ण होता है। इसे जुगलियन सतह भी कहते हैं। इन तीन दिनों के अन्दर जल को धीरे-धीरे बहने देना चाहिए।

ऊपरी सतह पर पड़ने वाली सब्ज परत पीछे जाकर इतनी मोटी हो जाती है कि यह पानी के बहाव को रोकने लगती है। इससे छनाव की क्रिया बहुत धीमी पड़

जाती है। ऐसी हालत में लगभग 1 इंच तक वह सब्ज परत काट कर हटा दी जाती है। फिल्टरेशन के पश्चात् जल में क्लोरीन का प्रयोग विशेष रूप से किया जाना चाहिये।

रैपिड ग्रैविटी फिल्टरेशन—यह अमेरिका की प्रचलित पद्धति में से एक है। इसका नाम रैपिड इसलिए रखा गया है कि इसकी छानने की शक्ति स्लो सैण्ड फिल्टर से 40 से 60 गुना अधिक है। यह मैकेनिकल इसलिए कहा जाता है कि इसकी बालू जरूरत पड़ने पर धोयी जा सकती है। इसको छानने की शक्ति (क्रिया) विशेषतः यान्त्रिक होती है। यह प्रणाली धीरे-धीरे अधिक प्रचलित होती जा रही है, चूँकि इसमें बहुत कम जमीन लगती है और छानने की क्रिया शीघ्रतापूर्वक की जाती है। उचित देखरेख में काम लेने पर यह सारे संसार में काफी लाभकारी मानी जाती है जिसके दो स्वरूप होते हैं। रैपिड ग्रैविटी फिल्टर के अलावा एक और फिल्टर होता है जिसे प्रेशर फिल्टर कहते हैं। पीने योग्य हेतु यह विधि उपयुक्त नहीं मानी जाती है इसलिए इसका वर्णन यहाँ नहीं किया जायेगा। ग्रैविटी फिल्टर में जल पहले एक ऐसे पात्र में प्रवेश करता है जिसमें आतचक पदार्थ जैसे फिटकिरी की मात्रा पायी जाती हैं। इसके तुरंत बाद यह जल फ्लीकुलेटर से होता हुआ क्लैरिफायर से गुजरता है जहाँ 90-95 प्रतिशत गन्दगी दूर हो जाती है। इसके उपरांत जल फिल्टर बेड पर जाता है जहाँ सम्पूर्ण गन्दगी छन जाती है। शेष बचे हुये किटाणुओं को क्लोरिन द्वारा अंतक्रिया जा सकता है।

बनावट और क्रिया—रैपिड सैण्ड फिल्टर यंत्र विभिन्न आकार के इकाई निर्मित होते हैं। फिल्टर करने वाली बालू और कंकड़-पत्थर एक बड़े कंक्रीट के हौज में, जो मुख्य रूप से आयातकार होता है उसके अंतर्गत रखा जाता है। ऊपर की बालू वाली सतह 27 से 36 इन्च तक मोटी होती है और निचली कंकड़ वाली सतह 12 इन्च से 18 इन्च तक मोटी होती है।

फिल्टर द्वारा जल-शुद्धीकरण

सेटलिंग टैंक में नदी या तालाब तक कच्चा पानी एक पम्प की सहायता से पहुँचाये जाते है जहाँ सोडिमेन्टेशन और एअरेशन होता है। इसके बाद वह जल दूसरी हौदी में लाया जाता है जहाँ आप ही जल की धारा के अनुपात से आतवक पदार्थ मिलता रहता है। फिटकिरी या एलम सल्फेट जल में अच्छी प्रकार मिलाने के बाद पानी को आतवक टब में रहने दिया जाता है। इन स्थानों पर जल चार से छह घण्टों

तक स्थिर रहता है। यहीं जल में मिले हुए दूषित पदार्थ बैठ जाते हैं और तब पानी को फिल्टर में प्रवेश करने दिया जाता है।

आवश्यक फिटकिरी की मात्रा—एक गैलन जल में 1 से 3 ग्रेन अनुपात में फिटकिरी का प्रयोग किया जाता है। कभी कभी इससे भी अधिक मात्रा में फिटकिरी की जरूरत होती है। अच्छे आतवक के लिए फिटकिरी की मात्रा निम्न बातों पर निर्भर करती है।

1. जल में उपस्थित जैविक पदार्थ जल से हटाये जाने वाले रंग और गँदलापन पर आधारित होते हैं।
2. अम्ल पदार्थ
3. तापमान
4. क्षार पदार्थ

क्रिया—साधारणतः प्राकृतिक जल क्षारयुक्त रहता है। इनकी अनुपस्थिति नही होने पर चूने का प्रयोग किया जाता है जब पानी में फिटकिरी मिलाई जाती है तब यह क्षार एल्युमिनियम हाइड्रोक्साइड बन जाता है।

फिल्टर की सफाई—जब जीवाणु और कीचड़ एवं अन्य निर्जीव पदार्थ काफी मात्रा में एकत्रित होकर फिल्टर की प्रक्रिया को रोकते हैं। तब फिल्टर को धोना पड़ता है। प्रायः दिन में एक बार प्रत्येक चालू फिल्टर का वेड धोया जाता है।

फिल्टर की सफाई विधि—फिल्टर के नीचे वायु को पहुँचाया जाता है एवं हवा के दबाव से बालू पर जमी हुई गंदगी ढीली कर दी जाती है और उसके बाद जल की विपरीत धारा द्वारा धो दिया जाता है।

उच्च वेग से धुलाई—फिल्टर के एक वर्ग फीट के अनुपात से प्रति मिनट 15 से 20 गैलन किया हुआ जल बालू से होकर उल्टी दिशा में तेज गति से पहुँचाया जाता है। इस विधि से पानी में इतनी शक्ति पैदा करते हैं कि वह बालू को उठाकर कंकड़-पत्थर को इस तरह चक्कर खिलाये कि वे आपस में खूब घर्षित हों। इससे एकत्रित पदार्थों को हटाया जा सकता है। किसी-किसी फिल्टर-यंत्र में उच्च गति के साथ धोने के लिए 25 गैलन जल का व्यवहार किया जाता है। इस धुलाई की क्रिया में फिल्टर किये गये सम्पूर्ण जल के 2 से 5 प्रतिशत भाग की जरूरत है। फिल्टर धो लेने के बाद उसमें पानी भरने दिया जाता है।

यदि आवश्यकता अधिक धुलाई हो गई हो तो बालू और कंकड़-पत्थर को फिर से बैठने का मौका दिया जाता है। जैसा कि आरंभ में इस तथ्य विचार करने पर यह पता चलता है कि फिल्टर का सम्पूर्ण गच सख्त ईंट के दो छल्लों से ढका रहता है।

ईंट इस तरह सजाकर रखी जाती है जिसमें सारा जल उस नाली की तरफ बह जाए जो संग्रही नाले से सम्बन्धित हो। पचास प्रतिशत शक्ति की क्लोरीन पानी की सतह से खास ऊँचाई पर रखी रहती है और ऐसा प्रबन्ध रहता है कि उचित मात्रा में स्वतः जल में मिलायी जाती रहे इस प्रकार क्लोरीनयुक्त जल संग्रहालय में जाता है। फिर वहाँ से सारे शहर में नलों के द्वारा वितरित किया जाता है।

रेट ऑफ फिल्टरेशन—जिस कुंड में शुद्ध जल को एकत्र किया जाता है वहाँ 12 करोड़ 50 लाख गैलन जल प्रति एकड़ प्रतिदिन के हिसाब से एकत्र होता है। छाना हुआ जल शुद्ध जल के कुण्ड से ही निर्धारित होता है।

रैपिड सैण्ड फिल्टर की आवश्यकताएँ—(अ) प्रयोगशाला में यदा-कदा परीक्षा किया जाना, (ब) सम्पूर्ण फिल्टर प्रणाली पर पूर्ण नियंत्रण।

स्लो सैण्ड और रैपिड सैण्ड फिल्टरेशन में अंतर

1. स्लो सैण्ड फिल्टरेशन इंग्लैंड में आविष्कृत अंग्रेजी तरीका है जबकि रैपिड सैण्ड फिल्टरेशन बाद अमेरिका में आविष्कृत हमारी जरूरतों को पूर्ति के निमित्त परिष्कृत किया हुआ अमेरिकन तरीका है।
2. स्लो सैण्ड फिल्टरेशन प्रयोग प्राचीन काल से रहा है जबकि रैपिड सैण्ड फिल्टरेशन का प्रयोग हाल में प्रारम्भ हुआ है।
3. स्लो सैण्ड फिल्टरेशन विधि में प्राथमिक उपचार को विशेष महत्व नहीं दिया जाता है। कुछ खास परिस्थितियों में इसकी जरूरत पड़ती है जबकि रैपिड सैण्ड फिल्टरेशन तरीके में सबसे पहले जल के साथ आयरन सल्फेट या अल्युमीनियम सल्फेट का प्रयोग किया जाता है।
4. स्लो सैण्ड फिल्टरेशन जल को धीरे-धीरे बड़े छिछले बन्द संग्रहालय में बालू की सतह से होकर गुजरने दिया जाता है जबकि रैपिड सैण्ड फिल्टरेशन जल तेजी के साथ काठ, लोहे या कंक्रीट के छोटे हौदों में रखे हुए बालू से होकर गुजरता है, विशेषतः मोटी बालू प्रयोग में लायी जाती है।
5. स्लो सैण्ड फिल्टरेशन साधारण दर प्रति एकड़ प्रतिदिन 2500,000 (पचीस लाख) से 4000,000 (चालीस लाख) गैलन है। यह रैपिड फिल्ट्रेशन से 40 से 60 गुना कम होता है जबकि रैपिड सैण्ड फिल्टरेशन दर अंग्रेजी तरीके से 40 से 60 गुना अधिक होती है। इसके जरिये 120 से 125 मिलीयन गैलन जल प्रति एकड़ प्रतिदिन के हिसाब से फिल्टर होता है।

6. स्लो सैण्ड फिल्टरेशन सफाई बालू की ऊपरी सतह को छीलने से होती है जबकि जल की उल्टी धारा के द्वारा साफ किया जाता है। कभी-कभी बालू को यांत्रिका ढंग से हवा के दबाव से उलटा-पलटा जाता है। इसीलिए इसको मैकेनिकल फिल्टर भी कहा जाता है।
7. स्लो सैण्ड फिल्टरेशन में नाइट्रोजन कम्पाउण्ड्स का आंशिक ऑक्सीकरण होता है जबकि रैपिड सैण्ड फिल्टरेशन जल की उल्टी धारा के द्वारा साफ किया जाता है।
8. स्लो सैण्ड फिल्टरेशन को बनाने में खर्च तो अधिक पड़ता है, मगर इसकी प्रणाली चालू रखने में कम खर्च पड़ता है जबकि रैपिड सैण्ड प्रणाली की स्थापना में कम खर्च पड़ता है, परन्तु इसको चालू रखने में अधिक खर्च पड़ता है।
9. स्लो सैण्ड फिल्टरेशन से जैविक और रासायनिक दोनों प्रकार की छनाई और विशुद्धि होती है जबकि रैपिड सैण्ड फिल्टरेशन यह अधिक गँदले कीचड़ और रंगयुक्त जल को फिल्टर करने के लिए विशेष उचित होता है।
10. स्लो सैण्ड फिल्टरेशन विशेषकर ऐसे जल को फिल्टर करने के लिए सफल होता है जिसमें रंग और गँदलापन की मात्रा कम हो। जल में मौजूद रंगीन पदार्थ का यह प्रायः 30 प्रतिशत भाग दूर करता है। इस प्रणाली द्वारा लगभग 99 प्रतिशत जीवाणु पदार्थ छन जाते हैं और क्रिया समान होती है जबकि रैपिड सैण्ड फिल्टरेशन स्लो सैण्ड फिल्टरेशन प्रणाली का विधिवत प्रयोग करने से 90 से 99 प्रतिशत जीवाणु पदार्थ नष्ट हो जाते हैं। मगर इसकी क्रिया स्लो एण्ड फिल्टर के प्रकार समान नहीं होती।

सार्वजनिक जल वितरण

निम्न बातों की जानकारी जल वितरण प्रणाली के परिष्कृत करने के लिए सहायक होती है—

1. इस बात का भी ध्यान रखना चाहिए कि जल-वितरण-सम्बन्धी प्रबन्ध में यथासाध्य कम खर्च हो।
2. वर्तमान और भविष्य में काम में लाने के लिए पर्याप्त मात्रा में जल है या नहीं।
3. वह स्थूल, रासायनिक और जीवाणु पदार्थों से शुद्ध एवं आस-पास दूषित करने वाले जरियों से सुरक्षित है या नहीं।

सार्वजनिक जल-वितरण के साधन और उनका शोधन—जिस कुएं का जल प्रयोग में लाया जाता है वह उपचारित हो अथवा उपचारित न किया गया हो उसकी

शुद्धता की जाँच विश्लेषण द्वारा की गई हो, गहरी सतह वाली 6" से 30" व्यास के ट्यूबवेल पर्याप्त जल के लिए आवश्यक होती है। ट्यूबवेल की गहराई 500 से अधिक होनी चाहिए। प्रत्येक कुएं से हर दिन 1 मिलीयन गैलन जल की प्राप्ति होती है। छोटे-छोटे शहरों में 6 इंच व्यास का ट्यूबवेल काम में लाया जा सकता है।

हौज के रूप में बना हुआ संग्रहालय—जिसके अंतर्गत विभिन्न जल स्त्रोतों की सफाई करने के साथ-साथ विसंक्रमित किया जाता है।

प्राकृतिक झील—जल की सफाई साफ और विसंक्रमण द्वारा शुद्ध करने के बाद।

साफ और विसंक्रमित किया हुआ जल चयन मुख्य रूप से निम्न तथ्यों पर आधारित होता है।

1. पर्याप्त जल का होना।
2. जल-कल का निर्माण एवं संचालन।
3. अच्छी किस्म का जल होने का विश्वास।

पम्पिग स्टेशन का परीक्षण—इस सम्बन्ध में निम्नलिखित तथ्यों पर ध्यान केन्द्रित करना आवश्यक होता है।

1. पम्प की संख्या और जल खींचने की शक्ति।
2. संग्रहालय।
3. संचालन का तरीका।
4. स्वास्थ्य और सफाई सम्बन्धी त्रुटियां।
5. ऊपरी सतह के कारण दूषित होने से सुरक्षा के साधन।
6. बैक फ्लो की वजह से प्रदूषण की संभावना।

वितरण—अमीर अथवा गरीब दोनों ही वर्गों पर समान रूप से ध्यान देकर जल का वितरण किया जाना चाहिए। इस बात का भी ध्यान रखना चाहिए कि जल सभी हिस्सों से काफी दूर वनस्पतियों तक पहुँचाया जा सके। जल-वितरण जमीन के नीचे बिछायी गयी लोहे की नली द्वारा किया जाता है। इस क्रिया प्रणाली के अंतर्गत 3 इंच से लेकर 40 इंच की मोटी नली जो 'ऐंगस स्मिथ घोल' से तह चढ़ायी हुई हो, उपयोग में लायी जाती है इस लोहे की नली से सभी घरों में जल हेतु जी. आई. पाइप या अलकाथीन पाइप जो 1/2" व्यास से लेकर 1 इंच व्यास का होता है, इस्तेमाल में लाये जाते है।

केन्द्रित और विकेन्द्रित विधि से वितरण—केन्द्रीय विधि में केन्द्रीय संग्रहालय जिसकी सहायता से संपूर्ण मुहल्ले में जल का प्रेषित किया जाता है। यह बहुत ही

सरल तरीका है। मगर इसका दोष यह है कि संग्रहालय के निकटस्थ व्यक्तियों को दूरस्थ व्यक्तियों की तुलना में अत्यधिक जल की प्राप्ति होती है। दबाव की कमी के कारण दूर रहने वालों को पर्याप्त ढंग से जल मिलने की असुविधा होती है। विकेन्द्रित ढंग से वितरण में सभी मुहल्लों में अलग-अलग संग्रहालय होते हैं जिसकी सहायता से संपूर्ण मुहल्ले में जल को प्रेषित किया जाता है। इस तरह के वितरण संग्रहालय के निर्माण एवं चालू करने का व्यय अधिक होता है।

निरंतर और अन्तर देकर जल-वितरण—निरंतर जल-वितरण प्रणाली के मार्ग से गंदे पदार्थों को सरलता से खींच सकता है। अन्तर देकर जल-वितरण की प्रणाली में नली द्वारा अन्तर देकर जल प्राप्त होता है।

अन्तर देकर जल-वितरण-प्रणाली—विश्राम अवस्था में नल गन्दी नालियों अथवा जमीन से चूसने वाली क्रिया द्वारा दोषपूर्ण जोड़ों के मार्ग से गंदे पदार्थों को सरलता से खींच सकता है। ऐसी हालत में प्रत्येक परिवार को विश्राम-काल के लिए जल एकत्र करने के लिए हौज वगैरह का प्रबन्ध करना पड़ता है। इस प्रकार प्रधान संग्रहालयों का जल समाप्त हो जाता है। इसी तरह बड़ी-बड़ी जलवाहक नालियों की जरूरत होती है जिससे अल्पकाल में ही जल का सम्पूर्ण वितरण हो सके। आग बुझाने के लिए जल की जरूरत पड़ने पर संग्रहालय में जल का अभाव हो सकता है।

जल वितरण की दो विधियां—इस प्रकार की प्रणाली में दो नल प्रयोग में लाये जाते हैं। एक नल द्वारा आग बुझाने, सड़क पर पानी छिड़कने, मोरियों और शौचकूपों में जल पहुँचाने तथा व्यापारिक कार्यों के लिए अशुद्ध जल का वितरण किया जाता है तथा दूसरे नल द्वारा पीने, पकाने एवं महाने के उद्देश्य से शुद्ध जल का वितरण होता है।

दोहरी वितरण-व्यवस्था के दुष्परिणाम—शहर के जिन क्षेत्रों में कुछ भेदों को देखते हुये पीने वाला जल वितरित करने का प्रबन्ध है, घर में शुद्ध जल के अभाव में लोग अशुद्ध नल वाला जल इस्तेमाल करते हैं। इस तरह के नलों में किसी तरह टपकन पैदा होने से पीने वाला जल दूषित हो जाने का डर रहता है जो खतरनाक होता है। ऐसे अनेक उदाहरण हैं कि दोहरी वितरण-व्यवस्था का प्रबन्ध होने के कारण भयंकर रूप से संक्रामक रोग फैल गये हैं। संभव हो सके तो समान प्रकृति वाले शुद्ध और परिष्कृत किए हुए पीने वाले जल के ही वितरण का प्रबन्ध होना चाहिए। ऐसा प्रबन्ध करना चाहिए जिसमें अशुद्ध जल पीने में प्रयोग न किया जा सके। पीने

लायक और न पीने लायक जल वाले नलों को अलग-अलग रंग में रंग देना चाहिए जिसमें नल से जल लेते समय गलती होने की सम्भावना न रहे।

सार्वजनिक जल-वितरण की क्रिया प्रणाली और जल के विशिष्ट लक्षण की देखरेख—जल की सहायता से संक्रामक बीमारियों को घटाने के उद्देश्य से जल वितरण की क्रिया और सार्वजनिक जल-वितरण के लिए काम में लाये जाने वाले जल के विशिष्ट लक्षणों की देखरेख ध्यानपूर्वक होनी चाहिए। इस प्रणाली के अंतर्गत निम्नलिखित पद्धति अपनाना लाभकारी होगा।

1. विवरण, उच्चाधिकारियों के समक्ष प्रस्तुत करना।
2. शीघ्र मरम्मत और दोषमुक्त यंत्रों को तुरंत परिवर्तित कर देना चाहिये जिसमें जल वितरण में किसी तरह का दोष न होने पाये।
3. प्रबंध और चालक नलों वगैरह का नियमित रूप से परीक्षण किया जाना चाहिये।
4. जल की उचित शुद्धता की जानकारी हेतु जीवाणु-सम्बन्धी परीक्षण के लिए नियमित रूप से जल का नमूना लेना और जल का परीक्षण होना चाहिए।

तैरने के लिए जलाशय—इसके लिए साधारणतः टब या तालाब, पोखर, सोता, नहीं एवं करने प्रयोग में लाये जाते हैं। ग्रीष्म प्रधान देशों के लिए इस तरह का स्नान स्वास्थ्यप्रद कसरत का एक उत्तम माध्यम माना जाता है। मगर इस प्रकार के स्नान से समुचित लाभ उठाने के लिए जल की शुद्धता का विशेष ध्यान रखना चाहिए। गमछे या दूसरे कपड़े, पसीने और श्लेष्मा इत्यादि चीजों के संपर्क में आने से जल के प्रदूषित होने की संभावना बनी रहती है। यथासम्भव ऐसे जलाशयों की सुरक्षा के लिए ऐसे कानून बनाए और व्यवहार में लाये जाने चाहिए जिससे किसी प्रकार के संक्रामक रोग से पीड़ित व्यक्ति उस जल को दूषित कर दूसरों के लिए खतरनाक न बना सकें। जाड़े के दिनों में प्राकृतिक जलाशयों में के दौरान स्नान करना लाभकरी होगा।

साधारणतः इस प्रकार के जलाशय 60 फीट लम्बे और 20 फीट चौड़े होते हैं जिनकी गहराई में समान नहीं पायी जाती है। स्नान करने वाले कुण्डों की बनावट क्रमशः ढलुवाँ होनी चाहिए जो भिन्न-भिन्न अवस्था वाले व्यक्तियों के लिए उपयोगी हों। जलाशय में जल आने के लिए उसके सबसे गहरे हिस्से के दीवारों में छेद पाये जाते हैं। जलाशय के जल की ऊपरी सतह से कुछ ऊपर उसके चारों ओर नाली का प्रबन्ध होना चाहिए जिसमें थूक-खंखार और कुल्ले का जल बह जाए। जलाशय

साफ-सुथरे स्थान में बनाना चाहिए और इसके चारों तरफ घेरे का प्रबंधन लाभकारी होता है।

जलाशय की सफाई—जलाशय घुसने से पहले तौलियों और जाँघियों को विसंक्रमित कर जल के नीचे स्नान करके जलाशय के निकट रखे हुए सोडियम थियोसल्फेट के दस प्रतिशत घुलाव वाले जल-पात्र में पैरों को सर्वप्रथम धो लिया जाना चाहिये जिसमें उँगली-सम्बन्धी रोग अथवा अन्य किसी तरह की छूत की सम्भावना न रहे। निश्चित समय के पूर्व जल को दो बार यंत्रों के सहायता से छानने के पशचात् क्लोरीन द्वारा विशुद्धकरण कर लिया जाता है। जिससे बेकार और दूषित पदार्थ प्रवेश न करने पायें। क्लोरीन की गन्ध और प्रयोग भी किया जा सकता है। एल्गी की उत्पत्ति अथवा वृद्धि की रोक थाम हेतु थोड़ा-सा कॉपर सल्फेट भी प्रयुक्त होता है। ऐसे जलाशयों में स्नान करने वाले प्रति व्यक्ति के लिए 200 गैलन जल होना चाहिए।

जल की शुद्धता परीक्षा

प्रयोगशालाओं के भीतर घरों में का नियमित रूप से परीक्षण किया जाना चाहिये जिनमें भौतिक, जीवाणु-सम्बन्धी तथा रासायनिक परीक्षण किया जाना चाहिए—

जिन राज्यों में जन-स्वास्थ्य-सेवा की अच्छी व्यवस्था की गई है, वहाँ के स्वास्थ्य-निरीक्षकों और स्वास्थ्य-सहायकों का कर्त्तव्य है कि वे अपने क्षेत्रों से आवश्यकतानुसार जल लेकर परीक्षण करने हेतु उन प्रयोग शालाओं में भेजा जाना चाहिये।

भौतिक परीक्षण की सहायता से गन्दगी, रंग और स्वाद की पहचान की जा सकती है। परन्तु, यह पता नहीं लगाया जा सकता है कि जल जीवाणुरहित और पीने लायक है, या नहीं। अतः जल में उपस्थित रंग की परीक्षा निम्नलिखित प्रकार से की जा सकती है—

रंगहीन शीशे के नल में जल डाल कर उसे किसी सफेद वस्तु पर रख दिया जाता है। ऐसा करने से यदि जल में नाममात्र का भी रंग उपस्थित हो तो उसका पता लग जायेगा। जल की सफाई की परीक्षा के लिए भी रंगहीन शीशे की नली में जल डाल कर उसे कुछ समय तक हिला सकते हैं तत्पश्चात् हम यह पाते है जल में कुछ गंदगी पायी जाती है, या नहीं। जल में स्वाद और गन्ध की परीक्षा सूँघ और चख कर की जाती है। जल में किसी प्रकार का स्वाद या गन्ध का होना दोष है।

जीवाणु संबंधी परीक्षण की सहायता से जल में उपस्थित जीवाणु का पता लगाया जा सकता है।

रासायनिक परीक्षण की सहायता से जल की प्रकृति का पता लगाया जा सकता है। इससे जल में उपस्थित क्लोराइड, नाइट्राइट, नाईट्रेट, अमोनिया और अन्य मिश्रित खनिज पदार्थ तत्त्वों, जैसे ताँबा, लोहा और शीशा का पता लगता है रासायनिक परीक्षा से, उपर्युक्त बात्तों का पता लगाने के अतिरिक्त यह भी जानकारी प्राप्त की जा सकती है कि उनकी उपस्थिति शरीर पर अस्वास्थ्यकर प्रभाव पैदा कर सकती है, या नहीं। इसमें जल में विद्यमान चेतनायुक्त पदार्थों का भी पता चलता है।

रासायनिक परीक्षण हेतु जल संगृहण विधि—जल का रासायनिक परीक्षण जीवाणु-संबंधी परीक्षण द्वारा जल का रासायनिक परीक्षण जीवाणु संबंधी परीक्षण की अनुपूरक क्रिया के रूप में किया जाता है। जल संग्रह करने के लिए साधारणतः शुद्ध और साफ विन्चेस्टर क्वार्ट बोतल का व्यवहार होता है। उस शीशे को ठेपीयुक्त होना चाहिए। शुद्ध, स्वच्छ नया काग भी काम में लाया जा सकता है। जल का नमूना लेने के पहले अपने हाथों को साबुन से भली-भांति धो लिया जाना चाहिये। बायें हाथ में बोतल की पेंदी के पास पकड़ कर तथा दाहिने हाथ से काग या ठेपी के शीर्ष भाग को पकड़ कर जल भरना चाहिए। काग या ठेपी किसी अन्य स्थान पर नहीं रखी जाए और बोतल का मुँह भी किसी प्रकार दूषित न हो। जिस जल का नमूना लेना हो, उसी जल से पहले तीन या चार बार बोतल को अच्छी प्रकार धो लेना चाहिए।

किसी प्रकार की असावधानी की वजह से उसमें तलछट न उपस्थित हों। नमूने का जल संग्रह कर लेने के बाद बोतल के मुँह पर सावधानीपूर्वक काग लगा देना चाहिए। पानी के नल से नमूने का जल संग्रह करने के पहले नल से थोड़ी देर तक पानी गिरने देना चाहिए। किसी तालाब, पोखर, नदी वगैरह से नमुने को एकत्रित करने हेतु बोतल को पानी में डुबो कर पानी भरना चाहिए। ऐसा करते समय जलाशय का जल किसी प्रकार की लापरवाही से गंदा न हो, इसका ध्यान रखना चाहिए। नमूना एकत्रित करने के तुरंत बाद उसे परीक्षणार्थ प्रयोगशाला में भेज देना आवश्यक है। बोतल पर कागज चिपका देना चाहिए जिसमें निम्न बातें लिखी हों—

1. जल के स्रोत, यानी नल, कुआँ, नदी या पोखर इत्यादि।
2. जहाँ से या जिस जिले से प्रेषित करने हेतु भौगोलिक प्रकृति का वर्णन।

3. यदि कुएँ का जल हो तो कुएँ की गहराई, व्यास, जल की माप, किस स्तर का कुआँ है, गहरा है या छिछला, कुएँ की बनावट कैसी हे तथा उसके व्यवहार किए जाने के तौर-तरीकों की चर्चा करना आवश्यक होगा।
4. कुएँ का जल अशुद्ध होने के कारणों, जैसे—खेत, नली, पखानों से जलाशय की दूरी इत्यादि की चर्चा।
5. यदि सतह या वर्षा का जल हो, तो उसे एकत्रित करने की विधि का वर्णन।
6. मौसमी हालात अर्थात् हाल में वर्षा की स्थिति उत्पन्न होने पर इसकी चर्चा करना अत्यंत आवश्यक होगा।

रासायनिक परीक्षण का परिणाम—विश्लेषण की तुलना में परिणाम निकालनो सरल कार्य नहीं होता है। एक ही परीक्षा विश्वसनीय नहीं हो सकती। रासायनिक परीक्षा में केवल गँदलापन का पता लग सकता है, छूत का नहीं। इस प्रकार की परीक्षा जीवाणु-सम्बन्धी परीक्षण में अहम् भूमिका निभाती है। रासायनिक परीक्षा द्वारा जल के भूतकालिक इतिहास का बोध होता है और जीवाणु-सम्बन्धी परीक्षा वर्तमान अवस्था का बोध कराती है।

ऐल्ब्युमिन्वायड अमोनिया या अमोनिया नाइट्रोजन—पूर्ण पाचन और आक्सीकरण में अत्यधिक समय लगने की वजह से प्रयोगशालाओं में जीवन पदार्थ-सम्बन्धी नाइट्रोजन का पूर्ण रूप से विचार करना सम्भव नहीं है। अतएव जिस जल में अस्थायी नाइट्रोजन रहता है, उसी में ऐल्ब्युमिन्वायड अमोनिया की जाँच की जाती है। इस प्रकार जो अंक प्राप्त होता है उसमें अंक शुद्ध जल में प्राप्त सम्पूर्ण जैविक पदार्थ-सम्बन्धी नाइट्रोजन का लगभग आधा होता है।

पशुजनित नाइट्रोनस पदार्थ में एल्ब्युमिन्वायह वायड अमोनिया की अधिक मात्रा पायी जाती है। इसलिए उसमें अधिक ऐल्ब्युमिन्वायड अमोनिया होता है। अधिक ऐल्ब्युमिन्वायड अमोनिया की उपस्थिति जैविक पदार्थ-सम्बन्धी दूषण का संकेत करती है। यह स्वयं खतरनाक होने के साथ-साथ जीवाणुओं को भी भोजन प्रेषित करता है। यदि जल में शुद्ध अमोनियस की मात्रा अधिक हो तो इससे पता चलता है कि जल हाल ही में दूषित हुआ है।

जल जीवाणु-सम्बन्धी परीक्षण—जल का जीवाणु-सम्बन्धी परीक्षण का प्रमुख उद्देश्य जल में आँत-सम्बन्धी बीमारियों उत्पन्न करने वाले जीवाणुओं का पता लगाना है। साधारण परीक्षण द्वारा इन जीवाणुओं की उपस्थिति का पता लगाना सम्भव नहीं। इस प्रकार के जीवाणुओं को ऐसे जीवाणु का अन्य जीवाणुओं से अलग करना सम्भव नहीं है। और ऐसे जीवाणु का जीवन-काल अल्प होता है।

इसी तरह जब तक परीक्षा करने की पारी आये, वे मर सकते हैं। फलतः पूरीक्षक को सम्भवतः आँतों में उपस्थित रहने वाले अन्य जीवाणुओं का ही पता लगता है, जो मल-मूत्रादि द्वारा जल के गंदे होने की वजह से मौजूद होते हों। इस अन्य तरह के जीवाणुओं को बी. कोलाइड कहते हैं। ये जीवाणु आँतों में उपस्थित रहने पर भी आदमी को रोगग्रस्त नहीं करते।

बी. कोलाइड जाति के जीवाणुओं का परीक्षण दो विभिन्न प्रणालियों से किया जाता है।

(1) प्लेट काउण्ट की विधि—जीवाणुरहित की गई एक खास प्रकार की तश्तरी में यदि 1 सी.सी. तुरंत मिला देने के बाद उस तश्तरी को 37° से. तापमान में 48 घण्टे रखा जाता है। तदुपरान्त उक्त तश्तरी में उपस्थित जीवाणुओं के दल को साधारण, हाथ वाले सूक्ष्मदर्शी शीशे द्वारा गिन लिया जाता है।

(2) आधुनिक कोलीफार्म काउण्ट—बी. कोलाइ वर्ग के जीवाणु तेजाब और गैस उत्पन्न के साथ-साथ दुग्ध पदार्थ में खमीर उत्पन्न करने में अहम् भूमिका निभाते हैं। इस प्रकार के परीक्षण में मैककौंकी ब्रौथ के साथ जल की मात्रा कई शीशे की नलिकाओं में भरी जाती है। इसके बाद उन नलिकाओं को पूर्ववत् 48 घण्टे तक 37 सें. तापमान में रखा जाता है। यदि उनमें बी. कोलाइड उपस्थित होंगे तो वह 'शोरबा' गुलाबी रंग का हो जायेगा तथा उसमें गैस बनने के कारण बुलबुले नजर आयेंगे।

जीवाणु के परीक्षण हेतु एकत्रित करने की विधि—ये विधि निम्नलिखित है—

1. परीक्षण प्रयोगशाला द्वारा दिये गए आठ औंस वाले शुद्धकरण किये गये बोतल में जल को एकत्रित किया जाता है।
2. नमूने के लिए जल-संग्रह करते समय उक्त बोतल को किसी प्रकार दूषित नहीं होने देना चाहिए।
3. जब बोतल में जलभर लिया जाता है उसके तुरंत बाद उसमें अच्छी प्रकार टिप्पी लगा देनी चाहिए।
4. बोतल को बर्फ में रख कर शीघ्र ही प्रयोगशाला में भेजा जाना चाहिये।
5. यथासम्भव संग्रह-काल में दो या तीन घण्टे के अन्दर ही परीक्षण हो जाना चाहिए।

समय पर जल पर परीक्षण न किये जाने पर परीक्षा-फल निष्प्रयोजन सिद्ध होगा। संगृहीत जल को बर्फ में रखने से संग्रह और परीक्षण के बीच वाले समय को

कुछ बढ़ाया जा सकता है। जीवाणु-सम्बन्धी जिन जलों को एकत्रित किया जाता है उसमें कुछ और बातों पर ध्यान रखना भी आवश्यक है। यथाक्रम इस तरह है–

बोतल को प्रदूषित नहीं होने देना चाहिये।

यदि किसी जल-कल नल से जल संग्रह करना हो तो नल की टोंटी को स्पिरिट लैम्प की भाप से गरम कर उसे जीवाणु मुक्त कर लेना चाहिए। नमूना लेने के पूर्व नल से कुछ देर तक पानी गिरा लेना चाहिए। यदि किसी अन्य जलाशय, जैसे–नदी, तालाब आदि का जल संग्रह करना हो तो वह किनारे से कुछ दूर अन्दर का होना चाहिए। इस बात की सावधानी बरतनी चाहिए कि जल में अनावश्यक हलचल होने से पेंदी में बैठी गन्दगी या अन्य पदार्थ जल में न घुलने पाये। इसके लिए जैसा कि बताया जा चुका है, बोतल की गर्दन और ठेंपी की परिशुद्ध की गयी डोरी से बाँध कर जल में डुबाना उचित है। यदि हम कुएं के जल को एकत्रित करना चाहते है तो बोतल को परिशुद्ध डोरी में बाँध कर ही कुएँ से जल भरना चाहिए।

बोतल में जल भर कर ठीक से ठेंपी लगाकर उस पर ऐसा कागज चिपका देना चाहिए जिसमें पूर्वकथित (रासायनिक प्रकरण में वर्णित) सूचनाएँ लिखी हों। उसमें यह विशेष रूप से उल्लेख होना चाहिए कि जल के मल-मूत्र आदि या अन्य सचेतन पदार्थों से युक्त होने की कितनी सम्भावना है।

जल संग्रहण हेतु आवश्यक परिस्थितियां–परीक्षण हेतु जल का नमूना संग्रह का कार्य हर सुव्यवस्थित जन-स्वास्थ्य विभाग के स्वास्थ्य-कर्मचारी की जिम्मेदारी होती है। जल को एकत्रित करना का विस्तृत रूप से प्रसार होने पर एवं निम्न परिस्थितियों में करना उचित है–

1. यदि किसी जल के माध्यम को वह जन-स्वास्थ्य हेतु अनुपयोगी माना जाता है।
2. यदि टाइफाइड जैसा संक्रामक रोग का विस्तृत रूप से प्रसार होने पर एवं उसके विचार में कोई खास जलाशय उस रोग को फैलने का जरिया हो।

ऐसे कर्मचारियों का कर्त्तव्य होना चाहिए कि वे नियमित रूप में प्रतिमाह अपने क्षेत्रों से दो या तीन स्थानों से नमूने का जल-संग्रह परीक्षण के लिए भेजा करें। ऐसे स्थान, टंकी का पानी, कुआँ, घर और दुकान के जलपात्र हो सकते हैं। ऐसा करने से जल की शुद्धता का पर्याप्त नियन्त्रण हो सकेगा।

भूमि

पत्थर और चेतनायुक्त पदार्थ के विनष्ट होने से भूमिा का निर्माण होता है। ये पृथ्वी की ऊपरी परत को ऊपर से ढँके रहते हैं। भूमि चेतनायुक्त पदार्थ की एक

बड़ी राशि को, जिससे छूत वाली बीमारियाँ फैल सकती हैं, सड़ा कर निर्दोष बनाती रहती है। भूमि की ऊपरी सतह जीवित प्राणी की प्रकार काम करती है। इसमें पाचन और श्वास सम्बन्धी, नाशकारी और मादक पदार्थों को क्रियाहीन करने जैसी सभी क्रियाएँ होती रहती हैं।

यह श्वास द्वारा खींचती और कार्बन डाई-ऑक्साइड छोड़ने की क्षमता मौजूद होती है एवं इसमें चेतनायुक्त पदार्थों को पचाकर अपने में मिला लेने की क्षमता होती है। कूड़ा-करकट आदि बेकार चीजों को सड़ाने-गलाने जैसा महत्वपूर्ण कार्य भूमि-स्थित जीवाणु करते हैं। यदि ऐसा न होता तो मनुष्य के लिए पृथ्वी पर रह सकना असम्भव हो जाता है।

भारतीय भूमि

भारतीय भूमि भूस्थिति का वर्णन निम्न प्रकार किया जा रहा है–

(1) पत्थर के रूपान्तर होने से प्राप्त भूमि–यह क्रिया धीरे-धीरे होती है इस क्रिया से हल्की बालूदार मिट्टी प्राप्त होती है।

(2) भरी चट्टान से तैयार की जाने वाली मिट्टी–यह शीघ्रतापूर्वक छिन्न होती है। इससे स्याह लोमी मिट्टी प्राप्त होती है। इस प्रकार की मिट्टी भारत प्रायद्वीप के दक्षिण भाग में, अर्थात् गुजरात जैसे प्रान्तों में देखने को मिलती है। बेसाल्ट से ही लेटेराइट मिट्टी प्राप्त होती है।

(3) अवसाद शैल से प्राप्त होने वाली मिट्टी–ऐसी मिट्टियां पत्थर की रचना पर आधारित होती है।

कछारी मिट्टी–यह अत्यंत उपयोगी होती है। सिन्धु-गंगा की समतल भूमि में मुख्यतः इसी तरह की मिट्टी पाई जाती है।

कूड़ा-करकट से भरी गई जमीन–साधारणतः बेकार पोखरों, खडड् खन्दक तथा अन्य तरह के गड्ढों को कूड़ा-करकट से भर जिस जमीन को तैयार किया जाता है। मेड स्वायल या प्रस्तुत जमीन कहते हैं।

प्रस्तुत जमीन या मेड स्वायल सम्बन्धी सावधानियाँ–प्रस्तुत जमीन को अच्छी प्रकार सूखने के लिए छोड़ कर जल-विहीन हो जाने देना चाहिए। भराई का काम सम्भवतः जाड़े के मौसम में ही होना चाहिए, जिसमें ग्रीष्म ऋतु में उसके अन्दर का जल स्वतः सूख जाए। यदि गड्ढा काफी बड़ा हो तो भरावट एक बार न करके सतह-दर सतह करनी चाहिए। अन्त में लगभग 9-12 इंच की भरावट अच्छी मिट्टी से की जाये जिसमें कूड़ा-करकट अच्छी प्रकार ढँक जाए। भरावट धरती की सतह से

लगभग दो फीट ऊपर होनी चाहिए जिसमें वह बाद में बैठ कर सतह के बराबर आ जाए। भरावट की हर सतह पर कूड़ा-करकट को अच्छी प्रकार बैठ जाने का अवसर देना लाभदायक होगा। भरावट के बाद लगभग 10 वर्ष तक ऐसी जमीन को परती छोड़ देने के बाद ही गृह-निर्माण का कार्य करना उत्तम होता है। धरती की भीतरी नमी को सोखने के लिए उक्त परती जमीन पर तरकारी या अन्य पौधों को काफी अन्तर देकर लगाना अच्छा होता है।

भूमिजनित बीमारियां—भूमिजनित बीमारियाँ मुख्यतः चार तरह की होती हैं—

(1) फुफ्फुस संबंधी रोग—वात ध्याषि और यक्ष्मा जैसे फुफ्फुस-सम्बन्धी रोग नम जमीन के कारण भी हो सकते हैं।

(2) हैजा पेचिश और मियादी बुखार—यह जीवाणु दूषित भूमि से परोक्ष रूप से होता है।

(3) कृमि रोग—यह जीवाणु दूषित जमीन में उत्पन्न शाक-सब्जियों के खाने से होता है। अंकुश-कृमि इसका महत्वपूर्ण उदाहारण है।

(4) धनुष-टंकार—वाति-कोथ-विष और प्राबुद या बिसहरिया इत्यादि।

हवा, प्रकाश और वायु की व्यवस्था

(1) हवा—सभी जीवधारियों के लिये हवा बहुत जरूरी है मनुष्य बिना भोजन तथा जल के कुछ समय रह भी सकता है परंतु बिना हवा के वह एक पल भी नहीं रह सकता है। हवा दिखाई नहीं पड़ती, परन्तु हम लोग हवा रूपी समुद्र में ही रहते हैं। पृथ्वी चारों ओर वायुमंडल से घिरी हुई है। वायु मंडल गैसों के संयोग से बना है जो पृथ्वी की सतह से 50 मील ऊपर तक फैला हुआ है। हवा गैस की रासायनिक मिलावट है। जब यह शुद्ध में रहती है तब इसमें कोई गंध या रंग नहीं होता। फिर भी यह वजनदार होती है। इसके अंतर्गत विस्तार एवं सिकुड़न की भी क्षमता मौजूद होती है।

हवा में गैसों का मिश्रण—गैसों को श्वांस के साथ शरीर के भीतर प्रवेश करने वाली हवा वजन, उपर्युक्त गैसों के अलावा हवा में जलवाष्प, धूल-कण एवं अन्य गैसों का भी समावेश किया जाता है।

प्राणयुक्त या ऑक्सीजन—इस गैस का हवा का निर्माण करने प्रमुख स्थान आता है और सभी तरह के जीवों के लिए अनिवार्य रूप सें आवश्यक है। इसकी तीन मिनट की कमी किसी भी जीव को मृत्यु के मुख में पहुँचा सकती है। भोजन

पकाने और कोयला जलाने के लिये भी इसकी जरूरत होती है। बिजली की रोशनी के अलावा अन्य कोई भी चीज या रोशनी, को इसके बगैर जलाया नहीं जा सकता है। जलती हुई मोमबत्ती के शीशे के बर्तन से इस तरह ढँका जाय कि उसमें पुनः दूसरी ताजी हवा जा सके तो वह ढकी गई बत्ती तब तक जलती रहेगी जब तक उसमें ऑक्सीजन रहेगी। इसका परिमाण श्वास-क्रिया या जलाने से घट जाता है। हमारे खाये हुए भोजन का पाचन भी इसी ऑक्सीजन पर आधारित होता है जिसे हम श्वास द्वारा शरीर के अन्दर खींचते हैं। श्वास-क्रिया के समय यह फेफड़ों में पहुँचती है। वहाँ से यह रक्त से हीमोग्लोबिन और हीमोग्लोबिन से हमारे शरीर के सभी तंतुओं में प्रवेश कर जाता है।

नाइट्रोजन—इसे हवा को पतली करने वाला गैस की माना जाता है। स्वतंत्र में ऑक्सीजन में जलाने की विशेष क्षमता होती है। जो नाइट्रोजन के संयोग से दबी रहती है। यह गति और रंग रहित गैस है और सम्पूर्ण वायुमंडल में लगभग 80 प्रतिशत पायी जाती है। यह ली गई तथा छोड़ी गई श्वास में ज्यों की त्यों बनी रहती है।

कार्बन डाई-ऑक्साइड—यह हवा में .04 प्रतिशत अनुपात में उपस्थित होता है। यद्यपि यह गैसें, रंगरहित होती हैं, पर इसमें गंध और तेजाबी स्वाद होता है। यह एक तरह की जहरीली गैस है। जहाँ कोयला जल रहा हो, वैसी कोठरियों को बन्द करके सोने से होने वाले मौतों की कई घटनाएं घट चुकी है यदि कार्बन डाई-ऑक्साइड से युक्त पात्र जलता हुआ दीपक रखा जाए तो वह तुरन्त बुझ जायेगा। छोड़ी हुई हवा में कार्बन डाई-ऑक्साइड चार प्रतिशत बढ़ जाता है।

कसरत करने के दौरान मनुष्य विभिन्न प्रकार के कार्बन डाई-आक्साइड छोड़ता है। शहर तथा औद्योगिक स्थानों की वायु में इसकी मात्रा अधिक होती है। अतएव वैसी जगह स्वास्थ्य के विचार से हानिकारक समझी जाती है। पौधे, सूर्य की किरणों की मदद से इस गैस के कार्बन और ऑक्सीजन को अलग कर देते हैं। पौधे दिन में कार्बन डाई-ऑक्साइड को ग्रहण करते है एवं आक्सीजन का त्याग करते है तथा रात्रि में ऑक्सीजन लेते और कार्बन डाई-ऑक्साइड छोड़ते हैं।

उपर्युक्त गैसों के अतिरिक्त वायु में ओजोन, जलवाष्प, धूलकण तथा अमोनिया इत्यादि भी रहते हैं।

ओजोन—यह गैस की थोड़ी बहुत मात्रा शुद्ध वायुमंडल में भी उपस्थित रहती है। समुद्र की खुली हवा और देहातों के खुले मैदानों में भी यह अत्यन्त अल्प परिमाण

में पायी जाती है। यह ऑक्सीजन का घनतम रूप है और इसमें सूक्ष्माभिसूक्ष्म कीटाणुओं को भी मारने की क्षमता मौजूद होती है।

जलवाष्प—हवा में इसकी मात्रा काफी अधिक होती है। छोड़ी हुई श्वास में ली हुई श्वास की अपेक्षा अधिक तीव्र आर्द्रता रहती है।

धूलकण—विभिन्न प्रकार के धूल, जैसे मिट्टी के कण, बालू और कोयला के कण, बालू के सूक्ष्म खण्ड, चमड़ा, खखार के छोटे-छोटे कण हवा में पाये जाते हैं।

धूल में हानिकारक और निरीह दोनों प्रकार के जीव उपस्थित होते हैं। वायुजनित रोग, जैसे—क्षय, निमोनिया, चेचक, आँख और कान के रोग इसके उदाहरण हैं, जो ऐसी हवा में साँस लेने से होते हैं जिनमें ऐसे धूल-कण पाये जाते हैं। वास्तव में इन धूल कणों के साथ भिन्न-भिन्न रोगों के कीटाणु सटे हुए होते हैं जो शरीर में घूसकर रोग ग्रस्त कर देते है। झाड़ू लगाते समय धूल-कण जोरों से उड़ते हैं। इसलिए स्वास्थ्य के दृष्टिकोण से पक्की जमीन को गीले कपड़े से ही बुहारना चाहिए। दरी या कम्बल को कोठरी के बाहर झाड़ना चाहिये।

(2) प्रकाश और वायु का प्रबन्ध—भारतवर्ष में मकान भली-भांति तैयार नहीं किया जाता है इनमें कोई न कोई दोष अवश्य पाये जाते हैं। खास कर देहात के घरों में हवा और प्रकाश के प्रबन्ध की बड़ी ही उपेक्षा की जाती है। स्वास्थ्य के लिए इनकी कितनी आवश्यकता है और यह कैसा होना चाहिए तथा इसके कितने प्रकार हैं, इन विषयों के समुचित ज्ञान न होने की वजह से वर्तमान में भी भारत के सैकड़ों मकान जिनके निर्माण में हजारों रुपये खर्च करने पड़े थे, प्रकाश और वायु रहित हैं।

वेन्टीलेशन का अर्थ—घरों में शुद्ध वायु और प्रकाश का पूर्ण रूप से प्रवेश कर सकने और अशुद्ध वायु को बाहर निकलने के प्रबन्ध को वेन्टीलेशन कहते हैं। हमारे जीवन और स्वास्थ्य के लिए निरन्तर शुद्ध वायु और प्रकाश की आवश्यकता होती है। घर के लिए हवा तथा प्रकाश दोनों का काफी महत्त्व है। हवा में कई तरह के संक्रामक कीटाणु रहते हैं जिनका अस्तित्व सूर्य का प्रकाश पड़ने पर समाप्त हो जाता है। हम अपने घरों को थूक अथवा अन्य तरह से दूषित बनाते रहते हैं। केवल झाड़ू और पोती लगा देने से ही उनकी पूर्ण सफाई नहीं हो पाती। प्रकाश में उष्णता रहती है वह कीटाणु को मारने के लिए पर्याप्त है।

प्रकाश घरों में कई लोगों का जमावाड़ा होता है तथ पूराने ढर्रे के मकानों, मन्दिरों तथा ऐसे स्थानों में जहाँ कई लोगों का जामावाड़ा होता है तथा जिनमें वायु और प्रकाश स्वच्छ रूप से आ-जा नहीं सकते, उनमें रहने-बैठने का जिनको अवसर प्राप्त हुआ है, बतला सकते हैं कि वे कितने कष्टप्रद होते हैं। वहाँ किस प्रकार घुटन

का अनुभव होता है एवं मन व्यथित हो जाता है। इन परेशानियों के क्या कारण हैं? वायु में वाष्प-कणों की अधिकता, गर्मी की अधिकता, कार्बन डाई-ऑक्साइड तथा वायु-संचालन की कमी इन परेशानियों के प्रमुख कारण हैं। इन स्थानों पर हवा में और रोशनी पूरी मात्रा में नहीं पहुँच सकती है। उपस्थित वायु की अधिकांश ऑक्सीजन साँस लेने में खत्म हो जाती है। छोड़ी गयी साँसों से उत्पन्न होने वाली कार्बन-डाई-ऑक्साइड नामक गैस की अधिकता हो जाती है। वायु में वाष्प का परिमाण बढ़ जाता है।

हवा में इतनी आर्द्रता (नमी) आ जाती है कि उसमें शरीर से छूटते हुए पसीने का सोखने की क्षमता मौजूद नहीं होती है। हम जब बेचैन होकर पंखा झलते हैं तब उससे हवा में गति पैदा होती है। इससे कुछ अंशों में दूषित वायु का निष्कासन हो जाता है और उसकी जगह ताजी हवा प्रवेश करती है और हमें कुछ आराम मिल जाता है। शरीर में पसीना और साँस द्वारा गर्म हवा बाहर निकलती है। यह प्रक्रिया जब रूक जाती है तो जीवन ही असम्भव हो जाता है, इसलिए हमारे निवास-स्थानों की वायु में स्वतंत्र रूप में वायु और प्रकाश के आते रहने का सुप्रबन्ध होना स्वास्थ्य के लिए बहुत जरूरी है। प्रकाश सूर्य की किरणों से प्राप्त होता है। इन किरणों में शोषण-पोषण और विसंक्रामक शक्तियाँ होती हैं। इसी तरह सूर्य की रोशनी को घर के सभी हिस्सों में पहुँचाया जाना चाहिये।

वेन्टीलेशन के प्रकार—मुख्यतः वेन्टीलेशन दो तरह के होते हैं—

(1) प्राकृतिक—दरवाजों और खिड़कियों द्वारा शुद्ध वायु और रोशनी के आने के तथा दूषित वायु के निकलने को प्राकृतिक वेन्टीलेशन की संज्ञा दी जाती हैं। यह निम्न तीन बातों पर निर्भर करता है—

***(i)* गैसों का फैलाव और छितराव**—यह परीक्षण करके देखा गया कि जब दो तरह की गैसें किसी एक शीशे के बर्तन में रख दी जाती हैं तो वह आपस में मिल कर एक हो जाती हैं। मिलने की इस क्रिया प्रणाली को डिफ्यूजन अर्थात् फैलाव और छितराव की संज्ञा दी जाती है। दरवाजे और खिड़कियों के बन्द रहने पर भी किवाड़ों, चौखट, छानी-छप्पर ईंट आदि के दरारों से हवा आती-जाती रहती है, परन्तु यह इतनी धीमी और कम परिमाण में होती हैं कि इस पर निर्भर नहीं किया जा सकता।

***(ii)* कोठरी के अन्दर और बाहर तापमान**—गर्म होने के पश्चात् हवा को वजन कम हो जाता है एवं वह शीघ्रता ऊपर की ओर उठती है। इसकी पूर्ति के लिए बाहर की हवा अन्दर प्रवेश करती है। गर्म देशों में, कोठरी के अन्दर और बाहर की हवा के तापमान में बहुत थोड़ा बहुत अंतर नहीं होने की वजह से हमें इसका अनुभव

नहीं के बराबर हो पाता है, परन्तु जाड़े के दिनों में यह क्रिया प्रत्यक्ष मालूम पड़ती है। सर्द देशों में जहाँ कोठरी के अन्दर और बाहर के तापमान में स्वाभाविक भेद रहता है, यह क्रिया प्रत्यक्ष और संतोषजनक काम करती है।

(*iii*) स्वच्छंद हवा—कोठरियों में स्वच्छंद हवा का बहाव होना, ऐसा कि वायु कोठरी के इस पार से उस पार बगैर किसी व्यवधान के आ-जा सके, वेन्टीलेशन का सर्वोत्तम तरीका है। इस प्रकार यह आवश्यक होगा कि कोठरियों में सिर्फ काफी दरवाजे और खिड़कियों की। इसमें कुछ बाधाएँ हो सकती हैं, वे हैं—मकान के आस-पास काफी रुकावट की चीजों का होना जिससे स्वच्छन्द हवा नहीं मिल सकती और हवा को झोंके के साथ बहना।

हवा का प्रवेश और निष्कासन—जिस मार्ग से हवा स्वभावतः घर में प्रवेश करती है, उसे प्रवेश मार्ग की संज्ञा दी जाती है और जिस मार्ग में साधारणतः बाहर निकलती है, वह निष्कासन मार्ग कहा जाता है। वेन्टीलेशन के लिए इनका होना अत्यंत आवश्यक है। इनको जमीन से 5 या 6 फीट ऊँचा होना चाहिए। ऐसा होने से ग्रीष्मकाल में धूलादि से बचाव रहता है और जाड़े में सर्द हवा के झोकों से बचाव होता है यदि वायु प्रवेश का मार्ग गायदुमाकार हो तो उसकी बनावट ऐसी हो कि भीतर का हिस्सा बाहर के हिस्से से अधिक चौड़ा हो। थोड़ा तिरछा होने से और भी अच्छा होगा, चूँकि ऐसा होने से कोठरी में सीधी हवा झोंको को रोका जा सकता है। बड़ी-बड़ी खिड़कियों की अपेक्षा हवा-प्रवेश के लिए छोटे-छोटे बहुत से छिद्रों का होना अधिक अच्छा रहता है। ये हवा के झोंकों को रोकते हैं।

जैसा कि आरंभ इस बात पर प्रकाश डाला जा सका है। कोठरियों की हवा गर्म हो जाती है तब हल्की होकर ऊपर उठ जाती हैं। इसलिए ऐसी हवा को बाहर निकलने के लिए छतों के पास भी कुछ खिड़कियों का होना आवश्यक है। उनका आकार-प्रकार एक ही प्रकार का और एक दूसरे के आमने-सामने होना चाहिए।

बाहरी वेन्टीलेशन—वास्तविक वेन्टीलेशन हेतु घर के सामने और चारों तरफ जैसा कि बड़े-बड़े अफसरों की कोठियों और सरकारी कचहरियों में देखा जाता है, खुला मैदान होना अत्यंत लाभदायक है। परन्तु यह बड़े-बड़े शहरों में संभव नहीं है। शहरों में खुली जमीन काफी कम मात्रा में पायी जाती है। जिससे वहाँ के मकान एक दूसरे से सटे होते हैं। इससे मकानों में हवा और रोशनी स्वच्छतापूर्वक नहीं पहुँच सकती। शहरों के अधिकांश दो-मंजिले मकानों के हिस्सों में सूर्य के प्रकाश या स्वच्छन्द हवा का प्रायः अभाव सा रहता है।

(2) बनावटी वेन्टीलेशन—स्वाभाविक वेन्टीलेशन के न होने पर विज्ञापन की मदद से बनावटी तरीकों का इस्तेमाल में लाया जाने लगा है परन्तु, ये केवल वायु का ही प्रबन्ध कर सकते हैं, सूर्य की रोशनी का नहीं। इन तरीकों का प्रयोग बड़े-बड़े सभा भवनों, घरों और फैक्टरियों में ही किया जाता है। इनके तीन प्रमुख तरीके हैं—

(*i*) निस्सारण विधि—सिनेमाघरों, सभा भवनों और कारखानों आदि स्थानों में एक विशिष्ट प्रकार के प्रयोग किया जाता है जिसे हीट एग्जीट फैन कहते हैं। इसमें कमरे की हवा में विशेष गर्मी उत्पन्न कर उसे हल्की बनाकर कमरे से बाहर निकालने की क्रिया होती है जिसकी आपूर्ति ताजी हवा रहती है।

(*ii*) प्रणोदन पद्धति—इस विधि से कोठरी की हवा पंखे की सहायता से खींच लिया जाता है। इस तरह खींची गई हवा प्राकृतिक रूप से खिड़की और दरवाजों के रास्ते से बाहर निकली रहती है। कल-कारखानों में इस विशिष्ट विधि का प्रयोग किया जाता है।

(*iii*) संतुलित विधि—इसमें उपरोक्त बताये गए दोनों तरीके एक साथ प्रयोग में लाये जाते हैं। इसका प्रयोग बहुत बड़े-बड़े कमरों और कारखानों में होता है। उद्योगशालाओं में जहाँ प्लैनम सिस्टम का डक्ट ऊपर छत की ओर होता है, उसकी साधारण गति 700 से 1500 फीट प्रति मिनट होती है। कमरों में अक्सर वायु-प्रसारण की सहायता से भी हवा को भरा जाता है।

धूल भरे क्षेत्रों में साधारणतः हवा छानकर कमरे में प्रवेश करने दी जाती है। उसके लिए फिल्टर का प्रयोग किया जाता है। यह फिल्टर बोरे या कैनवास जैसे कपड़ों का बना होता है जो एक खास प्रकार के ढाँचे में मढ़ा रहता है। एक अन्य तरह का फिल्टर भी होता है। इसके प्लेट टेढ़े-मेढ़े होते हैं और इसमें चिपचिपाया हुआ तरल पदार्थ रहता है।

आजकल हवा की सफाई से हवा की धुलाई अधिक की जाने लगी है। यह प्रणाली एयर कन्डीशनिंग से विशेष रूप से सम्बन्धित है। इसमें जल को सूक्ष्मातिसूक्ष्म कणों में परिणत करके कमरे में नमी पैदा की जाती है। वर्तमान युग में यह क्रिया स्पेयर्स की सहायता से किये जाते हैं। यह कण्टेनर में हवा की धार वाले रास्ते में रखा जाता है। 20 से 25 पौण्ड प्रतिघन इंच के दबाव से जल नोजल के रास्ते बाहर निकलता है जो बारीकी कौनिकल स्प्रे के रूप में छूटता रहता है।

लाभ—मनुष्य के द्वारा अक्सर यह विधि अपनायी जाती हैं एवं एक आवश्यकतानुकूल हवा गर्म या ठंडी की जा सकती है।

हानियाँ—अधिक दाम होने के साथ-साथ हवा की असली ताजगी में कमी आ जाती है, अतएव वास्तविक आराम का अनुभव नहीं होता है।

स्वच्छ हवा की पारिमाणिक आवश्यकता—एक मनुष्य हेतु हजार क्यूबिक फीट (10—10—10) वाले कमरों में 20 मिनट तक प्राकृतिक वायु को प्राप्त किया जा सकता है। यदि उस कमरे में खराब हवा में निकलने और ताजी हवा आने का मार्ग नहीं हो तो मनुष्य को वहाँ की हवा अस्वस्थ बना देगी। वहाँ की हवा कष्टदायक मालूम पड़ेगी। कमरे के जलते हुए लैम्प से हवा की शुद्धता उतनी ही जल्दी खराब हो जाती है जितनी उस कमरे में 5-6 आदमियों के बैठने से। उपर्युक्त बताए हुए हिसाब से 1000 क्यूबिक फीट वाले कमरे में एक लैम्प जलाने से उसकी हवा है। स्कूल, नाटक और सिनेमाघरों में प्रति व्यक्ति के लिए आवश्यक क्यूबिक फीट जमीन की गुंजाइश होना सम्भव नहीं है। अतएव ऐसे स्थानों में हवा के स्वतंत्र रूप से आने-जाने का समुचित प्रबन्ध किया जाना चाहिए।

भूमि अन्तराल—पर्याप्त शुद्ध वायु-प्राप्ति के लिए भूमि अन्तराल की आवश्यकता होती है जो साधारणतः विभिन्न आधार पर होना चाहिए जैसे—साधारण आवास गृहों में प्रति व्यक्ति 100 वर्ग फीट। कारखानों में प्रति व्यक्ति 65 से 80 वर्ग फीट। अस्पतालों में प्रति व्यक्ति 100 से 120 वर्ग फीट। संक्रामक रोग वाले अस्पतालों में प्रति व्यक्ति 144 वर्ग फीट।

अपर्याप्त वेन्टीलेशन वाली कोठरियों से हानियाँ—ऐसे स्थानों पर ऑक्सीजन का अभाव एवं कार्बन-डाई-ऑक्साइड की अधिकता का स्वास्थ्य पर बुरा असर पड़ता है। हवा का तापमान अथवा उसकी नमी में बढ़ोत्तरी हो जाती है। हवा के स्वतन्त्र बहाव में रुकावट आ जाती है जिससे वैसे स्थानों में रहने वालों की जीवन-शक्ति का ह्रास होने लगता है। इस प्रकार फैलने वाले प्रमुख रोग हैं जैसे—खुजली, दिनाय साँस सम्बन्धी रोग, जैसे इनूफ्लुएन्जा, यक्षमा, चेचक, कोदवा, पनसाहा इत्यादि फैलने का सुगम साधन उत्पन्न करते हैं। बन्द कोठरी में, जिसमें कोयला भी जल रहा था, सोने वाले कई मनुष्यों के कार्बन-डाई-ऑक्साइड की अधिक मात्रा होने की वजह से मौत की अत्यधिक घटनाये होती हैं।

यह निश्चित करने के लिए कि कौन कोठरी कितने आदमियों के रहने योग्य है, बातों पर विचार करना चाहिये जैसे खिड़कियों और कोठरियों की संख्या। कोठरी का क्षेत्रफल। मनुष्य की संख्या। यदि सम्भव हो तो हेलडेन्स नामक यन्त्र से कार्बन-डाई-ऑक्साइड की माप भी ली जा सकती है। चिराग, चूल्हे और असबाब जो उसमें हों।

घर को कारखाने की संज्ञा विभिन्न इस वजह से दी जाती है कि क्योंकि यहाँ विभिन्न प्रकार के क्रिया-कलापों का संपादन किया जाता है। जिससे हमारे निवास स्थानों की हवा हमेशा दूषित होती रहती है। रसोईघर का धुआँ, हमारे घरों के आस-पास के गढ़े और मोरियों से निकलने वाली गैस तथा भाप, पाखाने और पेशाबखाने, घर के कूड़ा-करकट सभी चीजें वायु को सर्वदा दूषित करती रहती हैं। इसलिए स्वच्छ वायु और प्रकाश की सदैव आवश्यकता होती रहती है।

ताजी हवा से लाभ—ताजी हवा हमारे शरीर के लिये कई प्रकार से लाभकारी होती है। मनुष्य के लिए शुद्ध वायु में साँस लेना बहुत आवश्यक है। उसके बिना वह तन्दुरुस्त नहीं रह सकता। यह जीवनी शक्ति को बढ़ाती है और पाचन शक्ति को मजबूत करती है। प्रत्येक मनुष्य को कुछ घण्टों तक प्रतिदिन खुले मैदान में रहने का प्रयास करना चाहिये सोते हुये कोठरी की खिड़ बंद नहीं किया जाना चाहिये न तो मुँह ढक कर सोया जाए और न सोने वाली कोठरी में लालटेन या दूसरी बत्ती ही जलने दी जाए।

दूषित हवा से हानियां—दूषित वायु कमजोरी के साथ-साथ आलसपन का अनुभव होता है। सिरदर्द होना, चक्कर आना, जी मिचलाना, भूख की कमी इत्यादि बातें दूषित वायु के कारण ही होती हैं। बीमारी और मृत्यु-संख्या बढ़ाने में गन्दी हवा का प्रमुख योगदान होता है।

हवा द्वारा फैलने वाले रोग—इसमें चेचक या बड़ी गोटी अथवा शीतला, छोटी गोटी या पनसाहा, खसरा या कोदवा दमसा, क्षयरोग, डिप्थीरिया आदि फ्रो शामिल किया जाता है।

वायु का परीक्षण—वायु के परीक्षण में निम्न तथ्यों पर ध्यान देना अत्यंत आवश्यक होगा।

वेन्टीलेशन को किस प्रकार तैयार किया जाना चाहिये अर्थात् कमरे में कितनी खिड़कियाँ आदि हैं। केटा थर्मामीटर के अध्ययन द्वारा कमरे के भीतर और बाहर का तापमान जानना। हवा में उपस्थित कार्बन डाई-ऑक्साइड की मात्रा का ज्ञान 'पैटन कौफ्फर्स' विधि से प्राप्ति की जा सकती है। कमरे में प्रवेश करने पर हवा में अरुचिकर गन्ध या गला घोंटने जैसा भाव अनुभव नहीं होता है। कमरे का घनफल क्या है? लम्बाई × चौड़ाई × ऊँचाई = घनफल होता है। किसी कमरे में जिसमें अलमारी, टेबुल वगैरह सामान भी हों, कमरे के घनफल में से इन सामानों का घनफल घटाकर ही शेष घनफल को उसका सही घनफल समझना चाहिए। एनिमोमीटर यन्त्र

द्वारा हवा की गति, भार जानना आवश्यक होगा। उस कमरे में प्रति व्यक्ति घण्टा कितनी-कितनी घनफीट हवा उपलब्ध है? प्रकाश का कैसा प्रबन्ध है?

केटा थर्मामीटर—स्पिरिट युक्त बड़ी कुप्पीदार यह यन्त्र हवा की ठण्ड यानी ताप की कमी की जानकारी प्राप्त करने हेतु प्रयोग में लायी जाती है। इसकी नली में 95° फा. से 100° फा. तक के चिन्ह बने होते हैं। यह दो प्रकार का होता है—

(1) शुष्क केटा—इसकी कुप्पी बेढंगी होती है। इनसे वायु के ठण्डक की शक्ति का ज्ञान प्रकाश और संवहन द्वारा प्राप्त किया जा सकता है।

(2) आर्द्र केटा—इस यन्त्र की कुप्पी गीले रेशम या रूई से ढँकी रहती है।

अध्ययन-विधि—जिस कमरें में घुटन का अनुभव होता हो उस कमरे में शुष्क केटा का तापमान कम प्रकाश और संवहन के वजह से कमी पायी जाती है। कमरे के अन्दर 6 या उससे अधिक का अध्ययन वायु में ताजगी का संकेत करता है और कम होने से उसके प्रतिकूल। आर्द्र केटा में 18 का अध्ययन वायु की प्रकृति का पता चलता है। शुष्क और आर्द्र केटा अध्ययन का घटाव करने से यदि शेष 12 निकले तो कमरे का वातावरण आरामदेह समझना चाहिए। 12 से कम होने पर कष्टकर और अधिक होने से अनावश्यक ठण्डा।

ठण्डा करने की शक्ति—प्रति सेकण्ड प्रति वर्ग सेण्टीमीटर में ताप की कमी की दर से ठण्डा करने की शक्ति की जानकारी का पता चलता है जिसे 'माइक्रो-कैलोरीज़' में बनाया जाता है।

कूड़ा-करकट

कूड़ा-करकट को मुख्य रूप से चार हिस्सों में बांटा जा सकता है—

(1) शुष्क कूड़ा-करकट—जैसे राख, काँच, लोहे, लकड़ी और ईंट के टुकड़े इत्यादि।

(3) गीला कूड़ा-करकट—जैसे तरकारी का छिलका अथवा मांस और मछली इत्यादि का व्यथ हिस्सा।

(4) सड़क और गलियों की बुहारन—ये शुष्क और गीले दोनों प्रकार के कूड़े-करकट कर कटों में पाये जाते है। उपर्युक्त दोनों प्रकार की चीजों के अलावा इस प्रकार के कूड़े में गोबर, लीद और वृक्षों की सूखी पत्तियाँ भी पाई जाती हैं।

(3) हाट बाजार, अस्पताल, कारखाना और बूचड़खाना इस प्रकार की व्यर्थ चीजें हाट बाजार अस्पताल कारखाना एंब बूचड़खाना के बुहारन में जो चीजे प्राप्त

होती हैं। उन्हें मेहतर या मजदूर के द्वारा कूड़ा-करकट संग्रह कराने और उसके उचित निपटान के काम को स्कावेंजिंग की संज्ञा दी जाती हैं। शहरों में प्रतिदिन सड़कों पर झाड़ू लगायी जाती है। शहर की सफाई और शहर में रहने वाली जनता के स्वास्थ्य के ख्याल से कूड़ों का उचित रूप से संग्रह तथा उनका स्थानान्तरण महत्वपूर्ण कार्य है। प्रायः सभी शहरों में इस कार्य के लिए एक बहुत बड़ी रकम व्यय की जाती है। यदि किसी शहर में एक सप्ताह तक सफाई का कार्य नहीं किये जाने पर खतरनाक स्थिति उत्पन्न हो सकती है। इससे भीषण स्थिति उत्पन्न हो सकती है। सारा शहर कूड़ा-करकट से भर जायेगा। मक्खियों की संख्या बढ़ जायेगी और इस प्रकार भयंकर दुर्गन्ध फैल सकती है।

संग्रह—मकान, बाजार या अस्तबल अस्तबलों में विभिन्न स्थानों पर सावधानी पूर्वक डस्ट-बिन या किसी दूसरे प्रकार के संग्रह करने वाले पदार्थ में जमा करना चाहिए। भारतवर्ष के अधिकांश व्यक्ति कूड़े के संग्रह की उचित व्यवस्था का महत्त्व नहीं समझते, फलतः वे उसे यत्र-तत्र फेंक देते हैं। ऐसा देखा जाता है कि डस्ट-बिन खाली पड़े रहते हैं और कूड़ा-करकट यत्र-तत्र जमा होता रहता है। कई सड़क एवं गलियां ऐसी भी हैं जहाँ कुड़े इधर-उधर पाये जाते है। इस तरह मध्य रास्ते पर फेंके गए कूड़े-करकट के अंश हवा की मदद से पुनः घरों में लौट आते हैं। इससे घरों की केवल गन्दगी ही नहीं बढ़ती, वरन् हवा, भोजन और वातावरण भी दूषित हो जाता है।

डस्ट-बिन—इसे प्रतिदिन साफ किया जाना आवश्यक होगा। यह डोल की तरह होता है जिसका मुँह दोनों ओर खुला रहता है। इसे हटाने के लिए इसमें एक जोड़ी मुठिया लगी होती है। डस्ट-बिन सुविधाजनक स्थान पर बने चबूतरे पर रखा जाना चाहिए।

ठेलागाड़ी—इसे ठेलागाड़ी का प्रयोग छोटी-छोटी गलियों में कूड़ा एकत्रित करने हेतु प्रयोग में लाये जाते हैं। ह्वील-बरो में संग्रह किये गये कूड़े डस्ट-बिन से जमा किए जाते हैं।

कूड़ा-करकट का निस्तारण—कूड़े-करकट को दिन में दो बार हटाना लाभकारी होगा। कूड़ा-गाड़ी या ह्वील-बरो ढकनेदार होनी चाहिए जिसमें उसके चलते समय कूड़ा न गिरने पाए। कलकत्ता, पटना जैसे शहरों में अधिक कूड़ा-करकट इकट्ठा होने के कारण उन्हें हटाने हेतु लारी प्रयोग में लाये जाते हैं। लॉरी ढकनेदार होती है, ताकि चलते समय रास्ते में कूड़ा-करकट गिरने न पाये। कूड़ा हटाने का उचित समय सुबह और शाम है।

ठिकाने लगाना—कूड़ा-करकट को भली-भांति एकत्रित करने के पश्चात् उसे उचित ढंग से ठिकाने लगा देने का प्रबन्ध होना चाहिए। ठिकाने लगाने हेतु विभिन्न प्रणाली अपनायी जाती है जो निम्न है—

(1) डम्पिंग—गड्ढे, खाई, गन्दे तालाब और पोखरों तथा नीची सतह वाली जमीन को कूड़ा-करकट से भरने वाली क्रिया को डम्पिग की संज्ञा दी जाती है। असावधानी से किए गए डम्पिंग में मक्खी, चूहे और साँप इत्यादि का खतरा बढ़ता रहता है। इस तरह कूड़ा-करक़ट भर कर बनाई गई जमीन की निर्मित कहते हैं। इस प्रकार की जमीन पर कई सालों तक तैयार नहीं कराये जाने चाहिये।

समुद्र में ठिकाने लगाना—कई स्थानों में कूड़े को समुद्र में फेंक दिया जाता है।

खाद विभिन्न—घर का कूड़ा-करकट तथा जानवरों के मल हेतु पहले से ही जल को एकत्रित नहीं किया जाना चाहिये। या तो इन्हें गढ़ों में जमा किया जाता है, या जमीन पर ढेर लगाया जाता है। दोनों हालतों में इस ढेर को उलटते-पलटते रहना आवश्यक है, जिसमें जमीन में उपस्थित जीवाणु उसमें उपस्थित द्रव्यों को पचा कर ऐसे रूप में परिवर्तित कर दें कि वह निर्दोष और गंधहीन होकर पौधों हेतु खाद तैयार किया जाए। इस प्रकार खाद तैयार करने की क्रिया के अन्तर्गत उसमें उपस्थित रोगोत्पादक जीवाणु, आँत की कृमियों के अण्डे, मक्खियों के लार्वे आदि अन्य सभी व्यर्थ वस्तुओं का अंत हो जाता है। कम्पोस्ट तैयार करने की अनेक विधियों में सर्वाधिक अनुमोदित तथा प्रचलित विधि है— इन्दौर की विधि।

स्थान का चुनाव—ट्रेचिंग ग्राउण्ड हेतु स्थान का चयन आवश्यक होता है। कूड़े-करकट में मल की अपेक्षा गन्दगी या दुर्गन्ध होने के कारण यह ट्रेचिंग ग्राउण्ड की अपेक्षा कम दूरी पर हो जिसमें अधिक दूर जाने की जरूरत न पड़े। यदि उचित सावधानी बरती जा सके इन्हें शहरी एवं ग्रामीण क्षेत्रों में भी तैयार किया जा सकता है। इसके आसपास की जमीन ढलुआँ होनी चाहिए जिसमें आसपास आवश्यक रूप से पानी इकट्ठा न होने पाये।

बनावट—16 गड्ढे 8-8 के दो कतारों में बांटा जा सकता है। बीच का रिक्त स्थान तैयार खाद का ढेर लगाने के लिए रखा जाता है। गड्ढे इतने ही बड़े हों जो दो दिनों में भर जाएं। इस प्रकार ये सोलह गड्ढ़े एक महीने के लिए पर्याप्त होंगे। इस प्रकार की विधि द्वारा एक महीने में खाद तैयार किया जा सकता है। इसे बकों महीने काम में लाया जा सकता है।

(2) गड्ढा—तैयार किया जाना चाहिये। उनकी दीवाल और सतह गचदार हो। वे 16 से 32 फीट लम्बे, 5 से 8 फीट गहरे हों। इनकी लम्बाई-चौड़ाई जरूरत पर निर्भर करती है। इनके बीच नाली का ऐसा प्रबन्ध हो कि अतिरिक्त जल बहकर निकल सके। सभी गड्ढो में अलग से शाखा नली का निर्माण किया जाना चाहिये। गड्ढे की दीवाल जमीन की सतह से कुछ ऊँची हो जिससे बाहर का अलावा जल उसमें नहीं आने पाए। गड्ढों के आसपास की जमीन, ईंट-पत्थर या कंक्रीट द्वारा पक्की होनी चाहिये। ये गड्ढे हौदी के समान जमीन पर तैयार किये जा सकते हैं, परन्तु से कूड़ा जमा करने में असुविधाजनक सिद्ध होंगे।

उपयोग की विधि—कूड़ा-करकट के साथ मलमूत्रादि एकत्रित होने पर रबर, पुआल, पत्ते और अन्य बेकार चीजें, जैसे सूखे पदार्थ भी हों जो मल को तरी को सोखा जा सके। इस प्रकार के संग्रह में जिस मात्रा में मल एकत्र किया जाए, कूड़ा-करकट उसका तीन गुना हो। दूसरे दिन में गड्ढों में डालने हेतु पहले से ही जल को एकत्रित नहीं किया जाना चाहिये। कूड़े-करकट में से ईंट, पत्थर, सीसी, बोतल के टुकड़े, टिन या लोहे के छोटे-मोटे सामान इत्यादि को हाथ से छाँट कर निकाल देना चाहिए। इन अनावश्यक वस्तुओं को खाद तैयार हो जाने के पश्चात् भी अलग रखा जा सकता है।

गड्ढ़ो का भराव—गड्ढे की पेंदी में 6 इंच तक सामान्य घटिया मोटे पदार्थों को लम्बे हत्थे वाली हेंगी से चौरस विछाया जाना चाहिये। ऐसा करते समय इस बात का ध्यान रखना चाहिए कि ये पदार्थ बीच की अपेक्षा किनारे-किनारे कुछ ऊँचें हों, जिससे दूसरे स्थानों से हवा का प्रवेश हो सके एवं और मल पदार्थ दीवालों से अलग रहें। गड्ढे के अन्त में लगभग 2 फीट स्थान रिक्त छोड़ देना चाहिए जिसमें खाद को उलटने में सुविधा हो।

उपर्युक्त प्रबन्ध के पश्चात् लगभग 2 इंच मोटी सतह तक मल-पदार्थ को पूर्व बिछाये गये कूड़े-करकट पर लम्बे हत्थे वाली कुदाल से समतल किया जाना चाहिये जिसमें सम्पूर्ण मल कूड़े से ढक जाए। मल गिराये जाने वाले स्थान पर पहले कूड़ा बिछा देना चाहिए यदि किसी वजह से मल के छींटे कुडे पर ही पड़े। बाद में इस कूड़े को उसी गड्ढे में गिरा कर हेंगी से बराबर बिछा देना चाहिए। इसी क्रम के आधार पर कूड़े और मल को इतनी सतहें देनी चाहिए कि अन्त में ये गड्ढे की ऊपरी सतह से एक फीट ऊपर आ जाएँ। जब-जब गड्ढे में मल गिराया जाए, उसे तत्काल ही कूड़े से ढक दिया जाना। सबसे ऊपर वाले कूड़े की सतह लगभग चार इंच मोटी होनी चाहिए। यह यथासम्भव घास से ढका हो तो अच्छा है।

(3) कूड़े के ढेर का तापमान—इस प्रकार एकत्रित किये गये देर में कुछ ही अवधि में गये ढेर में लगभग 60 डिग्री सेन्टीग्रेट की गर्मी पैदा हो जाती है। यह बेक्ट्रिया की क्रिया के कारण होती है।

(4) खाद को उलटना— गड्ढा भर जाने के 4 से 7 दिनों के पश्चात् दाँतीदार हेंगी से जमा किये जाने बाले मल एवं कूड़े-करकट को उलट-पलट देना चाहिए। इससे ये हमारे लिये निम्न प्रकार से लाभकारी हो सकते हैं।

1. मल और कूड़ा भली-भांति एक-दूसरे में मिल जाते हैं।
2. इस तरह हवा लगने का अवसर प्राप्त करने से हवा में उपस्थित जीवाणुओं की अपनी क्रिया में अधिक सुविधा प्राप्त होती है।
3. कूड़े के ऊपरी भाग को बीच में जाने का अवसर प्राप्त होता है जहाँ गर्मी पाकर वह समान रूप से खाद में रूपान्तरित हो जाता है।
4. कूड़े के भाग में यदि मक्खी के अण्डे या अन्य रोगोत्पादक जीवाणुओं की उपस्थिति होने पर के खाद के संपर्क में आने से मर जायेंगे।

खाद को उलटने-पलटने के लिये एक खास प्रकार की दाँतीदार हेंगी होनी चाहिए जिसका हत्था लम्बा हो। पलटने की क्रिया पूर्व उल्लेख किये गये 2 फीट लम्बे रिक्त स्थान में ढेरों को गिरा कर शुरू किये जाते हैं।

(5) खाद को दूसरी बार उलटना-पलटना—पाँच से दस दिन के पश्चात् दूसरी बार पूर्ववत् खाद को उलटना-पलटना चाहिए। इस समय तक मल के सभी चिह्न मिट जाते हैं। खाद में नमी अधिक हो, या ढेरी पर अधिक मात्रा में मक्खियों के लार्वे होने का सन्देह हो, अथवा खाद को 30 दिनों के अन्दर काम में लाने का विचार हो, तब एक बार और उलटा-पलटा जा सकता है। चार-चार दिन के अन्तर पर तीन बार उलटने-पलटने से लगभग 15 दिनों में खाद बन कर तैयार हो जाता है।

(6) पानी का पटाना—सम्भव है कि ग्रीष्म ऋतु में ढेरी की नमी में सूखापन आ सकता है। ऐसी हालत में नमी के अभाव से खाद बनाने में विलम्ब होगा। इसी तरह आवश्यकतानुसार ढेरी पर जल के छीटे मारते रहना चाहिये जिससे नमी की आवश्यकता को पूर्ण किया जा सके।

(7) खाद संग्रह करना—तीस दिनों में जब खाद पूर्ण रूप से तैयार हो जाए तो उसे गड्ढे से निकाल कर किसी संग्रहालय में रखवा दिया जाये जिससे आवश्यकतानुसार खेतों में डाला जा सके।

(8) जमीन के ऊपर ढेरी लगाना—जमीन के ऊपरी हिस्सों पर बगैर किसी प्रकार का गडढ़ा किये कुड़े-करकट को एकत्रित करने हेतु स्थान का चुनाव करते समय आवागमन की सुविधा, अतिरिक्त जल के निकास का प्रबन्ध इत्यादि सभी बातों पर उसी सावधानी के साथ विचार करना चाहिए, जैसा कि पहले वाले प्रकरण में बतलाया जा चुका है।

कूड़ा करकट को एकत्रित करने हेतु चयनित स्थलों में सबसे पहले केले के पत्तों जैसी सड़ने वाली चीजें बिछानी चाहिए जिसमें ढेर के नीचे की ओर से भी हवा प्रवेश कर सके।

खाद् एकत्रण के लाभ—इसके निम्नलिखित लाभ हैं—

1. नाममात्र के खर्च और परिश्रम से उत्तम खाद प्राप्त होती है जिससे पैदावार बढ़ती है।
2. खाद का कुछ अंश बेच देने से इस सम्बन्ध में किया गया खर्च भी निकल आता है।
3. कूड़े-करकट के रूप में नष्ट होने वाली सम्पत्ति का सुन्दर और लाभदायक उपयोग हो जाता है।

पेशाबखाना—ऐसे स्थानों के लिए जहाँ ज्यादा लोग एक साथ रहते हों (जैसे छात्रावास) पेशाबखानों का प्रबन्ध अति आवश्यक है। स्कूल और बाजार आदि जगहों में भी इसका होना उपयोगी है।

यह निम्नलिखित प्रकार का होता है—

1. बोर युरिनल,
2. ट्रफ युरिनल,
3. फन्नेल युरिनल।

गोबर, लीद वगैरह का निराकरण—साधारणतः इसके तीन तरीके हैं—

1. धूप में सुखाकर जलाने के काम में लाना,
2. जमीन पर एकत्र करना,
3. खाद के रूप में खेतों में डालना।

बिना उचित प्रबंध के गोबर या लीद वगैरह जमा करने से निम्न असुविधाएँ उत्पन्न होती हैं—

1. दुर्गन्ध फैलती है।
2. मक्खियों को अंडा-बच्चा देने योग्य अच्छी-खासी जगह मिल जाती है।

गोबर, लीद वगैरह का प्रयोग—इनका उपयोग निम्न तरह से किया जा सकता है—

1. **खाद विभिन्न**—इसकी विधि ऊपर बताई जा चुकी है। कूड़ा-करकट और मल के अतिरिक्त उनमें गोबर और लीद भी डाली जाती है।
2. गोबर, लीद तथा कूड़ा-करकट और मल से मीथेन गैस तैयार की जाती है जिसे पकाने तथा रोशनी पैदा करने के काम में प्रयोग किया जाता है।

यांत्रिक क्रिया द्वारा मीथेन गैस निकाल लिए जाने के बाद अवशिष्ट पदार्थ ह्यूमस कहलाता है जो खाद के काम में आता है।

कूड़ा-करकट, मल, गोबर इत्यादि से मीथेन गैस बनाने के लाभ—इससे निम्नलिखित फायदे हैं—

1. इस प्रकार से प्राप्त गैस जिसे मीथेन गैस कहते हैं, खाना पकाने या रोशनी पैदा करने के काम में लायी जाती है।
2. गैस निकाल लिए जाने के बाद अवशिष्ट भाग उत्तम खाद का काम करता है।
3. सब जगह बेकार पड़ी इन चीजों के निराकरण का उत्तम तरीका निकल आता है।
4. मक्खियों को बढ़ने का कम से कम अवसर मिल पाता है।

भस्मीकरण की क्रिया—एक प्रकार की भट्ठी होती है जिसमें कूड़ा-करकट जला दिया जाता है। भस्म होने के बाद बचने वाले पदार्थ को क्लींकर कहते हैं। ये छोटे और सख्त टुकड़े होते हैं जो सड़क निर्माण इत्यादि के काम में आते हैं ये भट्ठियाँ कई तरह की होती हैं। इसका बाहरी रूप एक-सा होता है सभी प्रकार की भट्ठियों में निम्नलिखित भाग समान रूप में पाये जाते हैं—

1. फीडिंग चैम्बर,
2. ठोकने और राख हटाने के लिए दरवाजे,
3. धुआँ निकालने के लिए चिमनी।

स्वयंसेवी संस्थाएँ

स्वयंसेवी संस्थाएं स्वायत्तशासी संस्थाएं होती हैं जिसके द्वारा समय-समय पर सभाओं का आयोजन किया जाता है जिसमें जनस्वास्थ्य के प्रति जागरूकता उत्पन्न किया जाता है।

स्वयंसेवी संस्थाओं के प्रमुख कार्य

इसके महत्वपूर्ण काम निम्नलिखित हैं–

(1) सरकारी संस्थाओं के सहायक के रूप में कार्य–सरकारी संस्थाएँ पूर्ण सेवा नहीं कर पाती हैं। वे दृढ़ आर्थिक व अन्य कानूनों से बँधी होती हैं। स्वयंसेवी संस्थाएँ सरकारी संस्थाओं के कार्य को और सुदृढ़ बना सकती है, यथा–कर्मचारियों को भेजकर किन्हीं विशेष उपकरणों को खरीदने के लिए निधि प्रस्तुत करके मदद हो सकती हैं।

(2) शिक्षा–सिर्फ अधिकारीगण या सरकारी संस्थाएँ स्वास्थ्य शिक्षा का प्रसार का कार्य पूर्ण रूप से नहीं चला सकते चूँकि इसके लिए अगणित व असीमित अवसर उपलब्ध हैं। इसी तरह इस सम्बन्ध में स्वयंसेवी संस्थाओं की सहायता करना काफी आवश्यक है।

(3) स्वास्थ्य स्तर में सुधार–ये सार्वजनिक स्वास्थ्य स्तर में सुधार करती हैं। रॉकफेलर फाउण्डेशन ने बोर होल शौचालय का प्रथम प्रदर्शन किया था जिससे कृमि रोग पर नियन्त्रण पाया गया।

(4) सरकारी संस्थाओं पर नियंत्रण–सरकारी संस्थाओं की विधायक निन्दा करके, उसे सही रास्ता दिखाने के लिए उदाहरण उद्धृत करके सरकारी संस्थाओं पर नियन्त्रण पाती है।

(5) अन्वेषक अनुसंधानकर्त्ता के रूप में कार्य–यह नए विषय या तरीकों की खोज करके उन्हें जनता के समक्ष उद्धृत करती हैं। अनुसंधान भी एक प्रकार का मूल अन्वेषण है। जब ये संस्थाएँ अपने प्रयास में सफल हो जाती हैं तब सरकारी संस्थाएँ उस नतीजे को अपनाने के लिए आगे आती हैं तथा उनको जन-सामान्य तक पहुँचाती हैं। परिवार नियोजन कार्यक्रम भी भारत में सबसे पहले स्वयंसेवी संस्थाओं ने चलाया था। जब उसका सरकारी संस्थाओं को अनुभव हुआ तब उसको अपनाकर सार्वजनिक कार्यक्रम आयोजित करके राष्ट्रीय नीति का संरचना किया।

स्वयंसेवी संगठन भारत में कार्यरत

भारत में कई स्वयंसेवी संगठन अपने कार्यों को बखूबी अपनी स्वेच्छा तथा अपने तरीकों से कर रहे हैं जो इस प्रकार हैं–

(1) भारतीय क्षय रोग समिति–इसकी स्थापना 1939 में हुई थी। हरेक राज्य में इसकी शाखा है। यह T.B. मुद्रा कर्मावधि प्रत्येक वर्ष आयोजित करके

धनराशि एकत्र करती है। स्वास्थ्य विजिटर, डॉक्टरों का प्रशिक्षण तथा समाज कल्याण कर्मचारियों को T.B. के खिलाफ कार्यक्रमों में लगाती है, स्वास्थ्य शिक्षा का प्रसार करती है, सलाह के मौके देती है व समय-समय पर सम्मेलनों का प्रबन्ध करती है। इस समिति के प्रबन्ध से सम्बद्ध निम्नलिखित केन्द्र भारत में कार्य कर रहे हैं—नई दिल्ली टी.बी. केन्द्र, कसौली में स्थित लेडीलिनलिथगो सैनिटोरियम, धर्मपुर में स्थित किंग एडवर्ड सप्तम सैनिटोरियम तथा महरौली में टी.बी. अस्पताल।

(2) भारत सेवक समाज—यह अराजनीतिक और अनाधिकारी संगठन है जिसकी स्थापना 1952 में हुई थी। भारत सेवक समाज का उद्देश्य लोगों को उत्तम स्वास्थ्य स्तर की प्राप्ति के लिए उत्प्रेरित करना तथा इसके लिए उन्हें खुद के परिश्रम व कार्य करने के लिए विधायक रूप से उत्तेजित करना है। सभी राज्य में इस समाज की शाखा है। इसके प्रमुख कार्यों में से एक है गाँवों की सफाई।

(3) हिन्द कुष्ठ निदान संघ—1950 ई. में इसकी स्थापना हुई थी। इसका मुख्यालय नई दिल्ली में है। इसका प्रमुख उद्देश्य विभिन्न कुष्ठ चिकित्सलयों को आर्थिक मदद पहुँचाना, पोस्टर तथा पत्र-पत्रिकाओं द्वारा स्वास्थ्य शिक्षा देना, सर्वेक्षण चलाना, चिकित्सा कर्मचारियों व मनोवैज्ञानिकों को प्रशिक्षण देना, अनुसंधान तथा समय-समय पर अखिल भारतीय कुष्ठ निदान कर्मचारियों का सम्मेलन संगठित करना एक त्रैमासिक पत्रिका 'भारत में कुष्ठ रोग' को प्रकाशित करना है। इसकी शाखाएँ पूरे भारत में फैली हुई हैं। यह सरकारी व दूसरे स्वयंसेवी संगठनों के साथ पूरा सहयोग स्थापित करते हुए कार्य कर रहा है।

(4) भारतीय शिशु कल्याण समिति—1952 में इस संस्था की स्थापना हुई। यह अन्तर्राष्ट्रीय बाल कल्याण यूनियन से सम्बद्ध है। इसकी स्थापना के पश्चात् I.C.C.W. ने पूरे भारत में अनेक राज्य तथा जिला समितियों का जाल सा बिछा दिया है। इस समिति का प्रमुख उद्देश्य हैं—भारतीय बच्चों को सही सामान्य व स्वस्थ तरीके से नैतिक, शारीरिक, मानसिक, आध्यात्मिक और सामाजिक रूप से विकसित होने के लिए, पूर्ण आजादी व सम्मान सहित उनकी वृद्धि के लिए, अवकाश व साधन-कानून की मदद से जुटाना तथा शिशु कल्याण के लिए अथक कोशिशें करते रहना।

(5) अखिल भारतीय नारी संघ—1926 में यही एकमात्र नारी स्वयंसेवी कल्याण संगठन है जिसकी स्थापना हुई थी। इसकी शाखाएँ अब पूरे भारत में फैली हुई हैं। ये शाखाएँ मातृ-शिशु स्वास्थ्य केन्द्र भी चलाती हैं। इसके अलावा चिकित्सा

केन्द्र, क्लीनिक, दुग्ध वितरण, प्रौढ़ शिक्षा केन्द्र तथा परिवार नियोजन केन्द्र भी ये शाखाएँ चलाती हैं।

(6) अखिल भारतीय अन्धजन राहत समिति–1946 में स्थापित इस समिति का उद्देश्य अन्धजनों की संस्थाओं के मध्य सहयोग की भावना बढ़ाना व उनको समन्वित करना है। यह समय-समय पर 'आँखों का ऑपरेशन' करने के शिविरों का आयोजन करती है व अन्धे लोगों को राहत पहुँचाने के लिए अन्य ठोस कदम भी उठाती है।

(7) परिवार कल्याण समिति–1949 में भारत में परिवार नियोजन के ज्ञान के प्रसार और प्रचार में प्रमुख अन्वेषक के रूप में कार्य करने वाली इस समिति की स्थापना हुई थी। इसका प्रधान कार्यालय बम्बई में है। इसकी शाखाएँ पूरे भारत में फैली हुई हैं। ये शाखाएँ भारत सरकार से आर्थिक सहयोग प्राप्त करके परिवार नियोजन क्लीनिक चलाती हैं। अनेकों स्वास्थ्य विजिटर, डॉक्टर तथा सामाजिक कार्यकर्त्ताओं को यह समिति अब तक प्रशिक्षित कर चुकी है। प्रधान कार्यालय का कार्य इन शाखाओं पर नियन्त्रण रखना व परिवार नियोजन सम्बन्धी पूछताछ का उत्तर पत्राचार द्वारा और व्यक्तिगत साक्षात्कार द्वारा देना होता है।

(8) भारतीय रेडक्रॉस सोसायटी–1920 में इसकी स्थापना हुई। आज पूरे भारत में इसकी 400 से ज्यादा शाखाएँ हैं। इसने ऐसे अनेक कार्यक्रम चलाये हैं जिनसे लोगों के स्वास्थ्य का स्तर उत्तम हुआ है, संक्रामक रोगों का उन्मूलन हुआ है व दुर्घटनाग्रस्त लोगों को राहत मिली है। इसके महत्वपूर्ण कार्य इस तरह हैं–

***(i)* रक्तदान केन्द्र तथा प्राथमिक मदद**–हर राज्य शाखा द्वारा इसके रक्तदान केन्द्र स्थापित किए गए हैं। रेड क्रॉस का ही एक अंग सेन्ट-जॉन एम्बूलेंस एसोसिएशन कई लाख लोगों को प्रतिवर्ष प्राथमिक चिकित्सा, गृह परिचर्या आदि में प्रशिक्षण देता है।

***(ii)* राहत कार्य**–अगर कहीं प्राकृतिक, भौगोलिक अथवा राजनीतिक कारणों से कोई आपदा-विपदा जन समाज को प्रभावित करती है तो यह संस्था अपने सभी साधनों को एकत्र करके उनकी मदद में जुट जाती है।

***(iii)* दूध तथा दवाइयों की पूर्ति**–स्कूल, मातृ-शिशु कल्याण केन्द्र, प्रतिवर्ष यह संस्था अनेक चिकित्सालय, अनाथालय आदि को दवाइयाँ, दूध का पाउडर, विटामिन की गोलियाँ आदि बाँटकर मदद करती है।

(*iv*) मातृ-शिशु कल्याण सेवाएँ—इस संस्था द्वारा स्थापित अनेक मातृ-शिशु कल्याण केन्द्र पूरे भारत में मौजूद हैं जो तकनीकी सुझाव, सलाह तथा आर्थिक मदद ऐसे केन्द्रों को देते हैं जो मातृ-शिशु कल्याण के लिए काम करते हैं।

(*v*) परिवार नियोजन—अनेक परिवार नियोजन केन्द्र इस संस्था ने खोले हैं। इसमें बच्चों में सीमित अन्तर के बारे में अवगत कराया जाता है। परिवार नियोजन के लिए उपलब्ध साधनों के बारे में जानकारी दी जाती है।

(*vi*) सेना की सहायता—सबसे पहले रेडक्रॉस का महत्वपूर्ण कार्य है सेना के घायल जवानों की देखभाल करना। बंगलौर में यह संस्था एक सुव्यवस्थित अस्पताल 'रेड क्रॉस होम' चला रही है जिसमें सेना से अवकाश प्राप्त जवानों के लिए व स्थायी रूप से अपंग हुए सैनिकों के लिए कृत्रिम अंग दिये जाते हैं। यह एकमात्र ऐसा अस्पताल है जिसमें आधुनिक उपकरण उपलब्ध हैं।

(9) कस्तूरबा स्मारक निधि—श्रीमती कस्तूरबा गाँधी की स्मृति में, उनकी मृत्यु के बाद 1944 में इसकी स्थापना की गई। भारतीय नारी के सुधार के लिए, विशेषकर ग्रामीण महिलाओं के जीवन स्तर में ग्राम सेविकाओं द्वारा सुधार लाने के लिए, निधि एकत्र की गई। इस निधि में करोड़ों रुपये अब तक इकट्ठा किए गए हैं जिनका उपयोग देश में उपस्थित अनेक कल्याणकारी योजनाओं के लिए किया जा रहा है।

(10) अन्य व्यावसायिक संस्थाएँ—अखिल भारतीय क्षेत्र चिकित्सा समिति, भारतीय चिकित्सा समिति, नर्सों का सहकारिता संघ उन लोगों द्वारा चलाए जा रहे हैं जिनके पास उचित निपुणता तथा अनुभव है व जिनका पंजीकरण भी हो चुका है। ये संस्थाएँ समय-समय पर सम्मेलनों का प्रबन्ध करती हैं, वैज्ञानिक चर्चा के लिए व्यवस्था करती हैं, पत्र-पत्रिकाएँ छपवाती हैं, प्रदर्शनी का आयोजन करती हैं, अनुसंधान के लिए सहयोग देती हैं, तकनीकी प्रशिक्षण के लिए स्तर का निश्चित करती हैं, तकनीकी प्रशिक्षण के लिए स्तर का निर्धारण करती हैं और प्राकृतिक दुर्घटनाओं के समय राहत शिविर लगवाने का काम भी करती हैं।

6

स्वास्थ्य सेवा

यदि किसी भी देश के स्वास्थ्य स्तर की जानकारी प्राप्त करना हो तो उसका पता उस देश की स्वास्थ्य संबंधी समस्याओं का अध्ययन कर लगाया जा सकता है। स्वास्थ्य संबंधी समस्याओं का अध्ययन किया जाना देश को रोगों से मुक्त करने के लिए अत्यंत जरूरी हो चला है वर्तमान में जिस तीव्रता से संक्रामक रोग अपने पैर प्रसार रहे हैं उनकी जानकारी और उन पर नियंत्रण हेतु यह अत्यंत आवश्यक है।

चिकित्सा सम्बन्धि समस्या, अधिक जनसंख्या की समस्या, संक्रामक रोगों की समस्या, पोषण सम्बन्धि समस्या कुछ ऐसी समस्याए हैं जो भारत के स्वास्थ्य स्तर पर प्रत्यक्ष रूप से प्रभाव डालती हैं। इसके अलावा अनेक भौगोलिक, आर्थिक, सामाजिक तथा राजनीतिक समस्याएँ भी उपस्थित हैं जिनका असर अप्रत्यक्ष रूप से स्वास्थ्य पर पड़ता है, उदाहरणार्थ—गरीबी, बेरोजगारी, औद्योगीकरण, उपजाऊ भूमि की प्रतिशत मात्रा की कमी, भूमि की उत्पादकता में कमी, पशुपालन तथा दुग्ध उत्पादन की कमी, निरक्षरता, अज्ञानता, अशिक्षा, अन्धविश्वास, कृषि कार्यादि के लिए पुराने तरीकों का उपयोग, ऋणाग्रस्त रहना, स्थानों की अपर्याप्तता, वैज्ञानिक तरीकों की अज्ञानता, कृषि व औद्योगिक प्रगति का अभाव, खाद्य पदार्थों में मिलावट, युवकों में उत्साह की कमी, भाग्य पर ही भरोसा रखना तथा पुरुषार्थ न करना, वर्ण, जाति, कुल आदि का पोषण व स्वास्थ्य पर विपरीत प्रभाव, गलत विज्ञापनों से प्रभावित होना, टोने-टोटके पर विश्वास करना,

असन्तुलित खर्च जैसे स्वास्थ्य, पोषण आदि पर कम खर्च तथा मृत्यु-भोज, विवाह या जाति-भोज पर ज्यादा खर्च करना, धार्मिक या मिथ्या विश्वास, तीव्र व्यक्तिगत इच्छाएँ व अनिच्छाएँ, अकाल, युद्ध, आपात स्थिति, भूकम्प, बाढ़, ज्वालामुखी, प्रतिकूल जलवायु, अनावृष्टि, शलभी या टिड्डियों का आक्रमण, उचित खाद्य संग्रहालयों का अभाव, वैज्ञानिक उपकरणों की कमी, बवण्डरों से कष्ट पाना, आहार के उत्पादन का आहार के उपभोग से मेल न खाना यानि अल्प उत्पादन, चूँकि उचित बीज की कमी, समुद्री व अन्य साधनों को उपयोग में न लाना, उपयुक्त व उच्च स्तर की खाद का प्रयोग न करना, सिंचाई व फसल की कटाई की सुविधाओं की कमी, मुर्गी व पशुपालन को वैज्ञानिक तरीकों से न कर पाना, पशुओं की बीमारियों को उचित तरीके से नियन्त्रण में न लाना, मवेशियों के भोजन की कमी, आहार-वितरण का असन्तोषजनक होना, क्षयशील पदार्थों की रक्षा या परीक्षण की कमी, खाद्य पदार्थों का बेकार जाना आदि।

इनके अलावा कुछ सामाजिक कुरीतियाँ यथा शैशवावस्था या अल्पायु में विवाह करना, दहेज, पर्दा-प्रथा, रोगी होने पर विशेषकर यौन रोग, क्षय रोग, कुष्ठ रोग आदि को लोगों एवं डॉक्टर से छिपाकर रखना, परिवार नियोजन के प्रति उदासीनता, अस्वच्छ व अस्वास्थ्यकर मकानों में, दैवी प्रकोप मानकर, भाग्य को कोसते हुए रहना, बड़े परिवारों में रहना, समय पर चिकित्सा न करवाना इत्यादि से भी स्वास्थ्य का स्तर कम होता जाता है।

स्वास्थ्य समस्याओं के निदानात्मक प्रयास

वर्तमान में भारत में स्वास्थ्य संबंधि कई समसयाएं यहां की जनसंख्या में समक्ष मुहं खोले खड़ी हैं जिनके निदान हेतु अनेक कार्यक्रमों व योजनाओं का आयोजन किया गया है एवं उन्हें क्रियान्वित भी किया जा रहा है। महत्वपूर्ण क्रार्यक्रम निम्नलिखित हैं—

1. स्वास्थ्य शिक्षा।
2. दाइयों का प्रशिक्षण।
3. ज्यादा मात्रा में टीके लगाना।
4. दवाइयों तथा रसायनों का अधिक निर्माण।
5. परिवार नियोजन।
6. व्यावहारिक पोषण कार्यक्रम।
7. स्वच्छ पर्यावरण की योजनाएँ।

8. संक्रामक रोगों के निदानार्थ निरोधक स्वास्थ्य सेवाओं का विस्तार।
9. इनके अलावा फाइलेरिया, मलेरिया, क्षय रोग, शीतला, कुष्ठ रोग, गुप्त रोग, ट्रेकोमा तथा गाइटर उन्मूलन व नियन्त्रण के कार्यक्रम भी चलाए जा रहे हैं।

प्राथमिक स्वास्थ्य सेवाएँ एवं स्वास्थ्य केन्द्र

लोग आज भी यह मानते हैं कि चिकित्सा तथा स्वास्थ्य सेवाएं एक ही हैं जबकि इन दोनों में काफी अन्तर है। चिकित्सा सेवा सिर्फ जरूरत पड़ने पर ली अथवा दी जाती है, बल्कि स्वास्थ्य सेवा एक निरंतर चलने वाली प्रक्रिया है जिसका एक उद्देश्य चिकित्सकीय सेवाओं की जरूरतों को नियंत्रित करना है। स्वास्थ्य सेवा का संचालन इस प्रकार होना चाहिए कि उससे भारत की पूरी जनसंख्या को लाभ प्राप्त हो, न कि किसी एक वर्ग विशिष्ट को। इनमें निरोधात्मक, चिकित्सकीय और पुनर्वास सम्बन्धी सेवाएँ समाहित होनी चाहिए।

लास्ट जे. एम. का मानना है कि–"स्वास्थ्य सेवा का तात्पर्य व्यक्तियों तथा समुदाय को दी जाने वाली उन सेवाओं से है जिनसे उनके स्वास्थ्य को ठीक किया जा सके, उसके स्तर को बनाये रखा जा सके, उसकी निगरानी की जा सके एवं उसका प्रसार किया जा सके।"

स्वास्थ्य सेवाओं का वर्गीकरण

स्वास्थ्य सेवाओं को निम्नवत् तीन श्रेणियों में बांटा जा सकता है–

(1) प्राथमिक स्वास्थ्य सेवाएँ–यह मनुष्यों व समुदाय का स्वास्थ्य सेवाओं से प्रथम सम्पर्क है, जहाँ उनकी ज्यादातर स्वास्थ्य सम्बन्धी समस्याओं का समाधान ढूँढ़ने का कोशिश की जाती है ज्यादातर यथा सम्भव उनका समाधान किया भी जाता है। भारत में प्राथमिक स्वास्थ्य सेवायें देने के लिए सरकारी तंत्र के तहत् प्राथमिक स्वास्थ्य केंन्द्रो व उपकेन्द्रों भी स्थापना की गई है। प्राथमिक स्वास्थ्य सेवायें देने के साथ-साथ यह तंत्र गाँव के जन-समुदाय को व्यवस्थित स्वास्थ्य संगठन के नजदीक लाने का प्रयत्न करता है, ताकि आपातकालीन स्थिति में उचित सेवायें दी जा सकें।

(2) द्वितीय स्वास्थ्य सेवाएँ–ज्यादातर कठिन समस्याओं के उपचार की सुविधा इस स्तर पर प्राप्त होती है। सरकारी स्तर पर यह सेवायें जिला अस्पताल पर कठिन होती हैं। सामान्यतया प्राथमिक स्तर से संदर्भित होकर मनुष्य इसी स्तर पर पहुँचता है।

(3) तृतीय स्वास्थ्य सेवाएँ–इस स्तर पर द्वितीय स्तर से भी अधिक विशिष्ट सेवाएँ मौजूद होती हैं। यहाँ पर बहुत ही विशेष यंत्र व विशेषज्ञ मौजूद होते हैं, जो चिकित्सा क्षेत्र के नवीनतम् प्रयोगों का लाभ पीड़ित व्यक्तियों तक पहुँचाते हैं। साधारणतया इस स्तर की सुविधाएँ चिकित्सा महाविद्यालयों अखिल भारतीय संस्थानों व दूसरे बड़े संस्थानों पर उपलब्ध होती हैं।

विस्तृत स्वास्थ्य सेवा–उपयुक्त बताये स्वास्थ्य स्तरों के अलावा भी एक व्यापक स्वास्थ्य सेवा की भी संकल्पना की गई। इसका प्रारंभ भोर कमेटी द्वारा किया गया था। इस कमेटी ने कहा–"व्यापक स्वास्थ्य सेवा में निरोधात्मक, चिकित्सकीय और प्रचारात्मक स्वास्थ्य सेवाओं का समावेश होना चाहिएँ, जो हर व्यक्ति को 'गर्भाशय से कब्र तक उपलब्ध हो सके।" इस स्वास्थ्य सेवा की महत्वपूर्ण विशेषताएँ इस प्रकार हैं–

1. सेवाओं, व्यक्तियों व सेवा देने वालों के मध्य पूरी तरह प्रदान करना।
2. निर्धन मनुष्यों को भी सभी सेवाएं उपलब्ध हों, विशेष रूप से उन लोगों को जो इसकी कीमत नहीं चुका सकते।
3. समाज के पिछड़े वर्गों पर विशेष ध्यान केन्द्रित करना।
4. घर व कार्यस्थल पर स्वस्थ माहौल बनाये रखना।
5. उचित चिकित्सकीय, निरोधात्मक व प्रचारात्मक स्वास्थ्य सेवाएँ उपलब्ध करना।
6. जितना ज्यादा हो सके लाभान्वित व्यक्तियों के नजदीक रहना।

प्राथमिक स्वास्थ्य सेवाएँ

रूस के अल्मा-आटा शहर में सन् 1978 ई. में हुए अन्तर्राष्ट्रीय सम्मेलन से प्राथमिक स्वास्थ्य सेवा का आरंभ हुआ। इससे पहले प्राथमिक स्वास्थ्य सेवाओं को **'मुख्य स्वास्थ्य सेवाएँ', 'प्राथमिक सम्पर्क सरल सेवाएँ', 'प्राप्त सेवाओं'** के रूप में माना जाता था। इस सम्मेलन के बाद प्राथमिक स्वास्थ्य सेवाओं को वृहद आयाम मिला। ज्यादा से थोड़े कम विकसित देशों में प्राथमिक स्वास्थ्य सेवाएँ समान रूप से मान्य तथा लागू हैं। इसके तहत् हर देशों द्वारा 'सन् 2000 तक सभी के लिए स्वास्थ्य' को पाने का उद्देश्य रखा गया था।

विभिन्न देशों में दी जाने वाली खास सेवाएं वैसे तो भिन्न हैं लेकिन अल्मा-आटा सम्मेलन के बाद आठ जरूरी अवयव इसके लिए निश्चित किये गये हैं। जो इस प्रकार हैं–

1. साधारण बीमारियों और चोटों का उचित इलाज।
2. आवश्यक दवाइयों की व्यवस्था कराना।
3. उपलब्ध स्वास्थ्य समस्याओं पर शिक्षा व उनसे बचाव तथा नियन्त्रण के तरीके।
4. खाद्य आपूर्ति को बढ़ावा व सही पोषण देना।
5. सुरक्षित पेयजल की उचित आपूर्ति व आधारभूत स्वच्छता।
6. मातृ व शिशु स्वास्थ्य देखभाल, जिसमें परिवार नियोजन सम्मिलित हो।
7. सभी प्रमुख संक्रामक रोगों हेतु टीकाकरण।
8. स्थानीय प्रकोप वाली बीमारियों से बचाव तथा नियन्त्रण।

प्राथमिक स्वास्थ्य सेवाओं के सिद्धान्त—इस सेवा के चार महत्वपूर्ण सिद्धांत इस प्रकार हैं—

(1) विभिन्न विभागों के बीच समन्वयन—स्वास्थ्य विभाग अन्य विभागों जैसेः—महिला, समाज कल्याण तथा बाल विकास, कृषि, भूमि आदि विभागों के साथ समन्वय स्थापित करने की प्रयास करते हैं तथा सभी विभाग मिलकर समुदाय के सम्पूर्ण विकास की कोशिश करते हैं।

(2) ठोस तकनीक—ठोस तकनीक से अभिप्राय उस तकनीक से है जो वैज्ञानिक हो व जो लोकहित में काम आ सके। भारत जैसे विकासशील देश में काफी ज्यादा कीमती तकनीक का प्रयोग न करके ऐसे उपायों पर विचार किया जाये जिनसे सीमित साधनों से ज्यादातर जनता को फायदा मिल सके।

(3) सेवाओं का समान बंटवारा—सभी लोगों द्वारा स्वास्थ्य सेवाओं को समान रूप से वितरण करना, चाहे वे अधिक अथवा कम खर्च करने की स्थिति में हों।

(4) समुदाय की सहभागिता—पूर्ण रूप से सरकारी तंत्र पर यह सेवा निर्भर न होकर समुदाय की भागीदारी पर ज्यादा आश्रित होती है। समुदाय के लोग अपनी जरूरतों को पहचानकर सरकारी तंत्र के साथ कंधे-से-कंधा मिलाकर इन सेवाओं का भरपूर फायदा उठाने का प्रयास करते हैं।

प्राथमिक स्वास्थ्य केन्द्र

आज के दौर में भारत में प्राथमिक स्वास्थ्य सेवाओं को ग्रामीण स्तर पर पहुँचाने की आवश्यकता पर अधिक ज़ोर दिया जा रहा है। इस आवश्यकता को पूरा करने के लिए सन् 1953 ई. में भोर कमेटी की सिफारिश के अनुरूप सरकार ने ग्रामीण

स्तर पर प्राथमिक स्वास्थ्य केन्द्रों की स्थापना की। इसके अंतर्गत आने वाली जनसंख्या पर कई बार चर्चाएँ हुईं। आधुनिक स्वरूप के आधार पर अब प्राथमिक स्वास्थ्य केन्द्र प्रति 30,000 की जनसंख्या पर और पर्वतीय इलाकों में प्रति 20,000 की जनसंख्या पर एक स्थापित की गई। सम्पूर्ण प्राथमिक स्वास्थ्य केन्द्र 6 से 7 स्वास्थ्य उपकेंद्रों को नियंन्त्रित करता है जो प्रति 5000 की जनसंख्या पर ज्यादा जनसंख्या वाले क्षेत्रों में तथा अल्प जनसंख्या वाले या पर्वतीय क्षेत्रों में प्रति 3,000 की जनसंख्या पर स्थापित किये गये हैं।

प्रमुख कार्य—इसके प्रमुख कार्य इस प्रकार हैं—

1. चिकित्सकीय सेवा।
2. महत्वपूर्ण आँकड़ों का इकट्ठा करना।
3. स्वास्थ्य शिक्षा।
4. मातृत्व तथा बाल स्वास्थ्य।
5. सुरक्षित जलपूर्ति।
6. स्थानीय स्तर पर फैलने वाली बीमारियों की रोकथाम।
7. रेफरल सेवा।
8. स्वास्थ्य, रक्षा कर्मी व स्थानीय दाइयों का प्रशिक्षण।
9. सम्बन्धित राष्ट्रीय स्वास्थ्य कार्यक्रम।
10. न्यूनतम प्रयोगशाला सुविधाएँ।

उपरोक्त कार्यों के अलावा इन केन्द्रों पर नसबंदी, गर्भपात और छोटा ऑपरेशन आदि की सुविधा समय-समय पर उपलब्ध कराई जाती है तथा अन्य कार्यक्रम के अंतर्गत इन केन्द्रों को चिकित्सा विद्यालयों या विश्वविद्यालयों से जोड़ने का प्रयास किया जा रहा है।

एक प्राथमिक स्वास्थ्य केन्द्र पर निम्नांकित संख्या में अधिकारी व कार्यकर्ता का चुनाव किया जाता है—

चतुर्थ श्रेणी कर्मचारी	1
वाहन चालक	1
प्रयोगशाला सहायक	1
क्लर्क	2
स्वास्थ्य सहायिका	1

स्वास्थ्य सहायक	1
ब्लॉक एक्स्टेंशन एजूकेटर	1
स्वास्थ्य कार्यकर्ता	1
नर्स	1
फार्मेसिस्ट	1
चिकित्सा अधिकारी	1

गाँवों में स्थापित स्वास्थ्य उपकेन्द्रों पर केवल एक ही स्वास्थ्य कार्यकर्ता नियुक्त किया जाता है। इनका महत्वपूर्ण कार्य स्वास्थ्य सेवाओं को जनता तक पहुँचाना है।

स्वास्थ्य कार्यक्रम

भारत सरकार द्वारा स्वतंत्रता प्राप्ति के पश्चात् से ही सार्वजनिक स्वास्थ्य के स्तर पर सुधार लाने हेतु अनेक ठोस कदम उठाने शुरू कर दिए थे। इन्हें राष्ट्रीय कार्यक्रम कहा जाता है। इनका प्रमुख लक्ष्य पर्यावरण को स्वच्छ रखना बीमारियों पर नियंत्रण एवं उनका उन्मूलन करना, ग्राम सुधार एवं पोषण करना आदि शामिल होता है।

राष्ट्रीय जलापूर्ति और सफाई कार्यक्रम

यह कार्यक्रम सन् 1954 से शुरू किया गया था। इसके तहत् शुद्ध पानी की व्यवस्था, पर्याप्त नल तथा नालियों का प्रबन्ध तथा शहरी व ग्रामीण क्षेत्रों में मल का निकास, इत्यादि आते हैं। अब पंचम पंचवर्षीय योजना के उपरांत 85 प्रतिशत शहरी लोगों को पानी नलों द्वारा प्राप्त होता है। 1.16 लाख गाँवों में जहाँ पीने के पानी का प्रबन्ध नहीं था वहाँ पर शुद्ध पानी का प्रबन्ध किया गया है। जल संवहन प्रबन्ध सिर्फ 38 प्रतिशत शहरी क्षेत्रों में ही हो पाया है। 1972 में एक विशेष कार्यक्रम 'केन्द्रीय विकासशील ग्रामीण जलापूर्ति कार्यक्रम चलाया गया। इसका लाभ राष्ट्रीय जल आपूर्ति और सफाई अभियान को प्राप्त हो रहा है यह योजना गाँवों में पीने के पानी की व्यवस्था का कार्य करती है। सूखे शौचालयों का साफ शौचालयों में बदलाव करना, आधुनिक तरीके से कूड़े का संग्रह व निस्तारण के तरीकों का प्रदर्शन तथा सुधार करना इत्यादि इसके उद्देश्य है। इस कार्य के लिए पंचम पंचवर्षीय योजना में 1,020. 6 करोड़ रुपये निर्धारित किए गए थे।

D.D.T. के मूल्यों में बिल्कुल वृद्धि होना इसका एक दुसरा प्रमुख कारण था। 1972 में D.D.T. का मूल्य 3,000 रुपये प्रति मीट्रिक टन था जो 1975 में बढ़कर 12,000 रुपये प्रति मीट्रिक टन तक पहुँच गया था।

1977 में कार्यक्रम में सुधार लाकर दुबारा उसी उत्साह से इसको हाथ में उठाया गया। इसके अब तीन महत्वपूर्ण उद्देश्य हैं—हरित क्रान्ति को हमेशा बनाए, मलेरिया से होने वाली मृत्यु को रोकना रखना तथा अब तक की उपलब्धि का पुनः परिशीलन तथा मूल्यांकन करना।

राष्ट्रीय फाइलेरिया नियन्त्रण कार्यक्रम

सन् 1955 में इस कार्यक्रम को प्रारंभ किया गया था। सर्वेक्षण से यह पता चला है कि 23.6 करोड़ लोगों को यह बीमारी है तथा 80 लाख लोगों में यह प्रकट हुई और 1.2 करोड़ व्यक्तियों के रक्त में फाइलेरिया का पराश्रयी उपस्थित है। चौथी पंचवर्षीय योजना में इसको केन्द्र की मदद मिली जिससे मच्छर व लार्वा विरोधी तरीके अपनाए जाएँ, फाइलेरिया के निदान तथा उपचार के लिए फाइलेरिया क्लिनिक खोले जाएँ, भूमिगत नालों की व्यवस्था का प्रबन्ध किया जाए। वर्तमान में भारत में कुल 142 फाइलेरिया नियन्त्रण इकाइयाँ, 12 प्रमुख कार्यालय तथा 23 फाइलेरिया क्लिनिक कार्यरत हैं। इनके अलावा 4 ग्राम-अनुसन्धान व प्रशिक्षण केन्द्र (मध्य प्रदेश ,उत्तर प्रदेश और महाराष्ट्र) तथा तीन आँचलिक फाइलेरियासिस प्रशिक्षण व अनुसन्धान केन्द्र भी कार्य कर रहे हैं। इस सम्बन्ध में पंचम पंचवर्षीय योजना में 5 करोड़ रुपये निर्धारित किए गए हैं।

राष्ट्रीय हैजा नियन्त्रण कार्यक्रम

पंचवर्षीय योजना के तहत् इस कार्यक्रम के लिए 2 करोड़ 50 लाख रुपयों की व्यवस्था की गई है। इसका उद्देश्य है साफ पानी की व्यवस्था, पर्यावरण की स्वच्छता, कूड़े व मल के उचित निकास से तथा स्वच्छता सम्बन्धी सुधार से हैजे से जीवाणुओं का पूर्ण उन्मूलन करना आदि। चौथी पंचवर्षीय योजना के तहत् इस कार्य हेतु सरकार भ्रमणशील चिकित्सा इकाइयाँ चला रही है। इनकी सहायता से प्रदर्शन तथा प्रशिक्षण देकर कर्मचारी गाँवों व शहरों में हैजे के नियन्त्रण का काम कर रहे हैं। पंचम पंचवर्षीय योजना में इस कार्य हेतु 54 चल चिकित्सा इकाइयों की व्यवस्था की गई है।

राष्ट्रीय क्षय रोग नियन्त्रण कार्यक्रम

केन्द्र सरकार द्वारा इस कार्यक्रम हेतु अपना पूर्ण सहयोग दिया जा रहा है लेकिन इसको चलाने का उत्तरदायित्व राज्य सरकारों का है। सक्रिय रोगी को पहचानना यथा—कफ परीक्षण तथा जिला क्षय रोग नियन्त्रण कार्यक्रमों की सहायता से उसके उपचार की व्यवस्था करना तथा स्वस्थ व्यक्तियों को, विशेषकर 20 वर्ष से कम आयु के लोगों की रक्षा करना। बी.सी.जी. का टीका लगाना इसकी प्रमुख गतिविधियों में शुमार है।

भारत में 606 क्षय रोग क्लिनिक, 298 जिला क्षय रोग केन्द्र, 17 प्रदर्शन केन्द्र हैं। रोगियों हेतु वर्तमान में 42,592 बिस्तर हैं। बी.सी.जी. टीके की कमी को दूर करने हेतु भारत सरकार ने 1948 में मद्रास के पास गिण्डी में एक बी.सी.जी. वेक्सीन प्रयोगशाला की स्थापना की है। दो राज्यीय क्षय रोग केन्द्र बंगलोर तथा दिल्ली में हैं। पंचम पंचवर्षीय योजना में लगभग 8.25 करोड़ रुपये क्षय रोग निवाकरण के लिए निश्चित किए गए थे यथा—परिवार नियोजन, व्यावहारिक पोषण कार्यक्रम, स्वच्छ पर्यावरण की योजनाएँ, दाइयों का प्रशिक्षण, संक्रामक रोगों के निदानार्थ निरोधक-स्वास्थ्य-सेवाओं का विस्तार, स्वास्थ्य शिक्षा, केदा मात्रा में टीके लगाना, दवाइयों तथा रसायनों का ज्यादा निर्माण इत्यादि। इनके अलावा फाइलेरिया, कुष्ठ रोग, क्षय रोग, गुप्त रोग, मलेरिया, शीतला, ट्रेकोमा तथा गाइटर उन्मूलन व नियन्त्रण के कार्यक्रम भी चलाए जा रहे हैं।

रति रोग नियन्त्रण कार्यक्रम

सन् 1949 में हिमाचल प्रदेश में सर्वप्रथम यह कार्यक्रम आयोजित किया गया था। 1955 में रति रोग उपसमिति, जो योजना आयोग की एक अंग है, ने यह सुझाव दिया कि सभी जिले में एक रति रोग क्लिनिक खोला जाए तथा प्रत्येक राज्य में एक प्रमुख शाखा तथा प्रयोगशाला हो। प्रत्येक क्लिनिक हेतु मुफ्त में पैनिसिलिन VDRL तथा प्रतिजन को उपलब्ध कराया जाता है। चौथी पंचवर्षीय योजना के अन्त तक 300 रति रोग क्लिनिक काम कर रहे थे। पाँचवीं योजना में 2.89 करोड़ रुपये रति रोग नियन्त्रण कार्यक्रम हेतु निशिचित किए हैं।

राष्ट्रीय कुष्ठ रोग नियन्त्रण कार्यक्रम

भारत में इस कार्यक्रम का आयोजन सन् 1954-55 में किया गया था। इसको केन्द्र सरकार द्वारा सहायता मिलती है। इसका प्रमुख उद्देश्य है रोग की शीघ्र पहचान,

सल्फोन दवाइयों से उपचार ताकि कम समय में संक्रामक स्थिति असंक्रामक में परिवर्तित हो जाए। इसके महत्वपूर्ण कदम हैं—विभिन्न कुष्ठ नियन्त्रण इकाइयों का सर्वेक्षण, निरीक्षण, शिक्षा और उपचार के केन्द्र की स्थापना। प्रति 1.5 लाख लोगों के बीच एक कुष्ठ रोग चिकित्सक तथा अन्य 11 कर्मचारियों की नियुक्ति करना भी इसका एक कार्य है। यह इकाई सभी प्राथमिक स्वास्थ्य अस्पताल, केन्द्र या दवाखाने के साथ लगी हुई होती है।

1975 तक 3,101 सर्वेक्षण, शिक्षा, उपचार केन्द्र, 324 कुष्ठ नियन्त्रण इकाइयाँ, 146 शहरी कुष्ठ केन्द्र, 44 स्वयंसेवी संगठन भारत में काम कर रहे थे। मद्रास के चिंगलपट में सन् 1953 में केन्द्रीय कुष्ठ शिक्षा तथा अनुसन्धान संस्था की स्थापना की गई। 1959 में नागपुर में कर्मचारियों के प्रशिक्षण हेतु केन्द्र स्थापित किया गया।

राष्ट्रीय चेचक उन्मूलन कार्यक्रम

भारत सरकार द्वारा सन् 1962 में इस कार्यक्रम को प्रारंभ किया गया परंतु यह कार्यक्रम सफल नहीं हुआ। इसके महत्वपूर्ण कारण थे-अनियमित रूप से इस कार्यक्रम का चलना तथा केवल कहीं-कहीं ही टीका लगाने का काम किया जाना। फलस्वरूप इस कार्यक्रम में सुधार करके इसे दुबारा हाथ में लिया गया। इस बार लगातार निरीक्षण तथा पूरे परिवार को टीका लगाकर विस्तृत योजना चलाई गई। इससे इस अभियान में सफलता मिली। जुलाई, 1973 में विश्व स्वास्थय संगठन की मदद से जो सक्रिय तीव्र कार्यक्रम चला, उससे चेचक रोग के अवसर पूरी तरह घट गए। अप्रैल 1977 तक भारत ने उस लक्ष्य को प्राप्त कर लिया जिसके तहत् उसने पूरे देश से चेचक का उन्मूलन कर दिया। इस सफलता के लिए अन्तर्राष्ट्रीय संस्थाओं ने भारत को प्रमाण-पत्र भी दिए हैं।

राष्ट्रीय रोहे नियन्त्रण कार्यक्रम

सन् 1963 में यह कार्यक्रम शुरू किया गया था। प्रत्येक सामुदायिक विकास खण्ड के लिए एक चिकित्सा समूह का निर्धारण हुआ जिसमें एक डॉक्टर, 6 निरीक्षक और 25 कर्मचारी होते हैं। सर्वप्रथम रोगी बच्चों का तथा बड़े लोगों का पंजीकरण किया जाता है। इसमें ट्रेट्रा साइक्लिन अथवा ओरियो माइसिन की बूँद और मरहम आँखों में लगाकर देखते हैं। इसमें छह माह तक; प्रतिमाह 5 दिनों के लिए; सुबह-शाम आँखों में दवा लगाने का अभियान चलता है। उसके बाद दो माह में एक

सप्ताह तक औषधि लगाते हैं। यह क्रिया तब तक दोहराते हैं जब तक दाने पूर्णतः साफ न हो जाएँ। आजकल प्राथमिक स्वास्थ्य केन्द्रों द्वारा यह कार्यक्रम चलाया जा रहा है। हर 10,000 लोगों हेतु एक चिकित्सक इस कार्य के लिए नियुक्त किया जाता है। इस अभियान के तहत् समूह की स्वास्थ्य शिक्षा व रोहे के साथ साथ चलने वाली बीमारियों का उपचार भी शामिल है।

अन्धापन प्रतिबन्ध कार्यक्रम

यह कार्य भारत में सर्वप्रथम सन् 1976 में प्रारंभ किया। इसके लिए 80 भ्रमणशील इकाइयों का प्रबन्ध किया गया है। सभी इकाई पाँच जिलों की जरूरतों की पूर्ति करती है। ये इकाइयाँ आखों की देखभाल सम्बन्धी व आँखों के स्वास्थ्य का व्यापक अभियान चलाती हैं। प्राथमिक स्वास्थ्य केन्द्रों को आवश्यक उपकरण व दृष्टि चिकित्सा प्रशिक्षित कर्मचारी दिए जाते हैं। दिल्ली में स्थित राजेन्द्र प्रसाद दृष्टि चिकित्सा केन्द्र देश के विभिन्न दृष्टि चिकित्सा कार्यक्रमों को निर्देशित करता है व उचित सलाह भी प्रदान करता है।

राष्ट्रीय गाइटर नियन्त्रण कार्यक्रम

सन् 1962 में इसक कार्य को शुरू किया गया था। यूनिसेफ ने इसके लिए तीन आयोडाइजेशन उपकरण दिए हैं। इस योजना के तहत् आयोडिन युक्त नमक, उसी मूल्य पर, साधारण नमक के स्थान पर बेचा जाता है। पंचम पंचवर्षीय योजना में गलगण्ड नियन्त्रण हेतु 56 लाख रुपये की राशि निर्धारित की गई थी। गलगण्ड का निर्मूलन अनेक कारणों से नहीं हो पा रहा है चूँकि आयोडिन सहित नमक का उत्पादन माँग के अनुरूप नहीं हो पा रहा है। नमक के गुण के नियन्त्रण के लिए कुशल तरीके उपलब्ध नहीं हैं और न ही उसकी पूछताछ हेतु उचित व्यवस्था है।

राष्ट्रीय परिवार नियोजन कार्यक्रम

परिवार नियोजन का प्रारंभ सन् 1953 में हुआ था इस कार्यक्रम को राष्ट्रीय नीति के रूप में अपनाया गया है। प्रथम एवं द्वितीय पंचवर्षीय योजनाओं के तहत् कार्य सीमित रूप में ही यह सम्पन्न हो पाया। इस समय में सिर्फ क्लिनिकों की स्थापना हुई, शिक्षात्मक पदार्थों का वितरण हुआ, प्रशिक्षण और अनुसंधान कार्य भी हुआ। 1961-66 में तीव्र प्रचार एवं शिक्षा पर जोर दिया गया जिसमें छोटे परिवारों

की आदतों पर बल दिया गया। 1965 में 'लूप' का प्रचलन हुआ व परिवार नियोजन का अलग विभाग बना। यह स्वास्थ्य मन्त्रालय के तहत् आता है।

1966-69 में मजबूत कदम उठाए गए। इसका असर प्राथमिक स्वास्थ्य उपकेन्द्र, केन्द्र, परिवार कल्याण योजना केन्द्र इत्यादि पर पड़ा। 1974 में भारत सरकार ने इस विषय को योजना में महत्वपूर्ण स्थान दिया। प्राथमिक स्वास्थ्य केन्द्रों में मातृत्व एवं शिशु कल्याण गतिविधियों के आधार पर परिवार नियोजन योजना चली। 1972 में गर्भपात को कानून द्वारा सही बनाया गया जिसका प्रभाव परिवार नियोजन कार्यक्रम पर अप्रत्यक्ष रूप से पड़ा। 1982-83 तक जन्म दर प्रति हजार में 30 तक आ गई है। प्रथम पंचवर्षीय योजना में परिवार नियोजन पर 15 लाख रुपये, द्वितीय योजना में दो करोड़ बीस लाख रुपये, तृतीय में 24 करोड़ 86 लाख रुपये, चतुर्थ में 315 करोड़ रुपयें तथा पंचम पंचवर्षीय योजना में 516 करोड़ रुपये व्यय किए गए हैं।

निष्कर्ष—इस अध्याय के विस्तृत अध्ययन से ज्ञात होता है कि स्वास्थ्य सेवाएं किसी भी देश के स्वास्थ्य स्तर का सूचक होती हैं। अतः स्वास्थ्य सेवाओं का अध्ययन किया जाना जरूरी है। स्वास्थ्य सेवाएं श्रेणियों में बांटी जा सकती है। प्राथमिक स्वास्थ्य सेवाएं, द्वितीय स्वास्थ्य सेवाएं तथा तृतीय स्वास्थ्य सेवाएं।

सन्दर्भ-ग्रन्थ सूची

- Beretta M (2003). "The revival of Lucretian atomism and contagious diseases during the renaissance". *Medicina nei secoli* **15** (2): 129–54. PMID 15309812.
- Daszak et al.: Emerging Infectious Diseases of Wildlife— Threats to Biodiversity and Human Health., USA 2000
- Diarrheal diseases are caused by many different organisms, including cholera, botulism, and E. coli to name a few. See also: Intestinal infectious diseases
- Dobson, Andrew P. and E. Robin Carter (1996) Infectious Diseases and Human Population History **(full-text pdf)**Bioscience;46 2.
- Ferguson NM, Donnelly CA, Anderson RM (May 2001). "The foot-and-mouth epidemic in Great Britain: pattern of spread and impact of interventions". *Science* **292** (5519): 1155–60.doi:10.1126/science.1061020. PMID 11303090.
- Ge D, Fellay J, Thompson AJ et al. (2009). "Genetic variation in IL28B predicts hepatitis C treatment-induced viral clearance".*Nature* **461** (7262): 399–401. doi:10.1038/nature08309.PMID 19684573.
- Glossary of Notifiable Conditions". Washington State Department of Health. Retrieved 2010-02-03.
- Infectious and Epidemic Disease in History

- Krauss H, Weber A, Appel M (2003). *Zoonoses: Infectious Diseases Transmissible from Animals to Humans* (3rd ed.). Washington, D.C.: ASM Press. ISBN 1-55581-236-8.
- Lower respiratory infections include various pneumonias, influenzas and acute bronchitis.
- Multidrug-Resistant Tuberculosis. *Centers for Disease Control and Prevention.*
- Nettle, D. (2009). "Ecological influences on human behavioural diversity: A review of recent findings". *Trends in Ecology & Evolution* **24** (11): 618–611.doi:10.1016/j.tree.2009.05.013. edit
- Preston, Richard (1995). *The hot zone*. Garden City, N.Y.: Anchor Books. ISBN 0-385-49522-6.
- Ryan KJ; Ray CG (editors) (2004). *Sherris Medical Microbiology* (4th ed.). McGraw Hill. ISBN 0-8385-8529-9.
- Smallpox and Vaccinia. *National Center for Biotechnology Information.*
- Smallpox. *North Carolina Digital History.*
- Smallpox: The Triumph over the Most Terrible of the Ministers of Death
- The World Health Report (Annex Table 2)" (PDF). 2004.
- Thomas DL, Thio CL, Martin MP et al. (2009). "Genetic variation in IL28B and spontaneous clearance of hepatitis C virus". *Nature* **461** (7265): 798–801.
- Tropical diseases include Chagas disease, dengue fever,lymphatic filariasis, leishmaniasis, onchocerciasis, schistosomiasis and trypanosomiasis.
- Watts, Duncan (2003). *Six degrees: the science of a connected age*. London: William Heinemann. ISBN 0-393-04142-5.
- World Health Organization (February 2009). "Age-standardized DALYs per 100,000 by cause, and Member State, 2004".